Eine Insel nur für uns

Nina und Adrian Hoffmann sind seit ihrem ersten Fidschi-Urlaub vor zehn Jahren der Südsee verfallen. 2010 und 2011 lebten sie für zwölf Monate auf einer einsamen Insel im König-reich Tonga. Erst kürzlich waren sie wieder dort, diesmal mit ihrer drei Jahre alten Tochter. Die Familie lebt heute in Freiburg im Breisgau. Nina ist Grundschullehrerin, Adrian Redakteur einer Tageszeitung.

NINA & ADRIAN
HOFFMANN

Eine Insel nur für uns

Eine wahre Geschichte von
Einsamkeit und Zweisamkeit

Inhaltsverzeichnis

Vorwort 9

1 Die Insel 11

2 Deutschland 14

3 Fährfahrt 21

4 Im Ministerium 30

5 Im Dorf 44

6 Inselerkundung 51

7 Einkauf 62

8 Ankunft 69

9 Anfänge im Garten 81

10 Erste Besucher 91

11 Zyklon 98

12 Amerikaner zu Besuch 114

13 Angeln 129

14 Beulenpest 137

15 Nahrungssuche 145

16 Überraschungen 155

17 Nachschub 168

18 Autark 190

19 Segler 206

20 Barrakudatrauma 217

21 Seegurkencamp 225

22 Alltag 247

23 Grillhähnchen 256

24 Wale 261

25 Petroglyphen 267

26 Déjà-vu 283

27 Wehmut 298

28 Abschied 308

Tausend Dank an 319

Vielleicht wäre es besser gewesen,
wir hätten nie eine einsame Insel betreten.

Vorwort

Nach reiflicher Überlegung haben wir uns entschieden, den Namen »unserer« einsamen Insel nicht zu nennen. Die Vorstellung, dass andere dort ihr Glück finden könnten, treibt Nina und mich in den Wahnsinn. Sorry.

Ich weiß, das klingt egoistisch. Ist es auch. Wer gute Argumente hat, kann uns eventuell überzeugen, alle Infos rauszurücken; und wer das Geheimnis unbedingt ohne unsere Unterstützung lüften will, wird dies vermutlich ohne allzu große Verrenkungen hinkriegen. Ein bisschen Internetrecherche, ein bisschen Herumfragen im kleinen Südsee-Königreich von Tonga. Voilà.

Wir können nicht einmal genau erklären, was denn eigentlich unser Problem damit wäre, wenn andere das Leben auf »unserer« Insel genießen würden. Sie gehört uns nicht, es ist lediglich ein gefühlter Besitzanspruch. Ich glaube, wir fürchten uns davor, eifersüchtig zu werden. Denn bereits wenige Monate nach unserer Rückkehr nach Deutschland ist uns klar geworden: Die Insel zu verlassen, war ein Fehler. Oder der Fehler lag darin, sie überhaupt erst zu betreten. Ansichtssache.

Selbst mit unserer inzwischen drei Jahre alten Tochter sind wir bereits für einige Wochen dort gewesen, im Januar und Februar 2016. Ich würde fast behaupten: Wir könnten den Rest unseres Lebens dort verbringen. Na ja, in der Theorie. Mit Kind ist alles nicht mehr ganz so einfach.

Die Insel war perfekt. Das In-den-Tag-hinein-leben, eine Träumerei ohne Termindruck. Mal fischen, mal im Garten arbeiten. Papayas ernten, Sonnenuntergänge genießen, Feuer am Strand machen, bei Vollmond um die Insel laufen. All das.

Dabei blenden wir immer wieder aus, dass wir ebenso viele negative Erlebnisse hatten. Einige, die uns fast gezwungen hätten, unser Jahr im Paradies frühzeitig abzubrechen. Zum einen die Naturgewalten, zum anderen – der Mensch. Kaum zu glauben, doch er wurde zur größten Bedrohung unserer Inselidylle. Es gab Tage, da ist uns die Lust auf die Südsee gehörig vergangen. Tage, an denen wir Angst um unser Leben hatten.

Trotzdem – mit diesem Buch wollen wir den Lesern, Ihnen, Lust auf die Südsee machen.

Begleitet hat uns außerdem unser junger Mischlingshund Sunday, den wir den weiten Weg bis ans andere Ende der Welt mitgenommen haben. Er heißt so, weil wir ihn als Welpen einst an einem Sonntag auf der Straße fanden. Seitdem gehört er zur Familie. Er ist kniehoch, schwarz-braun-weiß und hat eine auffällige weiße Schwanzspitze. Ihn bis ans Ziel zu bringen, war äußerst kompliziert; wir mussten jede Menge Dokumente ausfüllen, viele Nachfragen bei zuständigen Behörden beantworten. Eine deutsche Steuererklärung ist lächerlich dagegen.

Sunday ist auf der Insel unser »Freitag« gewesen, wenn man so will. Mit ihm konnten wir sprechen, wenn wir Sorgen hatten, und er hat uns immer verstanden. Er war jeden Tag mit mir angeln und hat im Sand nach Krebsen gebuddelt, um sie zum Spielen herauszufordern. Ohne ihn wäre unsere Inselzeit nie das gewesen, als was sie uns in Erinnerung geblieben ist.

1

Die Insel

Der Regen prasselt wild auf das Wellblechdach unserer Hütte. Wenn er so richtig loslegt, ist an schlafen nicht mehr zu denken. Ich mag das.

Es ist gegen Mitternacht, ein paar Tage nach Silvester. Wir sind erst seit ein paar Wochen auf unserer einsamen Insel. Wir liegen auf der klammen Bettwäsche, die wegen des schwülen Klimas in der heißesten Zeit des Jahres kaum trocknen will – selbst wenn wir sie tagsüber auf die Wäscheleine hängen.

»Wenn es so weitergeht, ist der Regentank in fünf Minuten voll«, sage ich zu Nina.

»Ist mir doch egal, ich will weiterschlafen«, murmelt sie und kuschelt sich an mich. Wir hören zu, wie der Regen weitertrommelt. Sunday springt aufs Bett und legt sich in meine Kniekehle. Er hasst Regen, selbst wenn es sich um warmen tropischen handelt.

»Stell dich nicht so an«, flüstere ich ihm zu und ziehe ihn zu mir ans Kopfende, um den Sand und das Meer an seinen weichen Ohren zu riechen. Er knurrt verschlafen.

Es ist schon komisch: Wenn es bei uns in Deutschland regnet, bekomme ich sofort schlechte Laune. Hier auf der Insel freue ich mich. Du sitzt da allein auf einem Fleckchen Sand umringt von Kokosnusspalmen und dem weiten Meer, fast dreißig Flugstunden, zwanzig Bootsstunden und viele Wartezeiten von Deutschland entfernt, und das ganze Wasser dieses Planeten stürzt auf dich herab. So zumindest hört es sich an.

Und endlich höre ich auch, worauf ich gewartet habe: Das Wasser platscht aus dem Überlauf des Regentanks. Ich schiebe das Schlafzimmerfenster nach oben und spähe in die Nacht. Der Tank steht gleich hinter dem Haus, ich sehe den Wasserstrahl.

»Nina, wenn wir jetzt rausgehen, können wir mal wieder richtig duschen«, sage ich. »So, wie wir das kennen.« Heißt: Wir müssen uns nicht Wasser aus einer Blechschale über den Kopf kippen, sondern können uns einfach unter den Duschkopf stellen – in diesem Fall den Überlauf des Tanks. »Eine Eins-a-Dusche«, schwärme ich Nina vor und drücke mich an sie. »Komm schon, es ist ganz warm draußen, kurz runter an den Strand und dann abduschen.« Ohne auf eine Antwort zu warten, fasse ich sie bei der Hand und ziehe sie raus aus dem Bett, aus der Hütte, hinein in den Regen, runter an den Strand. Drinnen freut sich Sunday, dass er das Bett für sich hat.

Als wir am Strand stehen, sind wir schon komplett nass. Wir blicken zurück und sehen das Kerzenlicht in der Hütte leuchten. Pralle Tropfen klatschen uns die Haare auf die Stirn – prickelnd wie eine Champagnerdusche; aber wer braucht schon Champagner, wenn er im Paradies lebt?

»Wir legen uns ins Meer«, ruft jetzt Nina, doch noch angetan vom Tropenregen. Das Wasser ist bei Ebbe seicht an dieser Stelle und wärmer als der Regen, eine einzige, große Badewanne. Der Mond schimmert leicht durch die Wolken, die Wellen sind sanft. Wir lassen unsere Zehenspitzen aus dem Wasser ragen, hören den Aufprall der Tropfen auf der Oberfläche und das leise Rauschen der Wellen. Bis mir ein Gedanke kommt.

»Nachts im Regen lässt sich bestimmt gut fischen«, sage ich zu Nina.

»Du denkst nur an das Eine«, entgegnet sie und springt auf. Die Vorstellung, dass uns Raubfische anknabbern könnten, verdirbt auch mir die Freude am Baden und ich folge ihr.

Wir rennen händchenhaltend zur Hütte und stellen uns endlich unter den Wasserfall am Überlauf, der Salz und Sand von unseren Körpern spült.

Dann werfen wir uns zu Sunday ins Bett, der sofort runterspringt, weil wir ihm zu nass sind.

Am nächsten Morgen ist Nina die Erste, die nach draußen geht. »Schau dir das an«, ruft sie zu mir ins Schlafzimmer. Ich gehe ihr nach. Wir stehen barfuß am strahlend weißen Strand unter einer Kokosnusspalme und blicken auf die türkisblaue Lagune. Alles ist ruhig und friedlich, das Meer wirkt wie glatt gestrichen und glitzert in der Sonne. Ich gebe Nina einen langen Kuss.

»Willkommen im Paradies«, flüstere ich ihr glücklich ins Ohr.

2

Deutschland

Deutschland. Um fünf Uhr dreißig klingelt das Smartphone. SMS von der Polizei. Unfall mit mehreren Toten auf der Autobahn.

»Ich muss los«, sage ich zu Nina, die noch vor sich hin schlummert.

»Oh nee, schon wieder«, meckert sie.

Manchmal hasse ich meinen Reporterjob. An irgendeinem Unfallort stehen und Autowracks fotografieren – was soll das? Und noch schlimmer, es ist längst zur Routine geworden. Drei Tote, ein Schwerverletzter. Von der Fahrbahn abgekommen, Unfallursache unklar. Das sind die Fakten, die später in der Tageszeitung stehen werden; die Worte für den Text habe ich längst im Kopf. Nüchterne Sätze. Dabei geht es eigentlich um Menschen. Menschen, einfach so aus dem Leben gerissen, wahrscheinlich auf dem Weg zur Arbeit.

Ich schleppe mich zu meinen Klamotten, packe meine Kamera ein, ziehe die neonfarbene Presseweste über. Für Frühstück oder nur einen Kaffee bleibt keine Zeit. Während ich auf der Fahrt zum Unfallort müde auf die Straße sehe, schießen mir plötzlich Bilder in den Kopf. Schöne Bilder, ferne Bilder. Von unserem Urlaub auf einer Insel in Fidschi. Schon eine ganze Weile her. Dort bin ich nachts gern aufgestanden …

Nach getaner Arbeit in der Redaktion angekommen, teilen mir die Kollegen der Onlineredaktion mit, dass der Unfallbeitrag bereits nach kurzer Zeit meistgeklickt ist. In der Konferenz heimse ich ein Lob für den frühmorgendlichen Einsatz ein; vor allem die Fotogalerie, die ich mit dem Smartphone gemacht habe, kommt bei den Lesern an. Deshalb soll ich für die Videoredaktion ein paar Sätze einsprechen, die sie über einen kurzen Clip vom Unfallort legen können. Business as usual; wenn es kein Verkehrsunfall ist, gibt es einen Großbrand oder einen Überfall/Diebstahl/Einbruch.

All diesen Situationen begegne ich mit professioneller Distanz, anders ließe sich mein täglich Brot kaum verdauen. Trotzdem hinterlässt es immer wieder ein schales Gefühl, wenn ich dafür gelobt werde, anderer Leute Unglück in Szene gesetzt zu haben. Und in letzter Zeit blitzt in solchen Situationen immer wieder *sie* in meinem Kopf auf. Die Insel.

Als ich in der Mittagspause mit einem Kollegen an einem Reisebüro vorbeilaufe, halte ich kurz inne und schaue auf die Palmen, die als Werbung für eine Tropenreise abgebildet sind. Am liebsten würde ich reingehen und sofort buchen, aber der Kollege zerrt mich weiter.

»Für so etwas haben wir heute keine Zeit«, sagt er.

»Als ob wir für so etwas jemals Zeit hätten«, antworte ich. »Es ist ja schon ein Wunder, dass du dich zu einem Kaffee überreden hast lassen.«

»Jammer nicht rum«, lacht der Kollege.

Der versteht das nicht, denke ich und lasse mich mitziehen; durch die Menschenmassen zurück ins Redaktionsgebäude.

Am Nachmittag rufe ich den Polizeisprecher an, um zu klären, ob es bei drei Toten bleibt oder ob der Schwerverletzte inzwischen auch verstorben ist. Es bleibt bei dreien. Ich aktualisiere die Onlinemeldung und schreibe, dass sich der Schwerverletzte nach Angaben der Polizei außer Lebensgefahr befindet. Danach mache ich mich auf den Heimweg.

Feierabendstau, wie zu erwarten war. Im Radio läuft der Song *I will love you Mondays*. Eigentlich ein Lied über die Anstrengungen der Liebe. 365 Versuche im Jahr, es richtig zu machen. Ich interpretiere es auf meine Weise: 365 Tage im Jahr »running around and going nowhere«. 365 Tage, um die richtige Entscheidung zu treffen – und abzuhauen.

Als ich zur Wohnungstür reinkomme, bin ich gefrustet, wie immer nach so einem Scheißtag. Dabei war der Tag streng genommen nicht einmal scheiße – ich habe meinen Job erledigt, bin dafür gelobt worden und kehre nun heim zu meiner lieben Frau. Trotzdem bin ich schlecht gelaunt, zumal ich Dauerbereitschaft habe und jederzeit aus dem Feierabend gerissen werden kann, obwohl ich den Tag über schon einen Termin nach dem anderen hatte. Ich bringe kaum eine Begrüßung heraus, rede auch sonst kaum ein Wort mit Nina. Wegen Kleinigkeiten motze ich sie an.

»Hast schon wieder keine Butter gekauft, sondern nur die eklige Margarine«, ärgere ich mich, als ich den Kühlschrank aufmache.

»Kauf doch selbst ein«, gibt Nina pampig zurück. Recht hat sie. Und eigentlich brauche ich im Moment nicht einmal Butter. Es hört sich kindisch an: Im Grunde will ich einfach nur ein Bier und mich über etwas aufregen. Meinen Frust ablassen.

»Und, wie war dein Tag?«, fragt Nina als Friedensangebot.

»Frag nicht«, sage ich.

Wenig später sitzen wir im Wohnzimmer und schalten den Fernseher ein. Zappend und schweigsam vergeuden wir den Abend. Eigentlich könnte ich Nina genauso gut fragen, wie ihr Tag in der Grundschule war – sie ist Lehrerin. Aber irgendwie habe ich keinen Nerv dazu. Geschichten von Kindern, die sich danebenbenehmen, und von deren Eltern, die das auch noch gut finden, wegen der Selbstentfaltung und so (dabei sind sie bloß zu faul, ihre Gören zu erziehen – meine Meinung!) – solche Geschichten brauche ich heute nicht auch noch. Auch wenn ich weiß, dass es Nina vielleicht helfen würde, ihren Ballast loszuwerden. Wann haben wir aufgehört, miteinander zu reden?

Wieder denke ich an den Strand. An ein Lagerfeuer unter dem Südsee-Sternenhimmel. Damals haben wir auch nicht immer geredet, aber es war ein gutes Schweigen. Ein gemeinsames.

Während auf dem Bildschirm Werbung für ein sensationell neues Auto läuft und es lautlos durch traumhafte Landschaften fährt, als gäbe es nichts Natürlicheres als einen Haufen Blech in Mutter Natur, geht mir durch den Kopf, dass man hier bei einer banalen Autofahrt völlig sinnlos dem Schicksal zum Opfer fallen kann. Die Auswahl erfolgt absolut willkürlich. Das Risiko, in der Südsee von einem Tsunami überrollt zu werden, ist wesentlich geringer, als im deutschen Straßenverkehr draufzugehen.

Und plötzlich habe ich keine Lust mehr, Zeit zu vergeuden. Sei es im Auto oder vor der Glotze. Uns allen wird so viel Zeit gestohlen jeden Tag, einfach so. Und niemand scheint sich daran zu stören. Im Gegenteil, wir machen einfach mit, weil wir vergessen, was wir sonst noch alles so machen könnten. Dass es andere Dinge gibt, die wir erleben könnten.

In diesem Moment sagt Nina: »Auf der Insel gibt's weder Butter noch Margarine.«

Ich sehe sie an. Stutze nur einen kurzen Moment. »Du auch?«, frage ich.

»Ja. Die ganze Zeit; seit Monaten.«

»Aber nicht für ein paar Wochen Urlaub, das ist dir schon klar, oder?«

Sie seufzt. »Schön wäre es.«

»Nina«, ich greife nach der Fernbedienung, schalte das Gerät aus und blicke ihr in die Augen. Es ist, als hätten ihre Worte einen Entscheidungswillen in mir wachgerufen, den der Alltagstrott lange Zeit zum Schweigen gebracht hatte. Nun meldet er sich zurück. »Ich will, dass wir nicht nur Träume haben, sondern sie auch umsetzen.«

»An mir liegt es nicht«, erwidert sie bloß. Damit ist es beschlossene Sache, so als hätten wir nur Wochen vorher darüber sprechen müssen. Wir kehren zurück. Wir ziehen auf die Insel.

In den Tagen und Wochen nach diesem Abend fühle ich mich beschwingt, auf eine Art über den Dingen stehend wie ein Superheld, dem nichts und niemand etwas anhaben kann. Auch wenn uns zwischendurch immer wieder Zweifel kommen.

»Überlege mal, was wir alles organisieren müssten.« Mal ist es Nina, die ihre Scheu äußert, mal bin ich es. Es gibt so vieles zu beachten, bis man dem deutschen Alltag entronnen ist – die Wohnung muss gekündigt werden, die Möbel untergestellt, das Auto verkauft, Telefon und Strom abgeschaltet. Bequem ist das nicht. Und das sind nur die Dinge, die uns hier erwarten.

Ist das erledigt, gibt es Abschiedstreffen mit Freunden, mit Nachbarn, mit Kollegen. Verwandtschaft ganz zum Schluss. Und alle werden sie fragen: »Was macht ihr da den ganzen Tag? Wird einem da nicht langweilig? Stumpft man da nicht ab?«

Gegenfrage: »Was macht ihr hier in Deutschland den ganzen Tag? Wird einem da nicht langweilig? Stumpft man da nicht ab?«

An einem schicksalsträchtigen Abend einige unnütze Wochen später, in denen ich sehr oft ins Fenster des Reisebüros gestarrt habe: Nina knallt sich zu mir aufs Sofa, wirft sich regelrecht auf mich und sagt: »Es kann so nicht weitergehen. Wir planen das jetzt endlich, anstatt uns nur auszumalen, was getan werden *müsste*. Mein Vertrag läuft eh bald aus.«

Nina ist nicht verbeamtet, in diesem Fall gar nicht so schlecht. Ich dagegen muss kündigen, was dem Chefredakteur vermutlich gar nicht schmecken wird. Was soll's? Wir machen Nägel mit Köpfen. Erstaunlich, wie leicht das plötzlich geht.

Ich bin aufgeregt, als ich meinen Chef zum Geständnis im Biergarten treffe. Die Fassungslosigkeit steht ihm ins Gesicht geschrieben, und er muss erst mal einen tiefen Schluck Weizen nehmen, bevor er etwas sagen kann.

»Ihr meint das schon ernst, oder?« Ich nicke. Er nickt. »Okay. Einsame Insel, ja?« Wieder nicke ich. »Ein ganzes Jahr lang?«

»Jep.«

Mein Noch-Chef schüttelt den Kopf, trinkt noch einen Schluck. Dann nickt auch er. Ich dürfe mich gern wieder melden nach meiner Rückkehr, sagt er.

»Danke«, entgegne ich artig und freue mich wie ein Honigkuchenpferd. Die Vorstellung, nach unserem Ausstiegsjahr wieder für einen Job infrage zu kommen, gibt mir Sicherheit. Trotz unseres Vorhabens, das in den Augen der meisten Menschen reiner Abenteuerlust entspringt, legen Nina und ich großen Wert auf Sicherheit. Es ist eben nicht die Lust am Risiko, die uns auf eine einsame Insel treibt, sondern das Wissen, dass es uns dort besser geht, dass es das ist, was wir gerade brauchen. Dennoch ist es schön, zurückkehren zu können, falls es in die Hose geht.

Als ich nach Hause komme, sehe ich, dass Nina schon erste Umzugskartons vollgepackt hat, die wir bei unseren Familien unterstellen werden.

Ich grinse und rufe ihr zu: »Frei. Wir sind frei!«

3

Fährfahrt

Die Reise ins Paradies führt durch die Hölle und leider vorbei an jeder Menge Schiffswracks. Es ist früher Abend, die Dunkelheit bricht bereits über den Hafen herein. Bei Tageslicht haben wir von hier aus noch die Bananenstauden und die hochgewachsenen Palmen entlang der Küstenstraße gesehen. Das türkisblaue Meer machte die Umgebung zusammen mit dem Sonnenschein extra grell und nur mit Sonnenbrille genießbar.

Jetzt, um diese Uhrzeit, ist die Südsee verschwunden. Der Himmel ist bewölkt, auch Sterne und Mond spenden kein Licht.

Nuku'alofa heißt der Ort, in dem wir uns befinden – per Definition die Hauptstadt Tongas, aber Haupt*dorf* trifft es besser.

Nuku'alofa weicht in mancher Hinsicht von dem ab, was wir uns unter Südseeidylle vorgestellt haben. Wir reden immerhin vom Garten Eden auf Erden, wie dieses Gebiet mit seinen abertausenden Inseln zwischen Hawaii, Neuseeland und den Osterinseln im Südosten schon vor Jahrhunderten gern beschrieben wurde.

Dagegen ist Nuku'alofas Anblick ernüchternd. Die Stadt wurde nach dem Tod des Königs im Jahr 2006 halb niedergebrannt. Es gab Unruhen, denen die Forderung nach einer demokratischen Zusammensetzung des Parlaments vorausgingen. Geschäfte wurden geplündert und in Brand gesetzt. Das heutige Zentrum, wenn man es so nennen will, besteht vorwiegend aus Zementfundamenten – Reste der Brandruinen. Obwohl die Stadt mit ihren dreißigtausend Einwohnern vergleichsweise klein ist, herrschen Zustände wie in einer Großstadt: Überall liegt Müll herum, es wird mit Drogen gehandelt und gestohlen. Es kommt auch mal vor, dass ein Räuber mit einer Machete bewaffnet die Bank überfällt.

Wenigstens außerhalb der Stadt gibt es schöne Dörfer, Ecken mit unzähligen Mangobäumen und Strände zu entdecken, und die Südsee wird mehr zu dem, was wir zu finden erwartet hatten.

Nuku'alofas Hafen ist ein kleiner Schrottplatz mit einer kleinen Anlegestelle an der Spitze des Piers. Von den abgenutzten Pollern werden nur noch wenige benutzt. Viele Schiffe liegen auf Grund, Bugspitzen ragen mahnend aus dem Wasser.

»Ob das eine so gute Idee ist?«, höre ich Nina fragen, die erschüttert zu den Wracks hinüberschaut.

»Ich weiß auch nicht so recht«, sage ich.

Der Mietwagen steht außerhalb des Hafengeländes, und wir gehen die restlichen Meter zu Fuß. Unbequem mit den Badelatschen, weil wir ständig in das nächste Schlagloch treten. Schweiß tropft uns von den Augenbrauen, die Luft ist feucht und salzig. Sunday hechelt.

Das einzige Schiff unter dem Dutzend, an dem der Lack hält, ist die hellblau gestrichene *Alo'ofa*. »Liebe« heißt das. Sie macht einen heruntergekommenen Eindruck. Das Boot liegt am Ende des Piers, etwa fünfzig Menschen haben sich in einer Gruppe versammelt und stehen vor einem Absperrband. Ein Scheinwerfer, der an einen Generator angeschlossen ist, beleuchtet die Schotterfläche vor der kleinen Fähre. Nina stellt den Rucksack ab, der für ihre zierliche Gestalt deutlich zu schwer gepackt ist, und ich stelle die Kanister Benzin dazu.

Ich habe ein flaues Gefühl im Magen und beginne zu begreifen, zu welcher Herausforderung ich heute antreten werde. Wenn ich auf das dunkle Meer hinausschaue, erkenne ich überall weiße Schaumkronen auf den Wellen.

Mir bleibt keine Wahl. Eine Fahrt mit diesem Boot ist die einzige Möglichkeit, an den Ort zu gelangen, der für das nächste Jahr unsere kleine Traumwelt werden soll – irgendwo mitten im Nichts, in tiefster polynesischer Einsamkeit.

Es wird ein Island-Hopping der anstrengenden Art, die Nacht hindurch, mit mehreren Stopps. Die einsame Insel selbst kann ich mit der Fähre nicht direkt erreichen; ich bin auf einen Fischer angewiesen, der mich von der nächstgelegenen bewohnten Insel dorthin bringt. Für die paar Seemeilen brauche ich so lange wie im Flieger um die ganze Welt.

Nina wird mit Sunday in Nuku'alofa warten und mit den Einkäufen für die ersten Monate auf unserer Insel beginnen, bis ich von der Erkundung zurückkomme und herausgefunden habe, was uns erwartet.

Wir verschaffen uns einen Überblick im Gewusel. Die Leute stapeln Unmengen Gepäck, manche haben Säcke mit Tarowurzeln dabei, eine Frau einen Plastikweihnachtsbaum mit Lichterkette. Viele von ihnen zieht es schon jetzt, Mitte November, zu ihren Familien auf die abgeschiedenen Inseln.

Fernab jedes Einkaufsmarkts werden sie die Weihnachtszeit dort verbringen.

Sione, der Mann von der Fähre, erkennt uns wieder. Er ruft unsere Namen über die Köpfe hinweg und winkt uns zu sich. Wir sind in der Menge die einzigen Palangis, wie Weiße im Südseekönigreich von allen genannt werden, und leicht zu erkennen.

»Adrian, bist du startklar?«, fragt er, als wir vor ihm stehen.

Bin ich das?

»Ich denke schon.«

In den ersten beiden Monaten in Tonga hatten wir vergeblich versucht, die abgelegenen Inselgebiete zu erreichen, die uns am meisten interessierten. Die Segler, die wir trafen, lehnten unsere Anfragen nach einem Transfer von vornherein ab. Mit Fischern lief es nicht besser. Wir waren der Verzweiflung nahe. Sione half uns. Als wir ihn kennenlernten, hangelte er sich gerade barfuß von einem benachbarten Wrack über eine Maurerdiele auf die *Alo'ofa* hinüber, hopste über die Kluft zwischen Schiff und Pier zu mir, blickte mich mit seinen kokosnussbraunen Augen an und antwortete auf meine Frage, die ich ihm schon von Weitem zugerufen hatte: »Yes, my friend.«

Wie sich herausstellte, ist Sione ein wahrer Seenomade. Einer, der alle Inselchen am Ende der Welt kennt. Er ist 44 Jahre alt und verbringt sein Leben ausschließlich auf Booten. Auf der *Alo'ofa* arbeitet er als eine Art Verwalter, im benachbarten Schiffswrack wohnt er.

Es wird ernst, ich gebe Nina einen Abschiedskuss, von dem sie sich kaum lösen kann, und tätschle Sunday über den Kopf.

»Das klappt schon alles«, flüstere ich Nina ins Ohr. Sie nickt, sagt aber nichts.

Sione weist mich über einen schmalen Balken ins Boot. Bevor ich mir einen Platz suche und Sione zurück an seine Arbeit lasse, frage ich ihn: »Wird es sehr schlimm?«

Er antwortet sehr untypisch für die meisten Tongaer, die allzu gern sagen, was man hören will: »Es wird rau.« Ich hatte es geahnt.

Die *Alo'ofa* ist in Wahrheit nur ein ehemaliger Fischkutter mit einer überdachten Außenfläche. Innen finden Passagiere keinen Platz. Ich setze mich auf eine schmale Holzbank an der Seite, von wo aus ich nach vorne schauen kann, wo die meisten Leute sind. Sie legen sich auf den Schiffsboden und verwenden ihre Gepäckstücke als Kopfkissen. Ein Mann, in Schwarz gekleidet und eine Flechtmatte aus getrockneten Pandanusblättern um die Hüfte geschwungen, stellt sich vor die Passagiere und beginnt, auf Tongaisch zu sprechen.

»Das ist der Pfarrer«, sagt mir einer der Bootsangestellten. »Er betet für eine sichere Überfahrt.«

Wir legen ab, ich sehe Nina am Pier stehen, im warmen Regenschleier der Nacht, und wir winken uns ein letztes Mal zu.

Jetzt, so kurz nach dem Aufbruch, wirkt alles sehr unwirklich. In weiser Voraussicht hat Nina mir vor Antritt der Fährfahrt ein paar Tabletten gegen Seekrankheit in die Hand gedrückt, besonders hohe Dosis, von denen wir eine ganze Reihe von Packungen aus Deutschland mitgenommen haben. Mit einem Schluck Wasser spüle ich die erste Pille hinunter.

»Was ist das?«, fragt ein Junge, der mich dabei beobachtet.

»Das hilft gegen Seekrankheit«, antworte ich.

»Kann ich auch eine haben?«

»Klar«, sage ich und gebe ihm statt einer Tablette lieber ein Reisekaugummi. Die sind auch ganz gut; vor allem prophylaktisch für Jungs.

Die *Alo'ofa* tuckert an den ersten kleinen Inseln vorbei, die wenige Kilometer vor Tongas Hauptinsel Tongatapu liegen und deren Umrisse ich, obwohl wir ihnen jetzt so nahe sind, kaum noch wahrnehme im Schwarz der Nacht. Von hier aus begibt sich unser Boot hinaus ins offene Meer.

Ohne eine Phase der Eingewöhnung beginnt die Passage, auf die jeder im Schiff verzichten könnte. Meterhohe Wellen, die ich mehr erahnen als sehen kann, türmen sich vor uns auf. Ich beschäftige mich eingehend damit, mich auf einen Punkt außerhalb des Bootes zu konzentrieren. Allerdings weiß ich nicht, welchen ich nehmen soll, es stehen nicht viele zur Auswahl, und so blicke ich zurück in Richtung Tongatapu, wo ein Licht in einem spärlich ausgestatteten Südseeleuchtturm brennt – eine Lampe auf einem Metallmast.

Minuten später ist auch dieses Licht verschwunden, und ich suche vergeblich nach Halt am Horizont. Es gibt nur noch Dunkelheit. Die *Alo'ofa* schaukelt auf und ab, manchmal spritzt ein Schwall Wasser vom Bug bis in den Seitengang. Die Plastikplane über der Reling, die Sione nach einer Stunde Fahrt herabgelassen hat, und selbst meine Regenjacke bieten nach einer Weile keinen Schutz mehr vor den Wellen. Mir ist kalt, ich bin nass bis auf die Unterhose. Entnervt drehe ich mich zur Seite, den Blick stur auf Ölfässer gerichtet, die im hinteren Teil des Schiffes stehen. So bekommt nur noch mein Rücken das Wasser ab und die Kapuze meiner Jacke und es rinnt mir nicht mehr über Gesicht und Kinn in den Kragen.

Die Tablette bewirkt, dass ich schläfrig werde, meine Angst vergesse und dem Verlangen nach Schlaf gern nachgeben würde. Aber ich habe einen denkbar schlechten Sitzplatz, bin eingequetscht zwischen zwei dicken Männern. Der Kaugummi-Junge liegt zu meinen Füßen und hat sich eine Decke bis übers Gesicht gezogen, nur seine Augen blicken hervor.

»Schmeckt ganz gut«, sagt er. »Ich glaube, es hilft.«

Auch bei mir wirkt die Tablette eine ganze Weile, und ich hoffe, die Fahrt verhältnismäßig gut zu überstehen. Aber, das war klar, plötzlich ist mir doch speiübel. Ich greife nach der Reling, wanke nach hinten zu den Ölfässern. Gegenüber befindet sich die sogenannte Toilette. Ich schiebe die Holzplatte zur Seite, die als Tür gedacht ist, und stürze voller Dankbarkeit, die Schüssel erreicht zu haben, hinein.

Wie ich erst jetzt bemerke, sitze ich schon die ganze Zeit vor dem Seitenfenster der Toilette, weshalb mir die gesamte Höllenfahrt über der Geruch von Urin in die Nase steigt. Nach dieser ersten Sitzung beschließe ich, fortan zur Reling zu gehen, was auf lange Sicht humaner ist als die Toilettenkabine, in der sich auf dem Boden Salzwasser mit Allerlei vermischt.

Als ich in meine gequetschte Position zurückgekehrt bin, beobachte ich, dass auch andere Passagiere die Reling nutzen, um überflüssigen Mageninhalt loszuwerden. Sie klappen die Plastikplane einen Spalt nach oben und recken ihre Köpfe hindurch in Wind und Wellen.

»Wie geht's dir?«, fragt der Junge besorgt.

»Ist okay«, lüge ich.

Der Regen wird in der Nacht noch stärker, die Wellen werden noch höher, und nach jedem Kamm beginnt eine steile Talfahrt.

Ich frage mich, ob das Gepäck, das im unteren Bugraum verstaut liegt, nicht vielleicht doch zu schwer ist, um die *Alo'ofa* heil zum nächsten Flecken Land zu bringen.

Immer, wenn wieder Leute zur Reling laufen und zurück oder die nächste Welle reinschwappt, schrecke ich vom Dösen hoch. Die nassen Klamotten auf der Haut sind ungemütlich und sie werden in dieser Nacht nicht mehr trocknen.

Eigentlich soll ich erst acht Stunden, nachdem ich die erste Tablette eingenommen habe, die zweite nehmen. Aber ich entscheide mich für zwei Stunden früher, es ist kurz nach Mitternacht. Ich krame irgendwie die Flasche Wasser aus dem Rucksack, wofür ich den schlafenden Jungen wecken muss, der ihn als Kopfkissen benutzt, und werfe die nächste Tablette ein.

»Kann ich noch ein Kaugummi haben?«

Ich reiche es ihm wortlos. Seekrank sein ist wie sterben.

Obwohl ich mir die Antwort doch immer wieder längst gegeben habe, frage ich mich: Ist es wirklich das Richtige, was wir tun? War es klug, daheim die Wohnung aufzulösen und die Jobs aufzugeben? Für was? Für einen verrückten Traum? Eine Idee, die sich vielleicht gar nicht so verwirklichen lässt, wie wir uns das vorstellen? Was haben wir davon? Ich habe keine Antworten, ich sitze in einem Boot und mir dreht sich der Kopf.

Es gibt einen Zeitpunkt in jener Nacht, an dem ich aufgehört habe, das Ende der Fahrt herbeizusehnen. Mir ist jegliches Zeitgefühl verloren gegangen. Wenn mir jemand erzählen würde, wir seien schon Tage unterwegs, und ich hätte keine Uhr auf dem Handydisplay, würde ich es glauben.

Die *Alo'ofa* treibt in den Wellen wie eine Flaschenpost, die niemals irgendwo ankommt. Ich habe auch nicht das Gefühl, dass wir uns voranbewegen. Mittlerweile wäre es mir selbst egal, wenn ich im Halbschlaf von der Bank auf den Boden rutschte und von dort unter der Reling hindurch in die Tiefe. Hauptsache, die Augen schließen sich, ohne dass sich gleich alles dreht im Kopf. Endlich übermannt mich die zweite Tablette.

4

Im Ministerium

Alles fing an, als Nina und ich zwei Jahre zuvor zu jener Reise durch Tongas benachbarten Inselstaat Fidschi aufbrachen. Wir wollten für eine Weile hinaus aus der alten Welt, raus aus dem Alltag – ein Wunsch, wie ihn viele haben. Manche erfüllen sich diesen Traum direkt nach dem Abitur, gehen erst mal auf Reisen, bevor »der Ernst des Lebens« beginnt. Bei uns ging das nicht, obwohl auch wir schon zu Schulzeiten vom Paradies träumten. Kaum das Abschlusszeugnis in der Hand, hatte sich Nina ins Studium gestürzt und ich mit Zivildienst und Ausbildung begonnen.

Die Zeit verging, es war eine gute Zeit, aber irgendwann war klar: Wenn wir nicht ein Leben lang träumen, sondern unser Paradies wirklich sehen wollten, dann jetzt oder nie. Wir ahnten nicht im Geringsten, dass aus diesem ersten Abenteuer etwas werden würde, das wir heute als unsere persönliche Lebensart begreifen.

Zunächst zog es uns in Fidschis Nordosten, auf eine kleine Insel mit vielen Hügeln, Bächen und sieben Dörfern. Wir fanden eine Bleibe in einer Bucht am Rand einer Siedlung und versuchten, uns in Dorf und Südseekultur zu integrieren. Die Insulaner nahmen uns herzlich auf. Und schließlich nahm das Verhängnis seinen Lauf, denn eines Tages trafen wir Jonny.

Jonny ist ein braun gebrannter und gut gelaunter Mittvierziger aus Südafrika, der nach Fidschi kam, um das Leben zu genießen – und er sagte: »Es gibt da diese Insel, also wisst ihr, die ist ein echter Geheimtipp.«

Wir lauschten neugierig, und je mehr Jonny erzählte, desto faszinierter waren wir. Es handelte sich um eine einsame Insel. *Die* einsame Insel, dreißig Seemeilen entfernt von der nächsten bewohnten. Mitten im weiten Ozean, mitten im Nichts. Ein kleines Sandkorn auf der Seekarte, auf den meisten Karten nicht einmal vermerkt. Unerreichbar für jeden, der nicht um ihre Existenz weiß. Sie ist etwa vierhundert mal hundert Meter groß; um das bewaldete Inselinnere zieht sich ein Sandstrand, der so breit und lang ist wie Eiweiß bei einem Spiegelei.

Die Schönheit der Insel blendete uns, ihre Unberührtheit raubte uns den Atem. Ohne dass wir darüber gesprochen hätten, war uns beiden klar, dass wir genau das suchten. Die Einsamkeit. Auch wenn wir beide keine Misanthropen sind, sondern im Gegenteil unsere Freunde lieben und brauchen – der Gedanke, für eine Weile nur zu zweit zu sein, reizte uns. Würden wir uns neu kennenlernen, wenn wir nichts und niemanden sonst hätten, der uns voneinander ablenkte? Würde es unsere Beziehung festigen?

Als wir den warmen, weißen Sand der Insel zum ersten Mal unter unseren Füßen spürten, fühlten wir uns, als wären wir die einzigen Menschen auf dieser Welt – am schönsten Ort, den man finden kann. Er wirkte so surreal, so unglaublich perfekt. So, dass wir fast heute noch nicht glauben können, wirklich dort gewesen zu sein. Dass es keine Einbildung war, sondern echt.

Diese Insel sieht aus, als hätte eine höhere Macht jedes Sandkorn einzeln arrangiert, jede Koralle in der türkisfarbenen Lagune extra eingesetzt. Und wir bekamen plötzlich die Chance, für kurze Zeit dort leben zu können. Die Erlaubnis, dort leben zu dürfen. Unser Eintritt ins Paradies. Wir konnten gar nicht anders.

Jonny vermittelte uns an den Sohn des Besitzers, einen Neu-seeländer, und der freute sich riesig über unser Interesse. Er habe nie darüber nachgedacht, die Insel und das Strandhaus auf ihr zu vermieten, sagte er, aber das höre sich gut an. »Könnt ihr euch mit euch selbst beschäftigen?«, fragte er. Konnten wir das? Klar konnten wir!

In dieser Inselidylle gab es keinen westlichen Luxus, wie wir ihn kennen. Wir hatten eine Komposttoilette, die aus einer Plas-tiktonne und einem Holzgestell drumherum bestand. Dafür gab es eine komplett andere Art von Luxus: Wir hatten Zeit, unend-lich viel Zeit. Für alle täglichen Dinge des Lebens und vor allem füreinander. Ich glaube, das war es, was die Sehnsucht in uns pflanzte und keimen ließ, bis daraus dieses unbedingte Bedürf-nis wuchs, das uns zu Hause nicht mehr glücklich werden ließ.

Es wäre naheliegend für uns gewesen, beim zweiten Mal erneut auf jene Insel zu gehen, wir hatten ja sämtliche Kon-takte, doch gab es ein Problem, für das wir einfach keine Lösung fanden: Fidschi erteilt prinzipiell keine Erlaubnis, Hunde aus Europa zu importieren. Auch keine Sondergenehmigung. Keine Diskussion. Doch für uns war klar: Unseren Hund lassen wir nicht zurück.

So kamen wir auf das Königreich von Tonga. Gleich neben Fidschi gelegen, die Inseln laut Reiseführer sogar noch abgeschiedener als das im Laufe der letzten Jahrzehnte touristischer gewordene Nachbarland.

Der nette Herr von der Quarantänestation half uns gleich mit unserem speziellen Hunde-Import-Anliegen. Und: Im Verhältnis zu bewohnten Inseln gibt es in Tonga überproportional viele unbewohnte. Etwa dreißig besiedelt, 340 einsam – kaum vorstellbar, dass wir dort nicht fündig werden sollten.

Wochen vor der unheilvollen Fährfahrt auf die Insel suche ich ein Hinterhofbüro auf, das zum Ministry of Lands, Survey, Natural Resources and Environment gehört. Es ist Mittagspause und duftet nach Magginudeln mit Hühnergeschmack, als ich hereinkomme. Die Mitarbeiter gießen sie in Kaffeetassen auf und rühren so lange darin herum, bis die Nudeln weich genug sind.

Richard, Chef der Unterabteilung Geographic Information System im Ministerium, unterbricht die Angelegenheit, die seine ganze Aufmerksamkeit beansprucht, erhebt sich vom Schreibtischstuhl und kommt mir lächelnd entgegen, um mir die Hand zu schütteln. Er trägt tongaische Geschäftskleidung: einen schwarzen Wickelrock, die obligatorische Pandanusmatte darumgebunden, ein schwarzes Hemd und breite Ledersandalen. Er wirkt gemütlich und höflich, trotzdem wird er mich nach Anhören meines Anliegens aller Wahrscheinlichkeit nach für verrückt erklären.

»Wie kann ich helfen?«, fragt er und schaut mich durch seine eckige Brille erwartungsvoll an. Palangis stehen normalerweise wegen Visafragen vor dem Immigration Office eine Straße weiter, einem Gebäude, das zusammenfallen würde, wenn sich nicht so viele Reisepässe darin stapelten. Oder sie

schaffen es mal in das Vorzimmer des Ministry of Lands, um
Gebühren für geleastes Land zu bezahlen. Doch hierher, in den
mit Wellblech bedeckten Anbau hinter dem Hauptgebäude,
kommt nie einer.

»Es ist etwas kompliziert«, sage ich. »Ich kann auch nach
der Mittagspause wiederkommen.«

»Nein, nein, das geht schon in Ordnung«, erwidert Richard,
rollt mir einen Bürostuhl entgegen und fordert mich auf, mich
ihm gegenüber zu setzen.

Ich nehme dankend Platz und schildere ihm mein Anliegen. »Meine Frau und ich suchen eine passende einsame Insel
für uns«, sage ich. »Dazu brauche ich einen Überblick und gutes
Kartenmaterial.«

Mich überrascht, dass Richard gar nicht verwundert reagiert.
Er braucht nur zwei Sekunden, um zu verarbeiten, was ich will.
»Und was wollt ihr dort machen?«, fragt er.

»Was die meisten Tongaer auch machen«, antworte ich.
»Wir mögen das einfache Leben auf den Inseln, wollen einen
eigenen Garten anbauen und ab und zu fischen gehen.«

Richard grinst mich an und holt Luft. »Pflanz bloß kein
Marihuana an«, warnt er, und ich weiß nicht recht, ob er das
als Witz meint. Er führt mich an einen Tisch in der Ecke des
Büros, auf dem Karten im DIN-A1-Format ausgebreitet liegen.
Manche zeigen große Inseln im Detail. Andere zeigen ganze
Gruppen. Richard zieht eine der Kartonrollen herunter, die
auf einem Schrank liegen. Er öffnet den Deckel und holt eine
Karte heraus, auf der die gesamte Ha'apai-Inselgruppe abgebil-
det ist. Die liegt in etwa in der Mitte des Königreichs und ist
besonders abgeschieden und wenig erschlossen. Genau, was wir

suchen. Die einzelnen Archipele sind so weit versprenkelt, dass man meinen könnte, jemand habe Zuckerstreusel auf die Karte fallen und kullern lassen. Die enorme Weite des Ozeans ist das alles bestimmende Element. Die reine Landmasse macht in der Südsee ein Prozent aus, der Rest der Fläche ist Wasser – sie ist so groß wie die Oberfläche des Mondes.

Auf Richards Karte werden die Entfernungen von Insel zu Insel deutlich – das Kartenmaterial, das wir zuvor im Tourismusbüro bekommen haben, war für uns zu nichts zu gebrauchen. Es sind vier Inseln, die uns aufgefallen sind und über die wir gern mehr erfahren würden. Mit tagelanger Internetrecherche haben wir versucht, so viele Eindrücke wie möglich zu gewinnen. Google Earth funktioniert wegen der schlechten Internetverbindung in Tonga kaum, aber zu manchen Inseln finden wir Beschreibungen von Seglern, die auf ihren Fahrten durchs Archipel vor ihnen geankert haben. Die Beiträge sind mitunter mehrere Jahre alt. In den meisten Fällen ist es zäh, an aktuelle Informationen zu kommen. Mit Glück stoßen wir auf Fotos, die Segler nach ihren Törns online gestellt haben, und erfahren von Früchten, die auf den Inseln wachsen, und Tieren, die dort leben.

Auf einer von ihnen, sehr markant durch glatte, große Felsblöcke am Strand, lebt angeblich mehrere Monate im Jahr ein tongaischer Einsiedler mit seinen Schweinen. Das habe ich abends in einer Strandbar erfahren.

»Ist das noch immer so?«, frage ich Richard.

»Soweit ich weiß, ja«, sagt er.

Damit scheidet Klein-Bora-Bora, wie Segler die Insel nennen, leider aus. Nina und ich, sozusagen Zweisiedler, wollen sicher keinen Einsiedler stören. Wobei die Insel noch einen weiteren Vorteil gehabt hätte: Sie ist an einer Stelle mehr als zehn Meter hoch – ein guter Schutz vor einem Tsunami.

Das sieht auch Richard so, der mir eine Karte zeigt, auf der die Entwicklung eines Tsunamis im September 2009 auf den Niuas, den beiden nördlichst gelegenen Inseln Tongas, dargestellt ist. Die Welle hatte Dutzende Menschen das Leben gekostet.

»Die Tsunamigefahr gilt in den nächsten Jahren als erhöht«, sagt Richard. Ich zucke zusammen. Dass es Tsunamis gibt und sie gefährlich sind, ist ja klar, dass aber die Wahrscheinlichkeit, von einem erwischt zu werden, augenblicklich erhöht ist, höre ich zum ersten Mal.

»Du musst sicherstellen, dass du alle offiziellen Warnungen mitbekommst, egal wie«, empfiehlt Richard und sieht mich eindringlich an. Ich nicke; ich werde das Risiko sicher nicht auf die leichte Schulter nehmen.

Zwei weitere Inseln scheiden aus; sie sind uns zu klein. Auf ihnen kann man kaum einen Kreis laufen, und wir würden uns nach ein paar Stunden an die Gurgel gehen.

In der Ha'apai-Gruppe gibt es jedoch noch eine kleine Inselkette, die passen könnte. Eine Insel ganz im Süden ist am größten, eineinhalb Kilometer lang und dreihundert Meter breit. Leider kann mir Richard keine Auskunft über sie geben. »Ich bin nie dort gewesen«, sagt er. Auch die Insel wenige Meilen weiter nördlich kennt er nicht. Trotzdem erscheint sie mir als Option, weil sie von Seglern als riesige Bananen- und Papayaplantage beschrieben wird, die vor Jahrzehnten angelegt worden sein muss.

Die dritte unbewohnte Insel im Bunde, weitere Meilen nördlich, ist einen Kilometer lang und misst an der breitesten Stelle fast dreihundert Meter. Sie ragt aus dem Meer wie der mächtige

Rücken eines Buckelwals, der zum Atmen auftaucht. Nina hat eine Luftaufnahme von ihr im Internet gefunden. Sie liegt in derselben Lagune wie die frühere Plantagen-Insel, und noch aus tausend Metern Höhe ist das türkisfarbene Wasser um die Strände herum zu erkennen. Sie hat eine auffällig breite Sandspitze im Nordwesten – ein traumhafter Platz für abendliche Lagerfeuer.

»Ich glaube, auf dieser Insel hat ein Palangi ein Haus gebaut«, erwähnt Richard beiläufig.

Schlagartig erhöht sich mein Puls. »Wirklich wahr? Ein Haus? Lebt da jemand?«

»Keine Ahnung.«

Ich dämmere einen Moment in Gedanken vor mich hin. Wenn auf der Insel niemand leben würde, und die Besitzer zu kontaktieren wären und wenn denen unser Vorhaben gerade recht käme – ist das vorstellbar? Mit uns hätten sie jemanden, der das Land pflegt, nach dem Haus schaut. Und für Nina und mich wäre das der schnellste Zugang zur einsamen Insel. Es würde keine weiteren Diskussionen geben mit Behörden oder Landbesitzern. Denn selbst wenn eine Insel offiziell im Besitz der Regierung ist, gibt es in Tonga Adelsleute, die einen Anspruch darauf haben und mit denen zu klären wäre, ob wir uns dort für ein Jahr niederlassen dürften. Beim Privatbesitz eines Weißen würde so vieles einfach wegfallen.

Inzwischen sind wir so verbissen mit der Organisation unserer Inselzeit beschäftigt, dass es uns guttun würde, endlich die Wahl des Ortes zu treffen. Dazu kommt: Ein fertiges Haus würde uns die Zeit sparen, den Bau einer Hütte zu organisieren, das Baumaterial auszuwählen, zu kaufen und mit einem größeren Boot auf die Insel zu bringen.

Weil wir die ganze Zeit davon ausgegangen sind, diese Punkte erledigen zu müssen, haben wir uns in unserem ersten Monat in Tonga bereits um einiges gekümmert. Wir waren im Baumarkt und haben uns Holzbalken und Latten angeschaut, Wellblech für das Dach, Regentanks und ihr Fassungsvolumen, sogar spezielle Metallplatten, die Dach und Holzgerüst zum Schutz vor Zyklonen miteinander verbinden.

»Ich kann eine meiner Mitarbeiterinnen losschicken, um etwas über die Besitzverhältnisse der Insel in Erfahrung zu bringen«, bietet Richard an.

»Ja, bitte, bitte«, flehe ich.

»In Ordnung. Das dauert aber eine Weile«, sagt er. »Komm am besten heute Nachmittag noch mal vorbei.«

Bevor ich gehe, bestelle ich fast sämtliches Kartenmaterial Tongas in DIN-A1-Format: Tongatapu und seine umliegenden Inseln, die nördliche Inselgruppe Vava'u, Tonga im Gesamtüberblick und die Ha'apai-Gruppe. Die Karten sind derart detailliert, dass ich sie unbedingt haben muss, um mit Nina in Ruhe alles zu studieren. Richard ist entzückt, und ich handle ihn um zehn Pa'anga, Tonga-Dollar, auf 150 herunter. Ein Pa'anga entspricht etwa vierzig Cent.

»Ich habe noch nie jemandem Rabatt gewährt«, sagt Richard und grinst.

Als ich später am Tag wiederkomme, zeigt er mir den sauberen Druck der bestellten Karten, und ich nicke zufrieden. Er rollt die Papiere zusammen, steckt sie in Kartenrollen und verschließt sie mit Plastikdeckeln.

»Gibt es Neuigkeiten über die Insel?«, frage ich.

»Leider nicht viele«, sagt Richard. Er hat keine Namen oder Kontaktdaten in Erfahrung bringen können, sondern nur den kryptischen Fantasienamen *Far Away Limited*, ausgedacht für das Inselgrundstück.

Ich bohre noch einmal nach, ob das wirklich, wirklich alles ist. »Keine weiteren Eintragungen?«

Richard schüttelt den Kopf, seine Mitarbeiterin auch. »Tut mir leid«, sagt sie. »Tongaische Bürokratie. Da ist nichts.«

Vermutlich sind die Akten über diesen Landverkauf auf einem der vielen Feuerhaufen Tongas gelandet, von denen jede Familie einen hinter dem Haus hat, denke ich mir. Mist!

»Vielleicht gibt es bei TCC eine Eintragung«, sagt Richard und verweist mich auf die tongaische Telefongesellschaft, Tonga Communications Corporation. Einen Versuch ist es wert, und die Zentrale liegt nur einen Kilometer entfernt.

Die Dame im Büro der Telefongesellschaft sucht eine Viertelstunde in ihrem Computersystem und in verschiedenen Telefonbüchern nach Informationen mit dem Ergebnis: keine Eintragung. Ich setze mich an einen der Rechner im TCC-Büro und durchforste das Internet.

Selbst nach zwei Stunden bin ich auf nichts Brauchbares gestoßen. Niedergeschlagen mache ich mich auf den Heimweg. Nina versucht mich aufzumuntern, wie immer in solchen Situationen.

»Wenigstens wissen wir jetzt von der Existenz der Insel und dass ein Haus auf ihr steht. Das ist mehr als nichts«, sagt sie. »Stell dir einfach vor, dass wir es schaffen.«

»Aber wie sollen wir jemanden finden, der etwas weiß?«, frage ich.

»Wir sprechen einfach jeden an, dem wir begegnen«, sagt Nina. »Tonga ist klein.«

So verbringen wir die nächste Woche ausschließlich mit der Suche nach Menschen, die eine Ahnung haben könnten, wem das Grundstück mit dem mysteriösen Namen gehört. Wir fragen Taxifahrer, Marktfrauen, Angestellte in Internetcafés, Fischverkäufer im Hafen, Fischer, die ihre Verkäufer beliefern. Wir versuchen alles, doch niemand scheint auch nur irgendetwas zu wissen, geschweige denn von dieser Insel gehört zu haben.

Viele Tongaer kennen gerade mal die Inseln, auf denen Dörfer sind, doch so weit weg von Tongatapu nicht mal mehr solche. Wieso also sollte jemand ausgerechnet über eine isolierte Insel Bescheid wissen, gelegen mitten im Nichts, um sie herum nur der weite Ozean? Einen Versuch wert scheint mir noch die Recherche in Resorts – kleinen Hotelanlagen – zu sein. Wenn ein Palangi auf einer abgelegenen Insel ein Haus baut, müssen das die anderen doch mitbekommen!

Wir treffen auf einen mürrischen Deutschen namens Franz, der in einem der entlegenen Resorts um Tongatapu Gelegenheitsjobs nachgeht. Er ist ein hagerer Typ um die fünfzig, seit einer halben Ewigkeit in Tonga und etwa genauso lange mit einer Tongaerin verheiratet. Gerade als ich das Resort betreten will, passt er mich ab, und wir kommen ins Gespräch.

Ich erwähne beiläufig die Insel, auf die es Nina und mich zieht, und bekomme endlich die Antwort, die wir haben wollen.

»Ich habe davon gehört«, sagt Franz. »Ich weiß aber leider auch nicht, wem das Haus dort gehört«, fügt er hinzu, halb entschuldigend. Er verspricht mir, sich umzuhören, und will ein Telefonat mit jemandem führen, der über die »landline« zu erreichen ist, ein Festnetztelefon. Manche abgelegenen Inseldörfer verfügen tatsächlich über einen Anschluss, wofür aufwändig Kabel im Meer verlegt werden mussten.

Einen Tag später holpern Nina und ich mit unserem Mietwagen über Schotter- und Feldwege, um unseren neuen Bekannten zu besuchen, der im wenig erschlossenen Süden der Hauptinsel lebt, der schönsten Gegend Tongatapus. Um uns herum erstrecken sich Tarofelder; die großen Stiele und Blätter der Knollenpflanze wachsen meterhoch. Der Weg führt uns durch ein unscheinbares Tor, hinter dem sich ein gepflegtes Grundstück versteckt. Mischlingswelpen begrüßen uns, Franz winkt von der Veranda. Sunday bellt wie ein Irrer aus dem Kofferraum, er hat es nicht so mit Welpen.

Wir setzen uns an einen Tisch unter einen Deckenventilator. Aus dem Garten nebenan steigt Rauch aus einem mit Palmenblättern bedeckten traditionellen Erdofen auf, und der Duft von Hühnchen und Fisch steigt uns in die Nase. In einem Schrank an der Hauswand sitzt ein Huhn und legt ein Ei. Franz bringt Kaffee. Während er uns von seiner Frau und seiner Tochter erzählt, drückt er mir beiläufig einen Notizzettel in die Hand. Darauf stehen ein Vorname und der Name einer Firma. Mehr hat Franz nicht herausfinden können, aber wir kommen unserem Ziel näher. Nina lacht zu mir herüber.

»Ich hab's dir gleich gesagt«, flüstert sie mir zu, und ich drücke ihre Hand.

Als wir uns verabschieden, frage ich Franz nach dem nächsten Shop, denn dieser entscheidende Schritt auf dem Weg zu unserer Insel will gefeiert werden. Ein paar Feldwege weiter finden wir ein kleines, gemauertes Gebäude mit Eisenstäben statt

Fensterscheiben. Im Inneren steht eine Frau vor einer Regalreihe mit Konservendosen, Zahnpasta, Milchpulver und allem anderen, was in Tonga zum täglichen Bedarf zählt. Ich bestelle ein paar eisgekühlte Dosen Cola, unser Lieblingsgetränk in der tropischen Hitze, und wir stoßen an.

»Ich bin so glücklich«, haucht mir Nina zu, während wir an unserem Wagen gelehnt dastehen und das kalte Zuckerzeug in uns hineinschütten. Ich drücke sie an mich.

»Ja, ich auch.«

Zurück in Nuku'alofa suchen wir im Internet nach dem vollen Namen des Inselbesitzers. Er stammt aus Hawaii, so viel hatte Franz uns noch sagen können, und wir sitzen an jenem Tag stundenlang vor dem Laptop, um mehr herauszufinden. Irgendwann stoßen wir über Umwege auf eine Mailadresse – »Adrian, ich fass es nicht!« – und schicken eine knappe Nachricht, in der wir uns vorstellen und von unserem Traum erzählen.

Es ist grotesk, wie wichtig das Internet ist, um in ein Paralleluniversum aufbrechen zu können, in dem technischer Schnickschnack für uns keine Rolle mehr spielen soll.

Tage vergehen, wir warten ungeduldig und stellen uns tausend Mal dieselben bangen Fragen: Was, wenn es nicht die richtige Mailadresse war? Was, wenn dem großen Unbekannten unsere Idee missfällt? Was, wenn wir mit unserer Suche von vorn beginnen müssen?

Doch dann, nachdem wir jeden Tag mindestens dreimal ins Internetcafé gefahren sind, um unsere Mails abzurufen, kommt die Antwort. Einige Minuten starren wir gebannt auf die Betreffzeile und trauen uns nicht, die Nachricht zu öffnen.

»Mach du's«, sage ich schließlich zu Nina, und sie klickt die E-Mail an.

»Ich bin sehr interessiert«, schreibt ein Mann namens Jamie. Er und der Miteigentümer würden sich freuen, wenn wir sobald wie möglich auf die Insel ziehen und ein Auge auf sie haben könnten. Das letzte Mal, als sie dort ihren Urlaub verbracht hätten, sei das Grundstück von Wildnis überwuchert gewesen, und sie fänden es großartig, wenn das beim nächsten Mal nicht so wäre und sie gleich das Haus beziehen könnten.

»Habt 'ne gute Zeit«, wünscht er und überlässt uns sein Paradies. Einfach so. Ohne uns zu kennen.

Nina und ich tauschen einen Blick, dann reiße ich sie an mich und küsse sie stürmisch.

»Wir haben's geschafft«, flüstere ich auf ihre Lippen.

5

Im Dorf

Als ich auf der *Alo'ofa* aufwache, fünf Stunden später, stelle ich fest, dass wir in ruhigeres Fahrwasser vorgedrungen sind. Mir ist kaum noch mulmig. Das Brummen des Dieselmotors übertönt das Meer, die Wellen sind abgeflacht. Sione hat die Plastikplane an der Reling nach oben geklappt. Die Nacht ist noch schwarz, aber der Himmel klart auf. Ein Fährmann wirft einen Eimer ins Meer und zieht ihn gefüllt mit Wasser an einem Seil wieder herauf. Er kippt es über die Stellen, an denen Passagiere den Weg bis zur Reling nicht rechtzeitig geschafft haben.

In der Ferne erkenne ich einen dunklen Umriss: die erste Insel auf der Zickzackroute durch die vielen Archipele. Der Junge auf dem Boden, der sich meinen Rucksack als Kopfkissen herangezogen hat, sieht, dass ich aufgewacht bin und auf den Horizont schaue.

»Auf dieser Insel wohne ich«, sagt er und zeigt auf die Umrisse der ersten Palmen, die sich in der Nacht abzeichnen, und dann in den Himmel auf die Venus, die fast so hell leuchtet wie sonst der Vollmond.

»Kennst du diesen Stern?«, fragt er. »Wir nennen ihn Daystar.«

Auf der Insel des Jungen werde ich versuchen, einen Fischer dazu zu überreden, mich zur einsamen Insel zu bringen und dort mit mir zu übernachten. Am nächsten Morgen kann er mich wieder zur Kirchenfähre bringen, die sich dann auf ihrer Route zurück nach Nuku'alofa befindet.

Als die Sonne im Osten aufgeht, erkenne ich weitere Einzelheiten der angesteuerten Insel, links einen Hügel, rechts einen Hügel, die Mitte ist flach. Das Meer ist hier im Schutz der Inseln ruhiger. Am Himmel stehen nach dem starken Regen der Nacht nur noch einzelne Wolken, das Blau wird sich durchsetzen.

Einer meiner Sitznachbarn fragt mich, wo ich hinwill. Es sei selten, dass ein Palangi mit der Kirchenfähre verkehrt. Ich erzähle ihm von Ninas und meinem Traum und dass ich auf dem Weg zu unserer neuen Bleibe bin.

»Kennst du jemanden hier?«, will er wissen. Als ich verneine und selbst ein wenig ernüchtert bin, dass ich auf eine Insel fahre mit ein paar Dutzend Einwohnern, von denen ich keinen einzigen kenne, sagt er: »Du kannst bei meiner Familie im Haus übernachten.«

Insgeheim hatte ich mir gewünscht, Gastfreundschaft zu erfahren, obwohl ich unangekündigt an einem Ort auftauche, von wo aus man nicht so einfach weiterkommt. Ich musste sie quasi voraussetzen. Aber dass ich sogar noch vor der Ankunft zum Bleiben eingeladen werde, freut mich sehr, und ich willige ein. Die unverhoffte Gelegenheit beim Schopf ergreifen – so langsam bekomme ich Übung darin.

Mein Sitznachbar heißt Salesi. Er ist etwa dreißig Jahre alt und übergewichtig, wie fast alle Insulaner. In der Südsee verlieh Körperfülle lange Zeit Bedeutung und Ansehen, teilweise ist das auch heute noch so. Der vormalige König wog zu Bestzeiten mehr als zweihundert Kilo.

45

Salesi bringt nur gut die Hälfte auf die Waage und ist ganz und gar untypisch gekleidet für die Gegend. Er trägt eine Jamaica-Mütze und ein Basketballtrikot der Los Angeles Lakers, dazu eine weite Rapperhose bis über die Knie und strahlend weiße Nike-Sportschuhe mit strahlend weißen Socken darin. Salesi hat eine Zeit lang in den Staaten gelebt, das ist offensichtlich.

»In Los Angeles«, erzählt er stolz, im Stadtteil Inglewood. Ich erschrecke, denn Inglewood ist als Ghetto bekannt. Wie ich erfahre, werden Salesis Frau und Tochter im Februar zurück nach L.A. gehen. Kaum vorstellbar, dass jemand das Südseeparadies gegen bandenbeherrschten Großstadtmuff tauschen möchte. Doch natürlich ist mein Blick auf Tonga der eines geblendeten Touristen.

»Ich selbst bleibe hier«, murmelt Salesi, und ich erkundige mich, warum. »Ich darf nicht einreisen.«

Ich traue mich nicht, nach dem Warum zu fragen. Seit Nina und ich in Tonga sind, haben wir schon einige Geschichten gehört über Tongaer, die ihr Glück in Kalifornien suchen. Die meisten wollen weg von hier. Wie extrem diese Entwicklung ist, lässt sich an der Einwohnerzahl Tongas ablesen. Hunderttausend Menschen leben noch im Königreich, mehr als zwei Drittel auf der Hauptinsel. Hunderttausend Tongaer leben »oversea«, wo alles besser sein soll und wo alles besser ist, wie jene behaupten, die zurückkehren. Vielleicht ist es das Phänomen vom Gras, das auf der anderen Seite eben immer grüner ist. Mir bleibt die tongaische Landflucht ein Rätsel. Ein kleines Holzboot kommt vom Strand herangefahren und schaukelt neben der *Alo'ofa* im Wasser. Gepäck wird verladen, das kleine Boot fährt zurück, dann kommt es wieder. Die ersten

Passagiere steigen um. Wegen des Riffs kann die *Alo'ofa* nicht näher an die Insel heranfahren.

Ich verabschiede mich von Sione und klettere mit Salesi auf das flache Holzdach eines zweiten Boots, das zum Abholen der Passagiere gekommen ist.

Kurze Zeit später springe ich an Land, und es fühlt sich so gut an, endlich wieder Sand unter den Füßen zu haben. Erleichtert lasse ich mich auf den Strand fallen, um meine Seekrankheit auszukurieren. Wahnsinn, wie schön es ist, einfach dazuliegen und die Sonne auf der Haut zu spüren.

Ein Schatten fällt auf mein Gesicht. Salesi steht neben mir und beugt sich zu mir herunter.

»Sprich mit niemandem«, flüstert er, bevor er sich umdreht und davonläuft, um seine Familie zu begrüßen. Verwundert blicke ich ihm nach. Was meint er?

Im Dorf herrscht Trubel und schätzungsweise die Hälfte aller Einwohner ist an den Strand gelaufen, um Gäste und Nahrungslieferungen zu empfangen. Männer schleppen Reissäcke, Frauen tragen Mehltüten, Fischer nehmen kleine Kühlboxen entgegen, aus denen sie Eisblöcke in große, leere Kühltruhen umlagern, die zwischen den Palmen stehen. Das ist der Aufbewahrungsort für die Fische, die für den Weiterverkauf vorgesehen sind und die mit der Fähre an den Markt nach Nuku'alofa geliefert werden.

Um die Insel herum sind einige kleine Inseln zu sehen, mit breiten Stränden und vielen Palmen, wunderschöne Orte, und ich sehne mich nach Nina und unserem neuen Zuhause.

Nach einer halben Stunde holt mich Salesi ab und führt mich in das kleine, hübsche Holzhaus seiner Familie. Er hat mich bereits angekündigt, und seine Mutter bereitet eine Mahlzeit für mich vor. Auf einem Tisch wartet ein Teller mit dampfender Languste, zwei kleinen Snappern und einer gekochten Brotfrucht. Salesis Mutter schiebt mir einen Stuhl hin, gibt mir einen Becher voll Salz, wünscht mir guten Appetit und verschwindet im Garten.

Ich bin allein im Raum, dem Wohnzimmer der Familie, das bis auf ein abgesessenes Sofa und den Tisch, an dem ich sitze, völlig leer ist. Vor mir die Languste. Wie soll ich das Ding ohne Besteck essen? Ich beginne mit der Brotfrucht und warte, bis die heiße, rote Schale der Languste etwas abgekühlt ist, bevor ich sie aufbreche und das zarte weiße Fleisch aus dem Schwanz herauspule. Was für ein Frühstück! Obwohl mir die Seekrankheit noch zu schaffen macht, esse ich, so viel ich kann.

Als guter Tongaer müsste ich jetzt ein Nickerchen auf den Flechtmatten machen, die auf dem Boden ausgebreitet sind, stattdessen zieht es mich in den Garten. Salesi hat mir einen Bootsmann angekündigt, der mich weiterbringen kann. Das ist im Augenblick das Wichtigste! In den letzten Monaten habe ich gelernt, alles auszublenden, das nicht mit unserem Ziel, der Insel, zu tun hat, und jetzt bin ich so verdammt nah dran.

Im Garten grillt Salesis Vater, ein lächelnder Mann mit wenigen Zähnen und rundlichem Gesicht, gerade das zweite Frühstück, einen Albacore-Thunfisch, zu Deutsch Weißer Thun, auf einem Wellblech über der Feuerstelle und will mich erneut bewirten. Ich lehne dankend ab, obwohl Albacore auch als »Hähnchen des Meeres« bezeichnet wird und jeder Bissen ein Genuss ist.

Aus meinem Rucksack hole ich zwei große Dosen Corned Beef heraus, die ich extra hierhergeschleppt habe, um mich bei gastfreundlichen Insulanern bedanken zu können. Rotes Fleisch ist auf den Inseln immer begehrt, denn normalerweise liegt hier nur aus dem Meer Gefangenes auf dem Grill. Über das Gesicht von Salesis Vater geht ein Strahlen, als er die Dosen entgegennimmt.

Plötzlich taucht der Junge von der Fähre, der mir die Venus gezeigt hat, im Garten auf, und Salesis Vater schickt ihn auf eine Kokospalme, die er flink wie eine Eidechse hinaufklettert. Mit den Füßen tritt er ein paar grüne Nüsse herunter, klettert hinab und schlägt mir mit einer Machete gekonnt eine auf.

»Kletterst du auch auf die Palmen?«, frage ich Salesis Vater, der tief und laut durch seine paar Zähne lacht.

»Dafür haben wir Kinder«, sagt er.

Endlich trifft der Bootsmann ein, er heißt Ulu, ist 26 Jahre alt, hat auffällig dicke Augenbrauen, kurz geschorene Haare und einen Fünftagebart. Er spricht kaum Englisch, und Salesi übersetzt für ihn. Als er meine beiden Benzinkanister erblickt – das Dreifache der benötigten Spritmenge –, nickt er erfreut und ist innerhalb von zwanzig Minuten startklar.

Dann geschieht, was ich befürchtet habe, weil Nina und ich es schon zu oft erleben mussten: Salesi will Geld.

»Der Ausflug wird dich etwas kosten«, sagt er. Bereits der Reiseführer hatte uns gewarnt: *Man könnte den Eindruck gewinnen, dass manch ein Tongaer es am liebsten hätte, wenn man ihm sein Geld in die Hand drückt und wieder zurückfliegt, wo man hergekommen ist, ohne überhaupt den Flughafen zu verlassen.*

Salesi nennt seine Forderung eine »Vermittlungsgebühr«, und mir wird klar, warum ich nicht mit anderen sprechen sollte – wie leicht hätte mein Geld dann in anderer Tasche landen können.

Ich knirsche mit den Zähnen, beuge mich aber Salesis Willen, um nicht am nächsten Tag unverrichteter Dinge mit der *Alo'ofa* zurück nach Tongatapu fahren zu müssen. Doch ich lasse mir nicht alle Asse aus dem Ärmel ziehen.

»Ich zahle erst danach«, stelle ich klar.

6

Inselerkundung

Als sich die Insel unserer Träume am Horizont als ein grauer Schatten abzeichnet, stupst mich Salesi aus meinem Schlaf, den ich bei jeder Gelegenheit nachzuholen versuche. Ich kämpfe gegen die wiederaufkommende Übelkeit an.

»Da hinten«, sagt er und zeigt auf das Ende der Welt, »siehst du sie?«

Ich brauche einen Moment, um mich aufzurappeln und den Anblick von Bootsmann Ulu aus dem Kopf zu vertreiben, der auf dem Höhepunkt meiner Übelkeit in ein Stück gebackene Brotfrucht gebissen und dabei »Mmhhh« gemacht hat, um mir zu demonstrieren, was ich Leckeres verpasse.

Am liebsten würde ich mich sofort wieder über die Reling hängen, selbst jetzt, wo die Insel in Sicht ist. Der Wellengang ist rau, der Wind stark, trotz des wolkenlosen Himmels über uns. Und wir sind seit mehr als zwei Stunden mit einem schwachen 25-PS-Motor unterwegs.

Normalerweise lassen die Insulaner eine Bootsfahrt an Tagen wie diesem sein, doch ich habe ja darauf bestanden. Also selbst schuld. Mein Gesicht ist vom Hereinklatschen der Wellen mit einem Film Salzwasser überzogen, aber das bin ich von der

Alo'ofa gewohnt, und der Salzgeschmack auf den Lippen lenkt mich ab von der Übelkeit.

Von der Insel in der Ferne ist immer nur etwas zu erkennen, wenn unser kleines hölzernes und demnächst auseinanderfallendes Boot auf dem Kamm einer Welle balanciert. Viel zu schnell geht es jedes Mal abwärts und ich sehe nichts als Schaumkronen überall. Ich sehne mich nach festem Grund unter meinen Füßen!

Wir sind noch einen knappen Kilometer von der Lagune entfernt, und ich erkenne die ersten Palmen, die über den Rest der Vegetation hinausragen, den Sandausläufer im Norden der Insel, die brechenden Wellen am Außenriff. Ich zwinge mich, den Rucksack nach der Kamera zu durchwühlen, denn ich habe Nina versprochen, ihr erste Bilder unseres neuen Zuhauses mitzubringen. Ulu bemerkt mein wachsendes Interesse.

»Setz dich doch da vorne hin«, sagt er und zeigt auf den Bug. Also klettere ich über das kleine Holzdach in den vorderen Teil des Bootes. Bloß nicht daran denken, was passiert, wenn ich abrutsche …

Je näher wir an das Riff heranfahren, desto ruhiger liegt das Boot im Wasser, das sich in der Nähe der Insel friedlich vor uns ausbreitet.

Und dann liegt es vor mir. Das Paradies. Im gleißenden Sonnenlicht verschwimmen hinter türkisfarbenem Wasser weiße breite Strände vor dichtem Inseldschungel und unendlich vielen Palmen in allen Größen.

Ulu kennt die Einfahrt ins Riff und steuert eine Stelle am äußersten Südwestende der Lagune an, und als wir ins sanfte Laguneninnere gleiten, ist es, als hätte jemand einen türkisblauen Teppich für uns ausgerollt. Er führt an einzelnen Korallenblöcken vorbei, die bei der herrschenden Ebbe nur wenige Zentimeter unter uns in allen Farben schimmern, und endet direkt am Strand.

Noch bevor Salesi und Ulu das Boot geankert und mit einem Seil an einer Palme befestigt haben, springe ich auf den nassen Sand und atme Inselluft ein. Die Luft einer Insel, auf der niemand lebt und die für Nina und mich, so bin ich sofort überzeugt, der richtige Fleck zur richtigen Zeit sein wird.

»Ihr könnt jetzt gehen«, würde ich am liebsten meinen Reisebegleitern zurufen, und glücklicherweise ist Salesi faul genug, um sich keine weiteren Meter bewegen zu wollen. Der weiche, warme Sand am oberen Strand macht träge, und er bleibt genau dort stehen, wo er die ersten Trink-Kokosnüsse auf Pflückhöhe gesichtet hat. Ulu folgt ihm mit der Machete.

»Wir machen Pause«, sagt Salesi, und fort bin ich.

Ulus Boot liegt in der Mitte des Weststrands der ovalen Insel, und vom Strand aus kann ich die äußeren Sandspitzen, die vom Wasser aus gut zu erkennen waren, nicht mehr sehen. Während ich meinen ersten Erkundungsgang Richtung Norden beginne, ärgere ich mich über meine eigene Dummheit, heute ein schwarzes T-Shirt gewählt zu haben. Die Sonnenbrille habe ich auch vergessen. Hmpf.

Doch schnell vergesse ich meine Luxusprobleme, denn hinter einem dichten Eibisch, voll behangen mit gelb leuchtenden Blüten, stoße ich auf das kleine Holzhaus. *Unser* Haus für ein Jahr. Na ja, vielleicht eher eine Hütte. Ich halte den Atem an. Sieht ein wenig heruntergekommen aus, aber das macht nichts.

In meiner Fantasie richte ich bereits alles wieder her, eine Aufgabe, die Nina und ich uns teilen werden. Ein gemeinsames Projekt.

Ich laufe drum herum, schieße hundert Fotos und komme aus dem Strahlen gar nicht mehr heraus. Ein Kind unter dem Weihnachtsbaum könnte nicht glücklicher sein.

Das Häuschen umfasst etwa zwanzig Quadratmeter und ist mit weißer Farbe gestrichen, die in dicken Streifen von der Außenwand abblättert. Das Wellblechdach ist stellenweise rostig, hoffentlich ohne Loch. Das Gras auf der Fläche davor steht einen Meter hoch, etliche Palmwedel liegen auf dem Boden, daneben Kokosnüsse auf Haufen, nicht von Menschenhand zusammengetragen, sondern von den Palmen gefallen. Einzelne Nüsse keimen bereits, andere verfaulen unter der oberen Schicht frisch gefallener Früchte.

Die Lichtung, auf drei Seiten von Dschungel, auf einer Seite vom Meer begrenzt, wächst Meter um Meter zu. Ich verstehe, was Jamie mit Wildnis meinte. Überall wuchern und hängen Schlingpflanzen. Neben dem Eingang zur Hütte trete ich in die Dornen eines Zierstrauches, einer Bougainvillea, und schreie laut auf. Habe ich mir vorhin eine Sonnenbrille gewünscht, so sehne ich mich nun nach einer Machete!

Fluchend drücke ich die Klinke der Eingangstür, aber sie ist verriegelt. Ich kämpfe mich zur Rückseite und stoße auf einen dieser grünen Kunststoffregentanks, die sich in der gesamten Südsee durchgesetzt haben. Ich klopfe die Wand ab und stelle fest, dass er nicht einmal halb voll ist. Ein Stück Regenrinne ist aus ihrer Plastikhalterung heruntergebrochen. Mit einem Stück Liane flicke ich sie notdürftig und binde sie an das kaputte Teil, damit der Wassertank vollläuft bis zu unserer Ankunft. Immerhin wird dies unsere einzige Quelle für Trinkwasser sein.

Ich klettere auf den Tank und schraube den Deckel ab, um die Qualität des Wassers zu überprüfen. Ist es frisch oder riecht es merkwürdig? Liegt vielleicht ein totes Tier im Tank? Die paar Trinkflaschen, die wir mitnehmen werden, reichen höchstens ein paar Tage, und deshalb muss gewährleistet sein, dass das Wasser aus dem Tank trinkbar ist.

Es scheint in Ordnung zu sein, und auch der Hahn funktioniert, wenngleich er ein wenig eingerostet ist. Ich wage einen Schluck, denn besser jetzt ein Problem mit dem Magen als später, wenn wir die Insel nicht einfach verlassen können, nur weil es dringend ist.

Belustigt stelle ich fest, dass ich mich so sachlich verhalte wie bei einer Wohnungsbesichtigung in der Stadt. Jeder andere Mensch wäre vermutlich erst einmal ins Meer gesprungen, eine Runde geschwommen und hätte sich dann zum Relaxen an den Strand gelegt.

Doch ich begutachte lieber weiter. Die Hütte hat drei Fenster, eines an der Front, zwei an der dem Eingang gegenüberliegenden Seite. Sie bestehen aus mehreren eckigen Einzelgläsern, groß wie Fliesen, und lassen sich offenbar halb öffnen, indem man den Holzrahmen, der alles zusammenhält, nach oben schiebt. Allerdings sind sie von innen mit Schrauben verriegelt. Den Blick hinein verwehren mir Stoffbezüge, die hinter allen Fenstern hängen.

Als ich zum Strand zurückkehre, sitzen Salesi und Ulu immer noch unter ihrer Palme und genießen den Tag. In ein paar

Wochen sitze ich da auch, bin genauso entspannt und habe mein strukturiertes Deutschsein abgelegt. Hoffentlich.

»Fahren wir zurück?«, fragt Salesi.

»Nein, noch nicht«, sage ich und wundere mich, wie schnell ihn die Insel anscheinend langweilt. »Macht ihr einen Rundgang mit mir? Einmal um die Insel?«

Ulu nickt, Salesi murrt. »Aber danach fahren wir zurück«, beharrt er. Ich bin einverstanden, auch wenn ich eigentlich nicht wegwill. Aber ich muss ja, denn Nina wartet auf mich, und ich brenne darauf, ihr die Fotos zu zeigen.

Gemeinsam mit Ulu marschiere ich los. Er entscheidet sich von der Hütte aus für den Weg oberhalb am Strand, nahe des Dickichts, und schlägt mit der Machete hängende Äste ab. Nach einigen Metern kommen wir an eine freie Fläche, hinter der im Dschungel Dutzende Bananen wachsen: eine frühere Plantage. Wenn Nina und ich Glück haben, sind bald ein paar Früchte reif.

Wir laufen weiter, vorbei an Papayas, an denen große grüne Früchte hängen – auch die könnten bald reif sein – und treffen auf ein weiteres offenes Areal. Gras wächst in die Höhe, Kokosnusshaufen liegen unter Palmen, Schlingpflanzen versperren den Durchgang.

Dahinter steht ein zweites Holzhaus, das Jamie erwähnte und in dem er wohnen wird, wenn er uns besucht. Es ist mindestens doppelt so groß wie »unseres«, hat eine riesige Veranda, und man kann noch erahnen, wie schön es einmal war. Wie das kleine hat es einen weißen Anstrich, der in dicken Schichten abblättert. Die Holzlatten des Verandabodens brechen an manchen Stellen fast durch, das Geländer fällt stellenweise auseinander. An den oberen Ecken der Stützpfosten, die die Dachbalken tragen, sitzen verschnörkelte Holzschnitzereien in Blumenmustern. Sie sind überzogen von Moos, und Schimmel, und ein Spiegelbild des gesamten Zustands des Hauses.

Das Wellblechdach rostet vor sich hin. Es leckt, und bei den starken Regenfällen der Südsee, besonders während der Regenzeit wie jetzt, ist es nur eine Frage der Zeit, bis die Natur das Haus komplett zerstört hat. Auch hier kann ich nicht ins Innere schauen, weil Stoffbezüge hinter den Fenstern hängen.

Auf der anderen Seite des Hauses erstreckt sich über zwanzig Meter eine offene Fläche, an deren Ende ein kleines Gebäude steht: ein Küchenraum samt Werkschuppen.

Zuletzt müssen Fischer hier gewesen sein, denn überall sind Feuerstellen zu sehen. Löcher im Boden, die als Erdofen genutzt wurden. Die Asche hat der Wind längst verweht, aber die Steine zum Aufheizen liegen noch am Grund. Die Fischer sind achtlos mit ihrem Müll umgegangen. Ich finde leere Corned-Beef-Dosen, Bierflaschen, Motorölbehälter, Batterien. Viel Arbeit für uns.

Unser Rundgang führt uns an die Spitze im Nordwesten der Insel, die aus einem imposanten Sandstrand besteht, geformt wie ein Halbmond, der am oberen Rand mit drei Palmen dekoriert ist. Ich sehe die winzige, ebenfalls unbewohnte Nachbarinsel, die eine Meile entfernt liegt, getrennt von einem tiefen Kanal und umgeben von einer eigenen Lagune.

Ich stelle mir Nina vor, wie sie unter den Palmen sitzt, die ihren Schatten in der Mittagssonne auf den Sand werfen. Das wird ihr Lieblingsplatz sein, das weiß ich jetzt schon. Dort kann sie ihr Handtuch ausbreiten und den ganzen Tag mit einem wunderschönen Ausblick auf die Lagune verbringen, vor der größten Hitze geschützt, und am Abend genießt sie den Sonnenuntergang.

Die Strömung des Wassers ist stark an dieser Spitze, und Ulu spricht aus, was ich denke: »Das ist der beste Platz zum Angeln.« Größere Fische können an dieser Stelle nach kleinen jagen, vor allem in der Dämmerung, wenn sie schlechter gesehen werden. Mir zuckt es in den Fingern – ich kann es kaum abwarten, die Angelleine auszuwerfen.

»Was willst du eigentlich auf der Insel machen?«, fragt Ulu plötzlich.

»Na ja, so ein ähnliches Leben führen wie du. Fischen. Gartenbau.«

Ulu lacht. »Gute Idee«, sagt er, obwohl er selbst ganz andere Pläne hegt. »Ich werd' jetzt erst mal in Nuku'alofa ein bisschen Geld verdienen«, erzählt er, »dann kann ich nach Australien fliegen. Am liebsten würde ich dort bleiben.«

Wir kommen bei Salesi an. »Bereit für die Rückfahrt?«, fragt er. Ich sehe Tongadollar in seinen Augen blinken.

»Zehn Minuten bitte noch«, sage ich, und während sie beide schon ins Boot klettern, gehe ich noch mal zur Hütte, um herauszufinden, was ich vorhin, geblendet von den vielen Eindrücken, ganz vergessen habe. Dabei sind beide Dinge sehr wichtig.

Erstens: Handytest. In Nuku'alofa haben Nina und ich extra zwei Handys gekauft, eines des im Südpazifik stark präsenten Anbieters Digicel, eines vom lokalen Anbieter TCC. Ich halte beide Handys nacheinander in die Höhe und lese auf beiden Displays: *no service*. Ich klettere auf einen schräg verlaufenden Palmenstamm, halte die Handys hoch, aber auch auf diese Weise:

no service. Einen weiteren Versuch kann ich mir sparen, denn die höchste Erhebung der Insel steigt auf bescheidene vier Meter über dem Meeresspiegel an.

Zweiter Test: Von welcher Qualität ist die Erde? Dazu drücke ich mich durch das Dickicht hinter dem Haus, in dem wie hinter der offenen Fläche weiter vorn einige Bananen wachsen. Ich suche auf die Schnelle eine überschaubare Stelle, auf der sich theoretisch ein Garten anlegen ließe, reiße ein paar Graswurzeln aus und grabe wenige Zentimeter tief in das noch vom nächtlichen Regen feuchte Erdreich. In Tongatapu ist es schön fest und lehmig, daran kommt die Erde auf der kleinen Insel nicht heran. Aber sie ist fest, dunkelbraun, kein Sandkorn zu sehen, hoffentlich nicht allzu salzig – also vermutlich geeignet.

Gute Erde ist uns ein besonderes Anliegen, weil wir uns nur durch den Anbau eigener Früchte zumindest teilweise selbst versorgen können.

Drei Stunden später sind wir zurück auf Salesis Insel, und ich zahle ihm die vereinbarten 150 Pa'anga, erbitte jedoch gleich noch einen Gefallen.

»Kannst du mich dem Dorfchef vorstellen?«, frage ich.

Salesi willigt ein. Ich schlendere ihm auf dem Pfad hinterher, der zwischen gepflegten Südseelilien entlangführt, an einem Kirchengebäude vorbei – das größte Bauwerk auf der Insel –, und wir kommen am Rand des Dorfes zur Hütte des »town officers«, wie Salesi ihn nennt.

Der Dorfchef ist ein älterer kleiner Mann mit vielen Sonnenfalten um die Augen. Er schiebt eine Schubkarre vollgeladen mit

Zuckerrohr und Papayas in den Garten. Er lächelt über unseren unerwarteten Besuch, nimmt eine Frucht aus dem Karren und streckt sie mir entgegen. Ich nehme dankend an.

Salesi übersetzt mein Anliegen für den Dorfchef, denn er spricht kein Englisch. Ich erzähle, dass ich gekommen bin, um mich bei ihm vorzustellen und ihn über unsere Pläne zu informieren. Ich gebe ihm zwei Tüten Kava-Pulver, was als Gastgeschenk in der Südsee weit verbreitet ist. Es wird aus den Wurzeln der Yaqona-Pflanze hergestellt; ein Strauch mit auffälligem, knochenförmigem Stiel. In einer Holzschale mit Wasser vermischt ergibt es das Südseegetränk schlechthin. Es sieht aus wie Schlammbrühe und für meinen europäischen Gaumen schmeckt es auch so, aber es soll gute Träume schenken.

Der Dorfchef nimmt das Kava an sich.

»Ich freue mich sehr, dass du dich bei mir vorgestellt hast, und wünsche dir eine gute Zeit«, sagt er ähnlich förmlich wie ich zuvor.

Wie einfach doch alles sein kann auf den Inseln hier, denke ich. Nach dem Besuch beim Dorfchef lege ich mich erst mal hin. Mir brummt der Schädel, ich glaube, es ist ein leichter Sonnenstich. Ich breite die Isomatte im Wohnzimmer von Salesis Familie aus und schlafe nach einem leckeren Mango-Kokosnuss-Drink, den mir Salesis Mutter wie selbstverständlich überreicht hat, sofort ein. Schlafe die ganze Nacht hindurch und träume von der Insel der Träume.

Zu diesem Zeitpunkt unseres Abenteuers habe ich wenig Ahnung davon, wie kompliziert es ist, einfach zu leben. Die kommenden Monate werden zwei Seiten haben, und Nina und ich werden erfahren, wie leicht unser Dasein in der Abgeschiedenheit in Gefahr geraten kann und dass wir darum kämpfen werden müssen, auf der Insel eine gute Zeit zu verbringen.

Bevor ich am nächsten Mittag auf die Kirchenfähre zurück nach Nuku'alofa steige, bittet mich Salesi mit ernster Miene zu sich an die Feuerstelle, und mich beschleicht ein ungutes Gefühl.

»Ich muss etwas mit dir besprechen«, sagt er, als ich mich zu ihm setze. »Kannst du mir hundert Dollar leihen?« Als ich zunächst nicht reagiere, fügt er hinzu: »Ist für Alkohol.«

Hab ich es mir doch gedacht, denn auch die Frage nach Hochprozentigem ist keine Seltenheit in der Südsee. Obwohl ich weiß, dass es ein Fehler ist, drücke ich Salesi einen Schein in die Hand. Nächste Woche, wenn Nina und ich wieder hier ankommen und mit Fischer Ulu weiterfahren wollen, soll alles reibungsfrei ablaufen.

7

Einkauf

Nina kann es kaum abwarten, die Fotos zu sehen, die ich mitgebracht habe.

»Ich habe noch etwas für dich«, sage ich. »Breite deine Hände aus.« Ich hole die Wasserflasche hervor, die ich auf der Insel halb mit Sand gefüllt habe, öffne sie und lasse Nina den Sand auf die Handflächen rieseln. »Na, wie findest du den Feinheitsgrad?«

»Er ist genauso, wie ich ihn mir vorgestellt habe«, sagt sie und fällt mir vor Freude um den Hals. »Aber ich war auch nicht untätig.« Sie führt mich in unser vorübergehendes Wohnzimmer und zeigt auf einen hohen Turm aus Kartons und Kisten, die sie bis an die Ränder voll mit haltbaren Lebensmitteln gefüllt hat; der Großteil dessen, was wir für die ersten sechs Inselmonate brauchen werden. Eine Kiste mit Nudeln findet sich darunter, ein riesiger Sack Reis, ein Sack Kartoffeln, Mehl, Zucker, etliche Dosen mit Tomatensoße, Mais, Bohnen, Rote Bete, Dosen mit Pfirsichen, Birnen und Ananas. Neben der Box mit der Aufschrift »Medizin«, um die wir uns schon in Deutschland gekümmert haben, steht eine Kiste mit Gewürzen, Salz, Pfeffer, Sojasoßen und Wasabipasten für Inselsushi. Zwei Kisten enthalten lang haltbares Frühstück: Marmelade, Müsli aus Neuseeland – genannt

Weet-Bix –, Kaffeepulver, Teebeutel und Milchpulver in Megado-
sen. Und ganz wichtig: Kekse namens Breakfast-Cracker, die in
der Südsee das Frühstücksbrot ersetzen. Auch ein wenig Geschirr
und einen Teekessel hat Nina gekauft.

»Wahnsinn, das ist so viel«, sage ich, während ich den riesigen Stapel bestaune.

»Du kannst dir gar nicht vorstellen, wie viel Stress das war,
alles hierher zu bringen«, meint Nina, und ich denke an unseren Mietwagen: ein kleines grünes Schrottauto, bei dem die
Scheibenwischer nur funktionieren, wenn das Radio an ist und
es durch die Seitenfenster hereinregnet, und das erstaunlicherweise noch immer fahrbereit ist. Um damit herumfahren zu
dürfen, musste sich Nina wie in Tonga üblich erst einmal einen
Führerschein kaufen. Dann klapperte sie jeden der schätzungsweise fünfzig Minishops ab, die in Nuku'alofa zu finden sind. So
etwas wie einen Supermarkt gibt es auf Tongatapu nicht, weshalb Nina die Bestände mehrerer Shops leer kaufen musste,
bevor sie alles beisammenhatte.

Die Verkäuferinnen starrten Nina mit ungläubigen Augen
an, und irgendwann traute sich eine zu fragen, wofür sie denn
die Vorräte brauche. Nina erzählte ihr die ganze Geschichte und
spätestens dann musste die Verkäuferin angenommen haben,
es mit einer Verrückten zu tun zu haben. Nina versuchte, ihr zu
erklären, dass sie auf der einsamen Insel leider nicht mal eben
Nachschub kaufen könne, weil uns kein Boot zur Verfügung
stehe und wir sowieso viel zu weit weg seien von der Zivilisation,
um überhaupt über Nachschub nachdenken zu können. Doch
egal, was Nina der Angestellten im Shop zu erklären versuchte –
an deren Blick erkannte sie, dass diese es nicht verstand.

»Ihr Mann hat aber Glück, dass Sie ihn auf eine einsame Insel begleiten«, sagte die Verkäuferin schlussendlich mit einem Achselzucken. Vermutlich fügte sie in Gedanken hinzu: anstatt daheim zu bleiben und ein luxuriöses Leben zu führen.

Natürlich wird das Leben auf der Insel spärlich werden, und auf vieles müssen wir verzichten. Doch das nehmen wir gern in Kauf und freuen uns sogar auf die Herausforderung, aus dem, was wir haben, das Beste machen zu müssen. Not macht bekanntlich erfinderisch, auch wenn sie selbst gewählt ist.

Auf ein Luxusgut, das sich viele Tongaer wegen des hohen Preises nie leisten würden, wollen wir jedoch auf keinen Fall verzichten: Käse. Es gibt da diesen gut verschweißten und in butterstückgroßen gelben Kartons eingepackten Cheddar, der nicht gekühlt werden muss, und von dem Nina dreißig Stück mitnehmen will. Das ist eine komplizierte Besorgung, zumal dieser Käse sich nicht nur in wenigen Shops finden lässt, sondern auch weil vielerorts das Verfallsdatum abgelaufen ist. Nach einem Tag ausgiebigen Hin- und Herfahrens mit dem Mietwagen ist aber auch dieser Punkt auf der Liste abgehakt. Dreißig Stück!

Ich hasse es, einkaufen zu gehen, und für mich sind die letzten Tage in Nuku'alofa sehr hektisch, obwohl Nina vieles auf unserer Liste bereits erledigt hat. Die Sache ist: Wenn man die Frage, was man auf eine einsame Insel mitnehmen würde, ernsthaft beantworten muss, kommen am Ende mehr als drei Romane und ein iPod heraus.

»Oh Mann, ich hab echt keinen Bock mehr. Es reicht«, sage ich irgendwann launisch.

»Auf der Insel bereust du es dann«, prophezeit Nina. »Vorschlag: Ich kaufe weiter ein, du gehst schon mal an den Hafen und fragst Sione, wann das nächste Boot fährt.«

»Okay«, antworte ich, »aber denk dran: Ich will auf jeden Fall zwei Gläser Nutella. Koste es, was es wolle.« Noch so ein unverzichtbarer Luxus ... Vermutlich sind die Summen, die wir für unsere Lebensmittel ausgeben, der Grund für die schockierten Reaktionen der Verkäufer. Wir kaufen für tongaische Verhältnisse mal eben mit Monatslöhnen ein. Weit weniger, als wir zu Hause verdienen, aber auch für uns kein Pappenstiel. Jeden einzelnen Cent haben wir zu Hause gespart, um uns unseren Traum zu ermöglichen. Ihn jetzt zu verderben, weil wir beim Anlegen der Vorräte knauserig sind, wäre blödsinnig. Sonst stehen wir später fernab allein auf unserer Insel und erleben womöglich eine böse Überraschung, weil die Wurzeln, die dort wachsen, nicht ausreichen und wir mehr oder weniger hungern müssen. Wir wünschen uns eine gute, gesunde Zeit und wollen uns keinem Survivalexperiment aussetzen.

Am Hafen erfahre ich, dass die nächste Fähre kommenden Montag ablegt, sofern das Wetter so bleibt. Bis dahin brauchen wir auf jeden Fall noch einen Gaskocher, weil wir nicht wissen, was wir in der Küche auf der Insel vorfinden werden und wie funktionstüchtig die Geräte sind. Nina ergattert einen in einem indischen Krämerladen im Zentrum der Stadt. Eine Kochgasflasche kauft sie in der Nähe des Hafens bei einer Abfüllstation.

Als Nächstes brauchen wir Werkzeug. Um einen Durchblick zu bekommen im Inseldickicht, benötigen wir mehrere Macheten, die es in einem kleinen Baumarkt am Rande der Stadt in größerer Auswahl gibt.

»Lass uns gleich noch andere Sachen mitnehmen, wenn wir schon da sind«, sagt Nina und stapelt Spaten, Hammer, Zange, Klebeband, Schnur, Nägel, Schraubenzieher, Handschuhe, eine Plastikplane und Moskitoschutzgitter in unseren Einkaufswagen.

In unserem Mietwagen rumpeln wir über Schotterstraßen, und nach einem weiteren Schlagloch haben wir einen Platten.

»Verdammt, das darf nicht wahr sein«, fluche ich.

»Das musste doch irgendwann passieren«, meint Nina entspannt. »Sei froh, dass die Kiste überhaupt noch fährt.«

Irgendwie kriegen wir unseren Wagen in eine Hinterhofwerkstatt gerollt, wo der Mechaniker nur fünf Dollar fürs Reifenflicken will. Durch Zufall treffen wir dort auf den mürrischen Franz, dem wir den entscheidenden Hinweis auf unsere Insel verdanken und der uns nach dem Stand unserer Vorbereitungen befragt.

»Wir kommen gut voran«, sage ich. »Allerdings fehlen uns noch eine Autobatterie und ein Solarmodul, damit wir unser Satellitentelefon, die Kamera und den Laptop aufladen können. Die Batterie ist leicht, aber ich habe keine Ahnung, wo wir ein Solarmodul herkriegen sollen.« Ich seufze.

Franz klopft mir auf die Schulter und seine mürrische Miene hellt sich auf. »Kein Problem«, meint er. »Ich kenne da jemanden, der euch helfen kann.«

Nina und ich tauschen einen ungläubigen Blick. Sollte sich mal wieder etwas einfach so ergeben?

Genauso ist es, ein feiner Zug des Schicksals. Franz ist mit einem deutschen Ingenieur befreundet, der sich gerade für wenige Monate in der Südsee aufhält, um das Resort von Generatorenstrom auf Solarenergie umzurüsten.

»Der weiß bestimmt, wo ihr so ein Modul herkriegt.« Zum zweiten Mal reicht uns Franz einen Zettel mit einem wichtigen Namen.

»Siehst du, wie gut, dass wir die Reifenpanne hatten.« Grinsend hakt Nina sich bei mir unter. »Also weg jetzt endlich mit deiner schlechten Laune.«

Franz' Freund heißt Georg, ist Mitte fünfzig und ein lockerer Typ, der am liebsten gleich mit auf die einsame Insel gehen würde, wenn er nicht arbeiten müsste. Er zeigt mir die Solaranlage, die er im Resort aufbaut, und erklärt mir die Details, die ich absolut nicht kapiere. Dann holt er unter einem Tisch einen orangefarbenen Hartschalenkoffer hervor.

»Ich glaube, ich habe genau das Richtige für euch«, sagt er. »Das ist ein Solarkoffer.« Er öffnet den Deckel.

»Wow«, stoße ich hervor. Der Wunderkasten beherbergt alles, was Robinson im 21. Jahrhundert auf der Insel braucht: zwei kleine leistungsstarke Batterien, verbunden mit Laderegler und Inverter; die Energie ist nutzbar mittels zweier Autoadapter. Ein faltbares Solarmodul, vierzig Watt, macht das Set komplett. Zwar ist der Koffer furchtbar schwer, aber ideal. Und das Beste: Ich bekomme ihn als Leihgabe. Einfach so.

»Hey, tausend Dank, das vergesse ich dir nie. Saucool.«

»Kein Problem. Viel Spaß«, sagt Georg.

Ich lade den Koffer in unseren überfüllten Mietwagen, und wir winken zum Abschied. Endlich wird unsere Liste übersichtlicher. Ein paar Dutzend Kerzen fehlen noch, denn trotz Solarkoffer werden wir kein elektrisches Licht haben. Außerdem Saftkonzentrat,

Moskitoräucherspiralen, einen Karton Kingfisher-Bier vom Inder, das wir uns zu besonderen Anlässen gönnen wollen. Fertig. Samen für den Garten haben wir in den letzten Tagen selbst getrocknet – gewonnen aus Gemüse vom Markt.

Das Wochenende heißt für uns Durchatmen vor dem Start, und mit jeder Stunde, die vergeht, wächst unsere Aufregung. Haben wir alles? Wird alles gut gehen? Hält das Wetter?

Am Samstagmorgen schauen wir noch mal bei Sione auf seinem Wohnboot vorbei und bereiten ihn darauf vor, dass wir einiges an Ladung mitbringen werden.

»Geht das?«, fragt Nina.

»Io.« Sione winkt lässig. »Klar geht das. Das Wetter ist gut.«

Er gehört zu den wenigen Menschen, die sofort Verständnis für unser Vorhaben aufbringen, weil er selbst lange Zeit auf einer abgeschiedenen Insel gelebt hat; auf Tofua, einer fünfhundert Meter hohen Vulkaninsel, jenem Eiland, auf dem 1789 Kapitän William Bligh nach der Meuterei auf der *Bounty* mit 18 Besatzungsmitgliedern ausgesetzt wurde.

Zum Abschied von Nuku'alofa gehen wir abends in die Hafenbar Billfish, die samstags zur Disco wird. Zum letzten Mal für lange Zeit lassen wir uns in einer Menschenmenge treiben. Es läuft Karibik-Reggae. Ich ziehe Nina an mich.

»Guck mal, die sind hier total prüde«, schreie ich ihr ins Ohr, um die Musik zu übertönen. »Niemand tanzt eng.«

»Bald sind wir ja auf der Insel«, erwidert Nina und lächelt. Ich grinse.

Um Punkt Mitternacht ist die Party vorbei. Sonntags gilt Tanzverbot in Tonga, und wir ziehen heim, ausgelassen zwar, aber irgendwie auch erleichtert, denn wir haben nur noch *sie* im Kopf.

8

Ankunft

Und jetzt?

Die Kartons und Kisten stehen am Strand unserer einsamen Insel, Bootsmann Ulu hat mir das letzte Stück in die Hand gegeben, die schwere Gasflasche, die ich auf die Schulter stemme und mit der ich zwei Meter durch seichtes Wasser wate, bis ich sie auf den Sand fallen lasse. Er will zurück, es ist früher Nachmittag und kommende Flut. Er möchte die weite Überfahrt für einen Fischzug nutzen und winkt zum Abschied, bevor er den Riffkanal als Ausgang aus der Lagune nimmt.

Als er aus unserem Sichtfeld verschwunden ist, schaue ich Nina an, und sie schaut mich an. Wir können es kaum glauben, wir haben's geschafft, wir sind tatsächlich da. Allein auf unserer Insel. Nur sie und ich. Und Sunday. Seit er aus dem Boot gesprungen ist, rennt er wie ein Irrer hin und her, schnüffelt mal hier, mal dort im Sand herum. Nach den langen Bootsfahrten, die er eingezwängt zwischen uns verbringen musste, kann er seine neu gewonnene Freiheit kaum fassen. Wenn der wüsste, dass er für ganz schön lange Zeit keinen anderen Hund mehr sehen wird ... Dafür darf er fortan leinenfrei unterwegs sein – welch Hundeluxus.

Wir lassen uns neben die vielen Kartons und Kisten in den Sand fallen und saugen den Augenblick in uns auf.

»Endlich«, kichere ich und breite meine Arme aus. Nina schmiegt sich an mich.

»Allein«, flüstert sie.

Das ganze nächste Jahr lang.

Ich springe auf, reiße Nina mit und zerre sie Richtung Wasser. Sie kreischt.

»Jetzt wirst du nass«, rufe ich. Nina versucht, sich aus meinem Griff zu lösen, aber ich packe sie von hinten und trage sie in die Wellen. Wir jubeln und lassen uns ins Meer fallen. Nina tunkt mich, und als ich wieder auftauche, drücke ich sie an mich. Lecker, Salz auf den Lippen.

Zurück am Strand werfen wir unsere Flipflops, die im Sand verstreut liegen, in eine der Kisten. Nie wieder Schuhe, ab jetzt nur noch barfuß.

Am liebsten würden wir unsere Ankunft weiter genießen, herumtollen, nebeneinander im Sand liegen, das Meer anschauen. Doch die Flut rückt näher, und unser Hab und Gut steht verdächtig nah am Wasser, sodass uns nichts anderes übrig bleibt, als an die Arbeit zu gehen. Wir schnappen uns jeder eine der schweren Kisten und wuchten sie über den Strand. Ein mühseliges Unterfangen, denn unsere Füße sinken bei jedem Schritt im weichen Sand ein. Ulu hat uns zur Mitte der Westseite gebracht, und wir sind ein gutes Stück von unserem Häuschen entfernt.

Nina trägt die leichten Kartons und das Zerbrechliche wie die Eiersteigen und das viele frische Gemüse und Obst vom Markt. Ich kümmere mich um die Gasflasche, die großen Säcke und die Kartons voll mit Dosen. Auf halber Strecke treffen wir uns, grinsend und schwitzend – das wird Muskelkater geben. Nach einer Stunde haben wir es geschafft, all unser Hab und Gut lagert nun vor der Eingangstür, die nach wie vor verriegelt ist.

Nachdem wir wieder zu Atem gekommen sind, will ich Nina herumführen, doch sie besteht darauf, vorher das Gepäck richtig zu verstauen, um die frischen Lebensmittel vor Geckos und Ratten zu schützen.

»Muss das echt jetzt gleich sein?«, frage ich und spüre einen Anflug von Unmut, den ich doch eigentlich in Nuku'alofa zurücklassen wollte.

»Ja, denn wenn die Viecher unser Zeug anfressen, können wir gerade wieder auf die Fähre steigen«, sagt Nina. »Und darauf habe ich null Bock.« Sie hat recht. Und wir haben ja noch genügend Zeit vor und für uns.

Mit der Zange aus unserer Werkzeugkiste lösen wir am hinteren Fenster die Nägel aus einem Holzbrett, mit dem die Öffnung verriegelt ist. Eine leichte Übung, denn über die Jahre hinweg sind die Eisenstifte zu traurigen Rostklumpen verkommen. Nina sitzt auf dem Wassertank und hält das Brett, damit es mir nicht auf den Kopf fällt. Als es sich lösen lässt, kommt ein Moskitoschutzgitter zum Vorschein, dahinter befindet sich ein kleiner Raum, vermutlich die Toilette.

Mit einem Messer schneide ich das Gitter auf, und Nina klettert in die Hütte. Sekunden später höre ich, wie sie innen etwas wegschiebt, dann öffnet sie die Tür.

»Wir sind drin«, sagt sie.

In diesen Räumen war seit Jahren niemand. Die Luft ist feucht und riecht modrig, auf dem Boden liegt eine dicke Schicht

Staub. Ein sporiges Sofa steht im Zimmer – ein Sofa! – und davor ein tiefer, offensichtlich selbst zusammengebastelter Tisch. Das Sofa tragen wir sofort nach draußen und stellen es für einige Tage zur Generalreinigung in die Sonne.

Die Wände sind kahl und grau.

»Da hängen wir die Landkarten aus dem Ministerium auf, was meinste?«, frage ich Nina, und sie nickt.

Vom Wohnzimmer gehen zwei Räume ab. In dem hinten rechts finden wir ein Bett mit stabilem Holzgestell und einer dünnen Matratze.

»Ich bin so froh«, sagt Nina und lässt sich darauf fallen. Auch ich bin erleichtert. Da es für uns sehr schwierig gewesen wäre, ein Bett auf die Insel zu transportieren, hatten wir damit gerechnet, uns ein Nachtlager improvisieren zu müssen. Wie auch immer das ausgesehen hätte. Im schlimmsten (oder besten?) Fall wäre es wohl ein Haufen weicher Südseesand geworden. Ein Bett ist in jedem Falle besser!

Im zweiten Raum neben dem Wohnzimmer gibt es ein Waschbecken, über dem ein fotorahmengroßer Spiegel hängt, und ein Klo. Das Becken können wir nicht benutzen, denn die Wasserrohre sind entzwei. Das Klo sieht intakt aus. Da wir keinen Generator haben, können wir keine Wasserpumpe betreiben und haben also weder eine Spülung noch Wasser aus dem Hahn. Wir werden einen Eimer verwenden und mit Regenwasser nachspülen.

Wir hatten mit einer Komposttoilette gerechnet und mit einer Tonne, deren Inhalt wir alle paar Wochen leeren müssen, insofern haben wir Glück.

Wir entriegeln die Fenster, indem wir die Schrauben oberhalb der Schieberahmen herausdrehen, und lüften durch. Die hochgeschobenen Fenster stützen wir mit Holzlatten ab.

Der Fußboden besteht aus dicken, robusten Dielen, durch deren breite Zwischenspalte Geckos, Insekten und vielleicht auch Kokosnussratten hineingelangen können. Wir müssen uns etwas einfallen lassen, um die frischen Lebensmittel, Nudeln und Reis auf Dauer sicher lagern zu können.

Es sind so viele Eindrücke, die auf uns einstürzen, so vieles, das es zu tun und zu überlegen gilt, dass wir plötzlich hundemüde sind. Während Nina das Bett richtet, trage ich das Gepäck in eine Ecke des Wohnzimmers. Die Kartons und Kisten stapeln sich in die Höhe, und mit einem Mal kann ich kaum glauben, dass der ganze Kram auf Ulus kleines Boot gepasst haben soll.

Nina hat im Schlafzimmer unterdessen unsere Klamotten auf eine als Wäscheleine genutzte Angelschnur gehängt und sieht mich mit einem Blitzen in den Augen an. Mir schwant Übles.

»Ich könnte im Stehen einschlafen«, sage ich vorsichtshalber. »Später«, lautet Ninas lapidare Antwort. Sie zerrt mich an den Strand. »Wir müssen wenigstens einmal um unsere Insel spaziert sein«, verkündet sie.

Also cremen wir uns mit Sonnenmilch ein und laufen Arm in Arm eine Stunde vor uns hin, bis wir wieder an unserem Ausgangspunkt angekommen sind. Fast hätten wir es gar nicht gemerkt. Auch Sunday wäre einfach weitergelaufen – bevor er sich hier zurechtfindet, muss er erst mal Markierungsarbeiten in seinem neuen Revier erledigen.

Wir lassen uns erschöpft ins Bett plumpsen und fallen sofort in einen langen, tiefen Schlaf.

Als wir aufwachen, hören wir das Meer rauschen. Es war kein Traum, wir sind noch immer auf der Insel. Es wird noch einige Tage dauern, bis wir das wirklich fassen können.

Sunday winselt, weil er rauswill. Wir spazieren zum Strand, Nina und ich setzen uns auf einen Palmenstumpf. Sunday rennt ans Wasser.

»Wir sind noch immer da«, sage ich. »Kannst du das glauben?«

»Irgendwie nicht«, antwortet Nina.

Getrieben vom Frühstückshunger schlendern wir irgendwann zu dem kleinen Küchengebäude, das in der Nähe der nordwestlichen Inselspitze steht. Dazu müssen wir uns an dem bei Flut schmalen Strand vorantasten, über glitschige Steine und herumliegende Baumstämme hinweg. Wir nehmen Gasflasche, Geschirr, Frühstückskekse und Eiersteigen mit uns.

Wie die Hütte ist auch die Küche verriegelt. Wir suchen eine lange Astgabel und stützen damit den Sturmschutzladen vor einem kleinen Fenster nach oben. Dann schneiden wir wie am Tag zuvor ein Loch in das Moskitogitter, Nina steigt ein und öffnet mir die Tür.

Wir stoßen auf ein wenig Geschirr, einzelne Töpfe und Pfannen, teilweise verrußt, und jede Menge Besteck. Gut, dass wir eigene Töpfe und Pfannen mitgebracht haben. Auch in der Küche funktioniert der Wasserhahn am Spülbecken nicht, und wir werden Wassereimer schleppen müssen. Kein Problem – hinter der

Küche stehen weitere Regentanks, die das Wasser vom Dach des Haupthauses sammeln.

In der Ecke der Küche gibt es einen alten Gasherd. Ich schließe die Gasflasche an, kriege jedoch keine Flammen entzündet.

»Warte mal«, sagt Nina und kehrt zu unserer Hütte zurück, um eine Nadel aus der Medizinbox zu holen. Damit können wir die einzelnen winzigen Gasaustrittslöcher an der Herdplatte vom Rost befreien. Fitzelarbeit, aber wir haben Erfolg. Die größte und die kleinste Herdplatte funktionieren. Während wir Spiegeleier braten, schleicht Sunday schwanzwedelnd um uns herum.

»Hör auf zu betteln«, sage ich.

»Der hat halt auch Hunger«, meint Nina.

»Ja, aber du weißt – hier gibt es keinen Supermarkt.«

»Ach komm, sei nicht so.«

Es wird ein Frühstück im Stehen, Nina setzt sich durch, und Sunday bekommt sein Spiegelei.

Gut gestärkt wird es Zeit für den Einsatz der Machete. Ich reibe mir die Hände – wie sehr habe ich mich darauf gefreut! Wir brauchen dringend einen Pfad zwischen Haus und Küche, um bequemer hin- und herlaufen zu können. Ein Pfad an die Strandspitze muss auch sein, denn bei Flut sind die weißen Strände an vielen Stellen überspült, und man kann nicht einfach unbeschwert am Wasser entlanglaufen. Außerdem: Jetzt, so ganz ohne Job und Termine, brauche ich doch andere Aufgaben.

Auch Nina schnappt sich eine der Macheten, die ich in einen Palmenstamm geschlagen habe, und wir gehen an die Arbeit.

»Meinst du, wir werden unser Deutschsein irgendwann los?«, fragt sie lachend.

»Später«, antworte ich und zeige auf das Dickicht vor uns. Überall wuchern Winden und Stolperfallen, Kletten haften an meinen Beinen, und Gestrüpp schneidet mir Wunden in Waden und Hände. Ich krieche voran und kürze alle Pflanzen auf wenige Zentimeter zurück. Nina wird sich bald beschweren, dass ich lieber die Klinge schwinge, als Händchen zu halten.

»Wir könnten eine Pause am Strand machen«, schlägt sie nach einiger Zeit vor.

Obwohl Pfade freischlagen verdammt anstrengend ist, sage ich wieder: »Später.« Mein T-Shirt ist mittlerweile so verschwitzt, dass ich einen Eimer Wasser daraus wringen könnte.

Dichte Eibische kommen uns in die Quere, mehr Busch als Baum. Ihre lustigen Blüten, die morgens und mittags gelb sind, abends orange und in der Nacht rot abfallen, machen sie uns auch nicht sympathischer. Dazwischen treffen wir auf Pandanusbäume, auch Schraubenpalmen genannt, weil sich ihre vielen Wurzeln wie Schrauben in den Boden bohren. Als ich mich weit ins Gestrüpp hineinlehne, fährt mir ein heißer Schmerz in die Schulter.

»Scheiße!«, brülle ich, lasse die Machete fallen und weiche zurück. Irgendetwas Gelbes ist durch mein Blickfeld gewischt. Definitiv keine Eibischblüte! »Was zum Teufel war das?«

Meine Haut schwillt an. Nina tränkt einen Lappen in Essig und gibt ihn mir zum Kühlen.

»Sieht aus wie ein Stich«, sagt sie.

Vorsichtig wagen wir uns wieder näher ans Dickicht heran und finden auf Augenhöhe ein Wabennest versteckt im Busch, an dem Wespen hängen. Wie sich herausstellt, ist es nicht das einzige, und ich stufe die Wespen, die doppelt so groß sind wie die in Deutschland, in die Kategorie »Gefährliche Tiere auf der Insel« ein. Sobald irgendetwas an der Pflanze, an der ihr Nest hängt, leicht vibriert, schwärmen sie aus – Kamikazeflieger, die sich auf mich stürzen, als hätte ich ihnen den Krieg erklärt.

Die Sache ist tückisch, denn manchmal hängen die Nester im Rücken kleiner Palmwedel, wo ich sie übersehe. Nina, die Unerschrockene, bringt mir bei, was ich zu tun habe. Während ich versuche, die Nester aus sicherer Entfernung mit Kokosnüssen abzuwerfen und nach jedem Wurf zum Strand flüchte, nimmt sie sich einfach eine lange Astgabel.

»So geht das«, sagt sie, trennt das Nest mit einem Ruck vom Ast ab und tritt langsam zwei Schritte zurück. Problem gelöst, nach wenigen Stunden sind die Wespen weg und suchen sich einen neuen Standort.

»Gibt's nicht«, kommentiere ich ungläubig.

Die Stiche schmerzen einige Zeit, außerdem kann ich nicht verhindern, dass ich noch einige Male Opfer feiger Attacken werde. Umso erleichterter bin ich, als ich die Verbindungswege und das restliche Stück vor zur Sandspitze nach vielen Tagen Plackerei endlich abgeschlossen habe.

Sunday, die treulose Tomate, hat sich nach einer ersten Erfahrung mit den Wespen – Stiche am Bauch und auf der Schnauze – verdünnisiert. Sobald ich zur Machete greife, wendet er sich von mir ab und hängt nur noch bei Nina rum.

Sie hat in der Zwischenzeit einen Duschplatz hergerichtet, direkt am Wassertank. Wir nehmen viel Verzicht auf westlichen Luxus in Kauf, aber Körperpflege muss sein. Und zum

Wohlfühlen gehört auch, findet Nina, dass wir beim Duschen auf einem Holzrost stehen, damit der Sand nicht immer an uns hochspritzt, wenn wir uns mit Wasser aus der Blechschale abduschen. Also hat sie aus ein paar dünnen Brettern ein Duschgitter zusammengehämmert.

Als Nächstes bauen wir den Solarkocher auf, den wir unscheinbar in einem handlichen Karton verpackt mit auf die Insel gebracht haben. Einst für die Entwicklungshilfe konzipiert ist so ein Gerät mittlerweile für jeden erhältlich. Aufgebaut erinnert es an eine Satellitenschüssel. Das Prinzip ist einfach, wie bei einer Lupe: Die auf Aluminiumplatten einfallenden Sonnenstrahlen werden in der Mitte des Kochers gebündelt und reflektiert, wodurch eine Kochfläche entsteht. Wenn die Sonne scheint, lässt sich damit alles Mögliche zubereiten. Für eine optimale Leistung muss die Aluschüssel jede halbe Stunde dem Sonnenstand angepasst werden, das ist alles.

So langsam wird es gemütlich. Wir backen das erste Inselbrot im Topf und grillen Gemüse auf einer Platte. Am liebsten nutzen wir den Solarkocher für Reis, Kaffeewasser und vor allem zum Abkochen von Trinkwasser. So sparen wir Gas, das wir nur in begrenzter Menge haben.

Das Wasser schmeckt wie normales Leitungswasser, und wir mischen es gern mit dem Saft von Passionsfrüchten. Neben dem Schuppen wachsen sie in großer Zahl und fallen bereits wenige Wochen nach unserer Ankunft reif zu Boden. Wenn sie zu sauer sind, streuen wir etwas Zucker ins Glas, fertig ist die Insellimonade.

Jetzt – nach einem ganzen Stück harter Arbeit – widmen wir uns immer mehr dem, was sich jeder wohl so vorstellt unter einem Leben auf einer einsamen Insel. In der Hütte finden wir eine Hängematte, die wir zwischen zwei Palmen aufhängen und fleißig benutzen. Wir gehen schwimmen und schnorcheln zwischen bunten Korallenfischen. Alle paar Stunden fällt in der Nähe eine Nuss von einer Palme und schlägt laut auf dem Boden auf. Während Nina Stockbrotteig macht, schlage ich Kokosnüsse im Akkord auf. Das Fleisch der Nüsse ist unser Snack zwischendurch. Wenn wir sie gleich in den ersten Tagen verwenden, ist es besonders saftig. Weil die Faserschicht außen so furchtbar störrisch ist, rutscht mir anfangs die Machete ab. Es dauert eine Weile, bis ich begriffen habe, dass ich die Nuss ein wenig in den Boden drücken muss, damit sie Halt hat. Nach mehreren Hieben, wenn mir der Schweiß von der Stirn zu tropfen beginnt, dringe ich meistens durch und die Nuss kracht auf.

»Fester«, ruft Nina gern kichernd.

»Aber gern«, rufe ich zurück. Wir schweben auf Insel sieben.

Das Fleisch aus der Kokosnuss herauszupulen, ist die eigentliche Herausforderung. Wir schneiden es erst mehrmals ein, damit wir es von der Schale lösen können. Die Brocken springen regelrecht von ihr ab, wenn wir unvorsichtig sind. Wenigstens steckt in einer Kokosnuss so viel Fleisch, dass wir nach einer satt sind.

Endlich packe ich auch meine Angelausrüstung aus, inspiziere die Haken, die ich in jeder erdenklichen Größe mitgebracht habe, und eröffne feierlich die Jagdsaison. Da stehe ich, am Ende der Welt, am Strand des Paradieses, und es gibt nur noch mich und die Angelleine und das Meer mit den Fischen darin.

Doch leider ist auch der schönste Ort der Welt kein Garant für immerwährendes Glück. Denn während mit Nina alles bestens läuft, bekomme ich ausgerechnet beim Fischen meinen ersten Streit mit Sunday. Es liegen drei erfolglose Tage hinter mir, ohne erwähnenswerte Beute. Sunday geht neben mir zu Boden und schnauft schwer. Seinen Kopf zwischen den Vorderpfoten schielt er zu mir herauf. Da ich sowieso schon angespannt bin, reagiere ich gereizt auf sein Verhalten.

»Weißt du was, du kannst mich mal. Geh doch selbst jagen. Schwimm rüber auf die andere Insel und hol uns ein paar Hühner«, schimpfe ich, um meinen Frust loszuwerden. Sunday wirft sich auf den Rücken. »Ja genau, denk drüber nach. Wenn du mich nicht hättest, würdest du hier nicht mal eine Kokosnuss aufkriegen.«

Da er nicht widerspricht, gehe ich davon aus: Er hat es verstanden. Den Rest des Tages lässt er mich in Ruhe, äugt nur manchmal vorsichtig zu mir herüber. Die paar kleinen Fische, die ich an jenem Abend fange, grillen wir am Lagerfeuer. Sunday sitzt eng neben mir und schleckt mich am Ohr, dieser Schleimer.

In der Nacht ist es schön warm und schwül. Auch als das Feuer nur noch leicht glimmt, harren wir an der Sandspitze aus. Wir liegen im Sand und bestaunen einen in Deutschland kaum vorstellbaren Anblick: Der Sternenhimmel ist der klarste auf der Welt, und die Milchstraße sieht tatsächlich aus wie eine Straße voller Milch. Nirgendwo um uns herum leuchtet ein unnatürliches Licht. Der Traum aller Sternenbeobachter. So kann es bleiben.

9

Anfänge im Garten

Wenn wir Lust haben, suchen wir nach tropischen Früchten. Bei einer unserer Inselerkundungen zieht es uns deshalb zuerst dahin, wo wir Bananenblätter gesehen haben. Hoffentlich gibt's Früchte, die gerade reifen!

»Stell dir vor, wir könnten Bananen backen«, sagt Nina hungrig.

»Mit schön viel Honig obendrauf«, male ich mir aus.

Nur: Von nichts kommt nichts. Also drücken wir uns mit unseren Macheten durch den dichten Dschungel. Sunday schleicht vorsichtig hinter uns her – er will nichts verpassen, fürchtet sich aber noch immer vor den Wespen.

Wir begutachten jede einzelne Staude und finden wirklich eine ganze Menge Bananen, viel mehr als wir gedacht hätten, und freuen uns wie Affen. Die Bananen brauchen noch eine Weile, bis sie richtig reif und komplett mit Fruchtfleisch ausgefüllt sind, aber voller Vorfreude überprüfen wir ihr Wachstum ab jetzt alle paar Tage.

Bei einem der Kontrollgänge begegnet uns ein hühnerähnlicher Vogel mit dunkelblauem Federkleid, roten Krallen und flachem Hahnenkamm, der sofort im Dickicht verschwindet, als er uns bemerkt – ein sogenanntes Purpurhuhn.

»Das hatte ein schlechtes Gewissen«, sage ich, als ich eine ganze Hand angepickter Früchte finde. »Und das zu Recht. Unsere schönen Bananen!«

Im Vergleich zu normalen Hühnern haben diese Tiere extralange Beine und Zehen und können zu unserem Leidwesen im Dschungeldickicht bestens klettern.

»Sunday, hier wäre jetzt mal deine Mithilfe angesagt«, halte ich dem Faulpelz eine Ansprache.

Tatsächlich versucht er, die Sache zu klären, und jagt am nächsten Tag ein Purpurhuhn durchs Dickicht. Doch im Nu sitzt das Huhn auf einem Baum und schaut gelassen auf Sunday herab, der frustriert hinaufbellt. Armer Kerl!

Leider haben wir keinen blassen Schimmer, wie wir die Bananen vor den Hühnern sichern könnten. Entweder ernten wir die Früchte in einem sehr frühen Stadium oder wir setzen darauf, dass die Hühner manche unberührt lassen, weil wir sie ständig verscheuchen.

Bis es so weit ist, dass genug Fleisch an den Bananen dran ist und sie sowohl für uns als auch für die Hühner interessant werden, pflücken wir Papayas, die an vielen Stellen wachsen. Die meisten Früchte an den langstieligen Pflanzen, die oben weit abstehende Blätter tragen, sind zwar noch grün, aber einzelne bekommen selbst außerhalb der Saison immer wieder leicht gelbe Streifen – das Zeichen, dass sie reif sind. Wenn ich eine finde, freue ich mich jedes Mal, als hätte ich einen Schatz entdeckt.

»Nina«, schreie ich durch den Dschungel. »Ich hab wieder eine!«

Wir müssen sie gleich abschneiden, denn auch für dieses Obst gibt es andere Interessenten, und wenn ich noch einen Tag vergehen lasse, ist sie angefressen. Es sind Flughunde, die in der Nacht zuschlagen und große Löcher in den Früchten hinterlassen. Zum Glück reifen Papayas gut nach, sodass es nichts ausmacht, wenn wir sie ein paar Tage zu früh ernten.

Aus einer rostigen Säge im Werkschuppen und einem Holzstab bauen wir uns ein Fruchtmesser, mit dem sich auch etwas höher hängende Papayas leicht vom Stamm trennen lassen. Während ich vorsichtig schneide, stellt sich Nina bereit, um die Frucht aufzufangen. Wenige Male passiert es uns, dass eine am Boden zerplatzt – jammerschade.

Am liebsten essen wir Papayastücke zusammen mit Breakfast-Crackern zum Frühstück. Es gibt die unterschiedlichsten Sorten: Manche haben rotes Fruchtfleisch, manche fast weißes und die meisten orangefarbenes. Die schmecken uns am besten, es sind kleine und besonders süße Papayas.

Neben unserer neu entdeckten Geh-mir-aus-der-Sonne-Einstellung gibt es eine große Aufgabe, zu der wir uns zwingen müssen: Irgendwann wird uns das frische Gemüse ausgehen, und so gehört zur Südseeidylle, wenn sie länger als ein Urlaub andauern soll, ein Inselgemüsegarten.

Bei Spaziergängen sehen wir uns nach einem geeigneten Plätzchen mit guter Erde um. An vielen Stellen ist der Boden sandig, aber hier und da wirkt die Erde durchaus tauglich – so wie dort, wo ich bei der ersten Inselerkundung eine Probe genommen habe. Bei der Auswahl der Fläche achten wir darauf, dass unser Garten in der Nähe eines Wassertanks liegt.

Direkt hinter unserer Hütte ist die Erde mittelmäßig gut, aber etwas weiter hinten steigt das Gelände leicht an, zwei Meter etwa, und dort wird sie besser. Ich hocke mich hin, verreibe sie zwischen den Händen und tue so, als wäre ich ein Experte. Sie ist dunkel und leicht feucht, selbst an einem trockenen Tag.

Da uns das Gebiet zu klein ist als einziger Garten, schauen wir uns nach einem zweiten Standort um. Die Fläche zwischen Haus und Küche wäre noch eine Option, da müssten wir nicht so viel roden wie anderswo. Während wir das Areal ablaufen und hier und da unsere Hände in die Erde stecken, um deren Qualität zu prüfen, machen wir einen mysteriösen Fund. Nina erspäht einen weißen, auffällig großen Gegenstand im Dickicht und schlägt sich bis dorthin durch.

»Was ist das?«, frage ich verwundert.

»Keine Ahnung«, antwortet sie.

Wir gehen um das Ding herum und begutachten es von allen Seiten.

»Wahrscheinlich sind es die Reste einer Kühltruhe«, mutmaße ich, »wie auch immer die hierhergekommen sein mag.«

»Schau mal, da ist noch etwas.« Nina stößt mich in die Rippen und zeigt aufs Gestrüpp. Dort schimmert etwas wie ein dickes Aluminiumrohr durchs Grün, etwa zehn Meter lang. Als wir näher herangehen und die Palmwedel entfernen, sagt Nina: »Gibt's doch nicht – das ist der Mast eines Segelschiffs!«

Wir ahnen langsam, dass wir über einen Segelyacht-Friedhof laufen. Ein paar Meter weiter entdecken wir das Dach für den mittleren Teil eines Boots, wo der Steuermann steht. Die Form ähnelt dem Cabrioletverdeck eines alten VW Käfers.

»Das passt alles zusammen«, sagt Nina und meint ein Stahlgestell, das wir bei unserer Ankunft auf der Insel am Strand gefunden haben. Fischer hatten es zweckentfremdet und Maschendraht darauf ausgebreitet, um ihren Fang zu trocknen.

»Wir könnten nach dem Wrack schnorcheln«, schlage ich scherzhaft vor. »Stell dir mal vor, das Wrack mit Korallen bedeckt, zwischendrin schwimmen ein paar leuchtende Clownfische.«

Wir haben gehört, dass erst letztes Jahr eine Yacht vor der fünf Seemeilen südlich von uns gelegenen Insel auf das Riff gelaufen ist. Aber passt das mit diesen »Leichenteilen« zusammen?

Mit dem Mast und dem Verdeck können wir nichts anfangen, aber die Kühltruhe interessiert uns. Vielleicht wäre sie ein schönes Auffangbecken für Regenwasser, wenn ihr schon der Deckel fehlt. Dann hätten wir gleich einen eigenen Tank für unseren Garten.

»Also, ich kann mir nicht vorstellen, dass das klappt«, sagt Nina. »Die Truhe ist doch völlig durchgerostet.«

»Einen Versuch ist es wert«, beharre ich.

Also kippen wir die Truhe um und tragen sie mit vereinten Kräften über den schmalen Pfad auf die spätere Gartenfläche.

Etwas zurückversetzt in der Bananenplantage stehen vier Palmen, an denen sich eine unserer beiden Regenplanen spannen lässt. Wir stellen die Kühltruhe vor ihnen ab und holen Leiter, Seile, Hammer und Nägel, um die Plane in guter Höhe an den Stämmen zu befestigen. So kann das Regenwasser in einem Guss in die Truhe fließen. Die Plane ist robust, und wir hoffen, dass Palmwedel, Kokosnüsse und auch mal ein starker Wind dem Material nichts anhaben können. An der Stelle, an der das

Wasser abfließen soll, beschweren wir die Plane mit einem Stein, den wir mit einem weiteren Stück Seil an einer Öse festbinden. Fertig.

Die nächsten Tage sind wir damit beschäftigt, unsere künftigen Gärten von Gestrüpp zu befreien. Es ist schwül, und die Arbeit macht müde. Doch wir müssen da durch, weil das Gemüse so schnell wie möglich gedeihen soll. Wächst es erst mal, wie wir uns das vorstellen, bleibt genug Zeit zum Zurücklehnen.

Nina geht mit einer Vehemenz ans Werk, die ich ihr kaum zugetraut hätte. In Deutschland hatte ich manchmal das Gefühl, sie zu etwas überreden zu müssen. Sie konnte so zögerlich sein. Vielleicht tue ich ihr auch unrecht und es war nur so, weil ihr neben dem Job kaum Zeit blieb oder es zu viele andere Ablenkungen gab. Hier auf der Insel macht es ihr richtig Freude, sich voll und ganz auf eine Sache zu konzentrieren und sich ihr hinzugeben.

Na ja, zur Wahrheit gehört: Ich war in Deutschland auch nicht immer der Tatkräftigste.

Schon lustig: Sobald ich den Spaten einmal aus dem Blick lasse, schnappt Nina ihn sich und weigert sich, ihn mir zurückzugeben. Wir hätten mehr Gartenwerkzeug mitnehmen sollen!

Je mehr wir schwitzen, desto mehr interessieren sich die Moskitos für uns. Im Stundentakt sprühen wir uns mit einer Mischung aus Kokosnussöl und einem Antiseptikum ein – die tongaische Variante, Insekten fernzuhalten. Funktioniert spitzenmäßig.

Neben dem Spaten benutzen wir einen »digging stick«, einen spitzen Grabstock aus Stahl. Damit lassen sich Löcher stoßen, um Setzlinge leicht einzupflanzen, aber genauso kann ich störende Wurzeln aus dem Boden herausbrechen.

Die Zeit vergeht viel zu schnell, und regelmäßig denken wir wehmütig daran, dass wir die Insel noch viel mehr erkunden wollten, tiefer ins Dickicht hinein. Aber der Garten ist ein Fulltime-Job und lässt kaum Raum für anderes. Wenigstens macht er uns total viel Spaß.

Wenn wir die Arbeit am Nachmittag beenden, sind wir dermaßen erledigt, dass wir uns in der Küche ein einfaches Essen zubereiten und anschließend kurz zum Strand gehen. Für mehr sind wir zu müde und die Setzlinge müssen wir auch noch gießen. Als Gießkannen verwenden wir Plastikflaschen, die angespült wurden. Sunday tapst neben uns her und tritt dabei gern auf die zarten Pflanzensprossen.

»Blöder Köter«, platzt es beim fünften Mal aus mir heraus.

»Der kapiert das doch nicht«, entschuldigt ihn Nina.

Wir lernen, uns auf den Rhythmus der Natur einzulassen (und Sunday zu verjagen). Wenn es abends dunkel wird, zünden wir Kerzen an, um Licht zu haben. Doch selbst auf eine Runde Mensch-ärgere-dich-nicht haben wir keine Lust mehr – das einzige Brettspiel, das wir auf die Insel mitgebracht haben (würde Nina Schach spielen, hätte ich das auch eingepackt). Die Müdigkeit übermannt uns, sobald unser Schwarztee leer ist.

Weil wir uns früh schlafen legen, wachen wir auch früh auf, mit Anbruch des Tages. Die Sonne steht noch hinter der Inselwelt im Osten und belässt uns für einen Moment im Schatten. Manchmal kommen wir uns vor wie ein Rentnerehepaar, das um fünf Uhr dreißig fluchtartig das Bett verlässt, um in aller

Herrgottsfrühe rastlos durch die Gegend zu rennen. Es ist fast so, als hätten wir schon Goldene Hochzeit gefeiert. Beunruhigt sprechen wir darüber, dass wir uns kaum noch streiten.

»Hier gibt es halt weder Butter noch Margarine«, versuche ich mich an einer Erklärung.

»Hier gibt's einfach keinen Stress von außen«, meint Nina, »jedenfalls noch nicht.«

So manch ein Freund hatte uns daheim mit auf den Weg gegeben, was uns seiner Ansicht nach erwarten würde. »Also meine Frau und ich, wir hätten uns nach einer Woche nichts mehr zu sagen«, mussten wir uns anhören.

Herzlichen Glückwunsch, fügte ich in Gedanken hinzu. Was sagt denn das über dich und deine Beziehung aus? Wären die mal lieber zu Besuch zu uns auf die Insel gekommen, als zur nächsten Paartherapie gerannt. Aber Hochmut kommt vor dem Fall, also bin ich lieber still.

Wochenlang ist unser erster Termin am Morgen die Konferenz im Garten. Erst zum Wassertank, um Zähne zu putzen. Dann zu den Setzlingskisten: Inspektion. Wir sind über uns selbst erstaunt, welchen Spaß es uns macht, die Pflanzen wachsen zu sehen. Innerhalb kurzer Zeit sprießen die ersten Tomaten, gefolgt von Auberginen. Weil beide Gemüse im jungen Stadium sehr empfindlich sind, lassen wir sie anfangs in Dosen wachsen. Sobald wir eine Konserve aus unserem Vorrat leeren, sei es Tomatensoße oder Dhalsuppe fürs Mittagessen, Pfirsiche oder Birnen fürs Frühstück, wird sie ausgespült, und ich hämmere auf dem Boden vor dem Schuppen mit einem dicken Nagel Löcher hinein, damit überschüssiges Wasser ablaufen kann und die kleinen Wurzeln nicht faulen.

Für uns sind Tomaten am allerwichtigsten, weil wir sie mit Genuss als Basis für viele Gerichte jeden Tag essen können. Wir pflanzen zwei Sorten an: eine Art ähnelt Cocktailtomaten, die andere Fleischtomaten.

Auberginen mögen wir auch, sie werden aber lange brauchen, bis sie Früchte tragen. Ein halbes Jahr vielleicht. Parallel zu dem in den Dosen heranwachsenden Gemüse grünen auch die umgegrabenen Gartenflächen schnell. Die ersten Gurken starten durch, um ein Bohnenzelt herum die ersten Bohnen und auf einem Erdhaufen, den ich mit dem Spaten aufgeschüttet habe, die ersten Kürbisse. Hinter dem Wassertank sprießt Chinakohl, und auf den noch freien Flächen, wo die Erde am besten sein müsste, finden bald noch mehr Tomaten und Auberginen Platz.

Nina schützt die jungen Pflanzen jede Nacht mit Brettern und Tüchern vor Ungeziefer. Entsetzt haben wir nämlich feststellen müssen, dass irgendwelche Tierchen die ersten Blätter anfressen. Wenn wir starken Regen befürchten, tragen wir die Setzlingskisten sogar in die Hütte – momentan schüttet es nachts, als lebten wir unter einem Wasserfall. Selbst wenn es tagsüber die ganze Zeit wolkenlos ist und der Himmel tiefblau, kommen nachts wieder die Wolken daher, groß und mächtig und vollgeladen mit Wasser.

Überhaupt ist das Klima eine Sache, mit der wir in gärtnerischer Hinsicht auf ewig im Clinch liegen werden. Denn obwohl es manchmal so heftig regnet, dass ein fast leerer Wassertank innerhalb von wenigen Stunden randvoll ist, kann es wiederum sein, dass eine Woche lang kein einziger Tropfen fällt. Und dann reicht für das junge Gemüse auch das morgendliche und abendliche Gießen fast nicht aus.

Bereits frühmorgens ist es brutal drückend und heiß am Tag; wenn wir uns eine kalte Eimerdusche gönnen, schwitzen wir wenig später gleich wieder, und unsere Haut ist mit einem Schweißfilm benetzt. Bei Dunkelheit kühlt es nur wenig ab. Uns kommt es vor, als versuche die Sonne mit aller Macht, unser Gemüse zu verbrennen; die Pflanzen brauchen dringend Schatten.

Von den Menschen auf der Hauptinsel haben wir uns abgeschaut, wo man Schatten herkriegt, wenn er einem fehlt. Im Busch suchen wir nach Astgabeln. Mit dem Grabstock ramme ich Löcher in die Erde, in die wir die Äste stecken, anschließend legen wir weitere Äste über die Gabeln. Darauf breiten wir frisch abgeschlagene Palmwedel aus.

Als ich gerade neue Palmwedel herantrage, sehe ich Nina, wie sie regungslos dasteht und in die Krone einer nicht allzu hohen Palme schaut, die schräg über den Garten wächst.

»Was machst du da?«, frage ich.

»Sei leise«, flüstert sie. »Schau mal.«

Ein Flughund sitzt in der Palmenkrone, frisst frische Kokosnusssamen. Es ist das erste Mal, dass wir eines dieser außergewöhnlichen Tiere mit weichem Pelz um Hals und Brust aus dieser Nähe sehen. Minutenlang beobachten wir den Flughund, er sieht in uns keine Bedrohung.

»Der weiß gar nicht mehr, was Menschen sind«, sage ich zu Nina. »So lange schon waren keine mehr da.«

So merken wir, dass wir Teil der Natur geworden sind, Teil des Ganzen, und das fühlt sich exklusiv und gut an.

10

Erste Besucher

In der Adventszeit nehmen wir uns ein paar freie Tage von der Plackerei im Garten, die uns von der Hängematte fernhält. Es ist jetzt genau die Zeit des Jahres, in der Meeresschildkröten an Land kommen, um Eier zu legen. Vielleicht haben wir Glück und sehen eine den Strand hinaufkriechen oder im nahen Gebüsch mit ihren Flossen ein Loch buddeln, in das sie ihre Eier legt, um es anschließend wieder zuzuschaufeln.

Wenn wir abends rausgehen, lassen wir die schweren, aber unzerstörbaren Maglite-Taschenlampen, die wir sonst benutzen, im Haus zurück – wir wollen die Tiere nicht irritieren. Es ist wenige Tage nach Vollmond und die Nachtwelt bei wolkenlosem Himmel auch ohne künstliche Hilfe hell erleuchtet. Zusätzlich reflektiert der Sand das Licht, besonders bei Ebbe, wenn der Strand sehr breit ist. Auf dem stillen Wasser in der Lagune schimmert der Mond. Selbst die Palmwedel tragen weiß. Unsere Augen müssen sich kaum an das Dämmerlicht gewöhnen.

Wir sehen Hunderte rote, faustgroße Einsiedlerkrebse, wie sie langsam über den Sand kriechen. Sie kommen zu später Stunde aus ihren Verstecken und bewegen sich den Strand hinauf zum Dschungel, immer rückwärts, um nicht wieder hinabzukullern. Sunday schnuppert neugierig an den Zangen.

»Sei vorsichtig«, ruft Nina, und zack schnappt eine Zange nach ihm. Gerade noch mal davongekommen, bellt Sunday die Krebse aufgeregt an und rennt frustriert von hier nach dort, weil sie sich gar nicht von ihm beeindrucken lassen.

Das Mondlicht hilft uns über die Felsen. Jeden Winkel suchen wir nach Schildkröten ab und hoffen, von irgendwoher dieses unverkennbare, schwere Schnauben zu hören, das eine Schildkröte von sich gibt, wenn sie ihr Loch schaufelt.

Leider finden wir keine. Auch in den Tagen danach, in denen wir uns weiterhin nachts auf den Weg machen, bleibt unsere Suche erfolglos. Unser einziger Trost ist, dass anscheinend gar keine Schildkröten herkommen, denn wenn wir sie einfach verpasst hätten, würden wir am nächsten Tag zumindest Spuren im Sand finden, die aussehen wie der Abdruck eines Traktorreifens. Doch da ist nichts dergleichen.

»Die Strände hier sind doch perfekt für Schildkröten, ich verstehe das nicht«, wundere ich mich.

»Vielleicht gibt's einfach nicht mehr genug«, meint Nina. Sie spielt darauf an, dass Meeresschildkröten in vielen Südseestaaten beliebt sind – als Weihnachtsbraten. Wir werden einfach weiter Ausschau halten, und wenn es den gesamten Januar und Februar hindurch sein soll, denn wer weiß schon, nach welchem Zyklus sich die Schildkröten richten?

Die Feiertage nutzen wir für einen ersten Kontakt zur Außenwelt. Für ein paar Minuten schalten wir das Satellitentelefon ein, um mit unseren Familien zu telefonieren. Das Ding hat eine ausfahrbare Antenne und sieht aus wie das erste Handy, das in der Steinzeit auf den Markt kam – und trotzdem hat es 1.400 Euro gekostet!

»Hey, Papa. Wir sind gut angekommen«, sage ich. »Du wirst es kaum glauben, unsere Insel sieht wirklich aus wie auf einem Poster.«

»Schön. Und wie feiert ihr heute Weihnachten?«, fragt er. Bei uns ist schon Heiligabend, während sie in Deutschland noch beim Frühstück sitzen.

»Wir bereiten ein Lagerfeuer vor und grillen Stockbrot.«

»Wir sitzen nachher alle unter dem Weihnachtsbaum und essen Plätzchen«, versucht mich mein Vater neidisch zu machen. Für eine Zehntelsekunde gelingt ihm das auch. Ein Weihnachtsbaum hätte was, denke ich wehmütig. Dann drehe ich mich um: Vor mir erstreckt sich die Sandspitze, auf der wir das Holz fürs Feuer aufgeschichtet haben; dahinter liegt die Lagune.

»Frohe Weihnachten euch allen«, wünsche ich, bestens gelaunt.

Es vergehen Monate, bis wir die ersten Menschen auf der Insel sehen. Wir sind so sehr an die Einsamkeit gewöhnt, dass wir überhaupt keinen Besuch erwarten. Wir befestigen gerade Moskitogitter an selbst gebastelten Holzrahmen – für die Fenster –, als ich das Geräusch eines Bootsmotors höre. Sundays weiße Schwanzspitze springt in die Höhe, er spitzt seine Ohren.

»Hörst du das? Ein Boot?«, frage ich Nina.

»Nicht wieder nur eine Welle?«, fragt sie zurück. Zu oft schon habe ich mir eingebildet, einen Motor zu hören. Aber dann blickt auch sie von der Arbeit auf. Sunday bellt. Ein Boot, hundertprozentig.

Wir gehen vor an den Strand und da erkennen wir es hinter dem Riff. Ein lang gezogenes, flaches Holzboot. Ich winke den beiden Menschen darin zu. Einer winkt zurück, dann fahren sie durch die Laguneneinfahrt.

Es ist Ebbe, das Wasser glatt, und die Männer im Boot scheinen sich auszukennen. Sie steuern nicht etwa auf uns zu, wo im seichten Wasser etliche Felsen verborgen sind, sondern wählen den Weg zu einem breiten Sandstück in der Inselmitte – dort, wo auch Ulu angelegt hatte.

Wir sind aufgeregt. Wer ist es? Was machen sie hier? Sind wir der Grund für ihr Auftauchen, oder wollen sie einfach nur fischen?

Wir gehen am Strand entlang auf die beiden zu.

»Hello. Malo«, rufe ich bereits aus einiger Entfernung.

»Malo«, erwidern sie meinen Gruß, und der ältere Mann, vielleicht Anfang sechzig, kommt uns entgegen. Sein Kraushaar ist angegraut, und er trägt einen kleinen Kugelbauch vor sich her. Ich gebe ihm die Hand.

»Ich bin Finau«, sagt er.

»Ah ja, ich kenne dich«, antworte ich. Während meiner Fährfahrt habe ich ihn an Bord gesehen. Wie mir ein Mitreisender erklärte, ist er der Dorfchef einer kleinen Insel, deren Silhouette wir am Horizont sehen können. Sie dürfte zwei Stunden Bootsfahrt entfernt sein. »Der Dorfchef von der Insel da hinten, richtig?«, frage ich.

»Io«, entgegnet Finau – Tongaisch für Ja – und lächelt voller Freude, dass ich das weiß. »Das da hinten ist mein Sohn.« Mit dem Daumen deutet er Richtung Boot.

»Fischt ihr?«, frage ich weiter.

»Io«, sagt Finau, dem Shorts und T-Shirt an seinem für Südseeinsulaner kleinen Körper kleben. Er war Speerfischen.

»Willst du welchen?« Er wartet meine Reaktion gar nicht ab, sondern holt drei kleine Papageifische aus dem Boot. »Sind nur kleine«, entschuldigt er sich.

»Malo«, bedanke ich mich (Malo heißt hallo und auch danke) und will ihn und seinen Sohn auf einen Kaffee einladen.

Finau lehnt ab. »Ich wollte nur kurz vorbeischauen und mich vorstellen«, sagt er. Wahrscheinlich würde er sich unwohl fühlen, bei Kaffee und Keksen auf Englisch mit einem Palangi reden zu müssen, vermute ich. Dabei ist mein Tongaisch viel schlechter als sein Englisch.

»Wie lange bleibt ihr?«, will Finau noch wissen.

»Ein Jahr«, antworte ich, worauf er kurz sprachlos ist und dann wieder lächelt. Vermutlich fragt er sich, ob er mich richtig verstanden hat. Danach macht er sich auf den Rückweg, wir winken zum Abschied.

Unser erster Besuch also, kurz und nett. Und er wiederholt sich schneller, als wir denken. Schon eine Woche später, an einem Tag, an dem das Meer rau und die Wellen selbst in der Lagune hoch sind. Wir gehen zur Küche, um Abendessen zu machen, als ich im Augenwinkel eine Bewegung bemerke und mich zum Meer drehe. Dort ist ein Boot, das direkt auf uns zuhält. Nina lässt vor Schreck die Kartoffeln fallen, und auch ich zucke zusammen. Wie schnell man sich an die Einsamkeit gewöhnt!

Es ist Finaus Boot, diesmal kommt er allein. Ein paar Meter vom Strand entfernt hält er an und wirft den Anker über Bord. Näher kann er nicht kommen, sonst stößt er an die Felsen – selbst bei Flut sind sie eine Gefahr für das Boot. Er nimmt zwei Fische in die rechte Hand, eine Wassermelone in die linke und springt ins Meer. Wohlgemerkt mit einer Zigarette zwischen den Lippen, die er auch nach dem Waten durchs Wasser und bei Ankunft am Strand noch im Mund hat, ohne dass sie nass geworden wäre.

Die zwei Fische, sehr farbenprächtige Snapper – einer grellgelb, der andere leuchtend rot –, hat er seitlich an den Kiemen gepackt, je einen von ihnen lässig an je einem Finger baumelnd. Er drückt sie mir beide in die Hände, setzt die Wassermelone obenauf, und ich stehe für einen Moment da, als hätte mir ein Möbelpacker eine Waschmaschine in den Arm gedrückt.

»Malo, malo«, sage ich. Selbst Sunday schaut beeindruckt drein. Aus Booten kommen also Fische, lernt er. Das Abendessen ist gerettet.

»Diesmal Kaffee, Finau?«

»Nein, danke. Ich will zurück, bevor es dunkel wird.«

Das Nachbarschaftsgeschenk, das er uns da macht, ist besser als tausend Worte. Wir sind willkommen, ich freue mich und lächle ihn strahlend an.

Er watet zurück zum Boot, noch immer die Zigarette im Mund, holt den Anker ein, ruft »Okay« und düst ab, so laut, wie er gekommen ist, mit dem Vollgas, das aus einem 15-PS-Motor herauszuholen ist, und nimmt Kurs auf sein Inselchen. Genau hinter seinem Ziel erreicht die Sonne soeben den Horizont.

»Echt ein netter Kerl«, sage ich zu Nina.

»Ja.« Sie nickt. »Welcher Bürgermeister hat uns in Deutschland schon mal einen Fisch vorbeigebracht, wenn wir wo neu zugezogen sind?«

»Willst du denn auch was davon?«, frage ich und grinse. Nina ist Vegetarierin. Sie dreht sich um und stapft wortlos

Richtung Küche davon. Diese Art von Witzen ist ihr anscheinend zu dumm, um zu antworten.

»Kannst die Melone haben«, rufe ich ihr hinterher. Ich hole mein Fischmesser und bearbeite die Snapper, von denen der eine so fett ist, dass er sich gut filetieren lässt. Sunday scharwenzelt um mich herum.

»Wir brauchen dringend einen gescheiten Grillplatz vor der Küche«, sage ich zu ihm.

»Sehe ich auch so«, wedelt er zustimmend.

Die Snapper schmecken vorzüglich, besser als der Kleinfisch, den ich bisher an den Angelhaken bekommen habe, und auch die Wassermelone, die Nina in mundgerechte Happen zerteilt, ist frisch und saftig.

»Lass uns die Samen sammeln, um selbst Wassermelonen anzupflanzen«, schlägt sie vor und spuckt fünf Kerne in ihre Hand.

Auch so etwas, das uns das Leben auf der Insel lehrt: Es gibt nichts, das sich nicht weiterverwenden ließe – zu Hause hätten wir die Kerne einfach weggeworfen. Hier werden sie unseren Speiseplan bereichern.

11

Zyklon

Die Pflanzen im Garten tragen bald erste Früchte. Viele sind noch sehr klein, wir haben Minigurken und Minitomaten, aber es ist unser eigenes Gemüse! Noch immer pflegen wir die Beete gewissenhaft, und ich komme mir vor wie ein Hobbit. Wir setzen neue Setzlinge aus, graben die Erde um, damit sie schön locker ist, und reißen Unkraut aus dem Boden, das in einer Geschwindigkeit nachwächst, dass wir Albträume davon bekommen.

Trotzdem bleibt jetzt endlich auch wieder Zeit für anderes. Unser neuestes Hobby ist das Schnorcheln in der Lagune. Allerdings nur, wenn das Meer spiegelglatt ist und fast ohne Strömung – wir sind Angsthasen. Weil wir obendrein nur bei Ebbe schwimmen, treibt uns spätestens die kommende Flut zurück an Land.

Wir tragen Taucherbrillen, Schnorchel und spezielle Riffschuhe statt Flossen, mit denen wir problemlos über Felsen ins Wasser steigen können. Grundsätzlich schwimmen wir immer zu zweit, damit wir uns gegenseitig im Auge behalten können. Sunday wartet währenddessen am Strand und jault die ganze Zeit – wahrscheinlich denkt er, wir lassen ihn allein auf der Insel zurück. Wenn wir dann doch wieder auftauchen, kriegt er sich jedes Mal kaum wieder ein vor Freude. Ich nenne das den

»Superstar-Effekt« und genieße diese Minuten der absoluten Begeisterung.

Um die Korallen am Riff zu erreichen, müssen wir eine schier endlose Sandfläche überschwimmen. Unter uns sehen wir die ersten Fische, Snapper und gelegentlich Makrelen oder Stachelrochen, wie sie anmutig mit wenigen Flügelschlägen durch ihre Galaxie schweben.

Ich fühle mich wie in einem Paralleluniversum. Die Geräusche sind still und gedämpft, als schwämme ich durch eine Welt voller Watte. Das leise Klicken von Muscheln, die sich schließen, und im Hintergrund das dumpfe Grollen der Wellen, die draußen am Saum des Riffs brechen. Dazu der cremeweiße Sand, der im zarten Muster der Wellen wie gekämmt am Boden liegt. Lichtstrahlen fallen durch das Wasser wie durch das Fenster einer Kathedrale.

Wenn wir am Riff angelangt sind, suchen wir nach einem Kanal, durch den wir uns treiben lassen können. Bei Ebbe liegt der Korallengarten manchmal nur bis zu einem Meter unter uns. Es gibt tellerförmige Korallen, mehrere Meter hoch, große Kugeln, spitze, stachlige. Es gibt ganz weiche, in der Strömung hin- und herwiegende, aus denen kleine Fischschwärme auf- und absteigen. Manche Tiere beobachten uns neugierig. Alles schillert in Regenbogenfarben. Es ist unglaublich und die Farbenpracht der Korallen raubt uns den Atem.

Wir könnten diesem Schauspiel ewig zuschauen. Doch irgendwann kühlen unsere Körper aus, obwohl sich das Wasser warm anfühlt wie im Hallenbad. Und je weiter wir über den Korallengarten in Richtung des Riffs schwimmen, desto stärker wird die Strömung. Wenn wir in der Ferne das dunkle Blau der

Tiefe wahrnehmen, drehen wir um. Wir gleiten langsam durch den Riffkanal zurück und sehen Haie am Grund liegen. Solange wir ruhig über ihnen treiben, scheinen sie kein Interesse zu haben.

Das Wasser in der Lagune ist in diesen Wochen so klar, dass wir, noch kurz bevor wir am Strand auftauchen, die Korallen am Riff schimmern sehen. Zurück am Strand setzen wir uns zum Trocknen in die Sonne und blicken auf das Meer, das von hier aus betrachtet nichts von der Existenz dieser ganz eigenen Unterwassergalaxie verrät.

Wenige Tage nach unseren ersten Riffausflügen ändert sich unser idyllisches Inselleben schlagartig. Die Natur, die all das, was uns auf der Insel so sehr gefällt, erschaffen hat, hält eine böse Überraschung für uns bereit. Wir sind ahnungslos, was sich wenige Kilometer von uns entfernt zu einer Armee aus Wolken formiert und direkt auf uns zuzieht.

Wir sitzen an jenem Tag Ende Januar am selbst gezimmerten Holztisch, den wir zum Frühstück vor die Küche getragen haben, und essen die letzten Eier, die uns geblieben sind. Der Regen, der die gesamte Nacht auf die Insel niedergeprasselt ist, lässt endlich nach, und wir können unsere Regenjacken ohne Kapuzen tragen.

»Da kommt schon die nächste Front.« Nina zeigt auf den Himmel, der in der Ferne immer düsterer wird.

»Oh nein. Sie kommt schnell«, bemerke ich.

»Lass uns zurückrennen und den Tisch reintragen.«

Auf halbem Weg holt uns die Front ein, und der Himmel verdunkelt sich zu einer fiesen Fratze. Der Regen schießt auf uns herab wie eiskaltes Wasser aus einer Eimerdusche. Bevor ich die Tür zur Hütte aufreiße, höre ich den Wasserstrahl in die Tonne platschen, die unter dem Überlauf des Regentanks steht.

»Hey, der Solarkocher ist noch draußen«, brülle ich gegen den immer stärker werdenden Wind an. »Den müssen wir auch unterstellen.«

»Dann schnell«, brüllt Nina zurück.

Wir packen den Kocher, der auf einer freien Fläche zwischen zwei Palmen steht, Nina umgreift das Gestell, ich die Aluminiumschüssel, und tragen ihn hinein. Das Wasser prasselt und prasselt auf uns herab. Nina wirft die Tür hinter uns zu.

»Verdammt, ich bin triefnass.« Sie schiebt sich die Kapuze vom Kopf und schüttelt ihr Haar. Nun regnet es auch drinnen.

»Hoffentlich spült uns der Regen nicht den halben Garten weg«, sage ich. Das wäre eine Katastrophe, all die Arbeit, all die Samen, das ganze Gemüse, auf das wir uns so freuen – und das wir fest in unsere Lebensmittelkalkulation einbezogen haben …

Wir sitzen drinnen auf dem feuchtklammen Sofa und kuscheln uns in eine Decke, dann ist auf einmal Ruhe. Der Himmel wechselt abermals seine Farbe, das dunkle Grau ist plötzlich wegradiert wie Bleistift, dahinter wird es weiß. Einfach nur weiß, vielleicht mit einem leichten Gelbstich, um die Unschuld zu betonen.

Das Meer passt sich dem Himmel an, überall brechen Wellen, und weißer Schaum tanzt auf dem Wasser. Der Wind wird stärker, wir können es an den in der Luft wirbelnden Palmwedeln sehen, die plötzlich alle in unsere Richtung zeigen.

»Du sag mal«, meint Nina, »der Wind kommt aus dem Norden, oder?«

»Ja, wieso?«

»Richard aus dem Ministerium hat gesagt, aus dem Norden kommt für gewöhnlich das richtig schlechte Wetter.«

»Was willst du damit sagen?«

»Dass das erst der Anfang sein könnte.«

»Dann muss ich schnell den Sonnenschirm reinholen.« Noch steht er aufgeklappt draußen und trotzt dem Sturm, denn der Wind zieht durch die Löcher, die Ratten in ihn gefressen haben, als er noch im Schuppen lag. Das wird ihn aber nicht lange schützen.

Ich nehme ein Messer, werfe mich gegen die Tür, um sie gegen den Wind aufzudrücken, renne nach draußen zum Schirm.

Nina schreit mir hinterher: »Lass es sein!«

Um etwas sehen zu können, muss ich die Augen zusammenkneifen. Aufgewirbelter Sand hagelt mir ins Gesicht, mein T-Shirt flattert an mir herum. Ich durchschneide die Schnur, mit der wir den Sonnenschirm am Ständer festgebunden haben, und auf einmal kracht mir das Holzgestell auf den Rücken. Ich stöhne auf. Nachdem ich mich aus dem Schirm befreit habe, umklammere ich ihn und ziehe ihn aus dem Boden. Ich nehme ihn auf die Schulter und renne, so schnell ich kann, Richtung Hütte. Vor der Tür lasse ich den Schirm zu Boden fallen und stürze hinein.

»Das war völlig verrückt«, schimpft Nina.

»Stimmt«, sage ich fix und fertig.

Je länger wir dem Spektakel draußen zuschauen, desto mehr fragen wir uns, ob das wirklich nur ein tropisches Gewitter ist. Dass sich das Wetter binnen weniger Minuten derart ändern kann – wir glauben es kaum. Den krassen Regen in der Nacht fanden wir schon beeindruckend, dachten aber, das sei alles gewesen. Der Himmel hatte sich am frühen Vormittag ja gerade aufgeklart, es war fast windstill geworden, und wir sahen keinen Grund, das Häuschen und uns besser zu schützen.

Zuerst fand ich das bescheidene Wetter in den letzten Tagen sogar toll. Der Garten kann Wasser vertragen, ich denke da inzwischen wie ein deutscher Bauer. Bloß will die Natur einfach kein Maß einhalten – entweder zu trocken oder zu nass.

Es geht auf den späten Vormittag zu, und der Sturm tobt ungebremst um uns herum. Immer wieder sehen wir in den weißen Himmel und hoffen auf das Ende des Unwetters, denn Weiß und Sturm, das passt doch nicht zusammen, oder?

Doch der Wind wird stärker und stärker. Die Fenster wackeln, die Böen ziehen durch die Ritzen im Holzboden zu uns herein. Es ist kalt, wir bekommen Gänsehaut. Die Dielen beginnen zu vibrieren, uns wird es unheimlich.

»Wie lange geht das noch so?«, fragt Nina und drückt sich enger an mich.

»Hoffentlich nicht mehr lang, mir gefällt das alles nicht«, antworte ich und bin froh, sie neben mir zu spüren. Die Vorstellung, allein inmitten eines solchen Sturms zu sitzen, jagt mir einen Schauder über den Rücken. Auch Sunday ist längst angekrochen gekommen. Er kauert zu unseren Füßen und winselt leise vor sich hin.

Die Zeit vergeht sehr langsam. Wir sitzen seit eineinhalb Stunden fest. Ein Schlag auf das Wellblechdach, der so laut ist, als wäre ein Stein aus der Luft herangeflogen, lässt uns alle drei zusammenfahren. Nina schreit kurz auf, Sunday bellt. Es ist ein Palmwedel, den der Sturm von der Palme neben dem Haus abgerissen hat. Wir sehen ihn, als er am Fenster vorbei zu Boden fällt.

Nina wird nervös. Anfangs verfolgten wir die Entwicklung eher gespannt als besorgt, jetzt ist es umgekehrt. Wir stellen uns Fragen.

»Wo gehen wir hin, wenn es noch schlimmer wird?«, frage ich. »Ist das Dach sicher oder kann das Wellblech wegfliegen?«

»Weiß ich nicht«, sagt Nina. »Gehen wir besser ins Schlafzimmer oder bleiben wir lieber im Wohnzimmer?«

»Das Schlafzimmer. Das ist noch ein bisschen weiter weg von den Wellen.« Momentan befinden wir uns etwa zehn Meter vom Strand entfernt.

Die Geräuschkulisse ist kurios. Wir hören den Wind, die Wellen, die klappernden Fenster, dann kracht es, ein lang gezogenes Krachen, und ich sehe, wie der erste Baum fällt. Es ist einer dieser markanten Bäume, die Südseevariante des Seemandelbaums, von denen wir auf der Insel fast so viele haben wie Palmen. Sie wachsen in Etagen, und ihre Äste stehen auffällig waagrecht vom Stamm ab.

»Nina, schau dir das an«, brülle ich, obwohl Nina direkt neben mir sitzt. Ein weiterer Baum stürzt, er hat etwa die gleiche Höhe, ist aber noch stämmiger als der erste.

»Das ist kein normaler Sturm, das ist ein Zyklon«, stellt Nina aufgeregt fest. »Hätten wir doch bloß die Fenster mit Brettern vernagelt!«

Sunday hat sich in die Ecke verkrochen und ist still.

»Wir stehen das schon durch«, sage ich. »Irgendwann muss es auch mal vorbei sein.«

»Und dann gehen wir eine Runde Gassi am Strand«, muntert Nina unseren Hund auf. Doch mehr als ein leichtes Zucken mit dem Ohr gibt er nicht von sich, als halte er Ninas Versprechen für unglaubwürdig.

»Sollen wir uns an irgendetwas festbinden, bevor womöglich das Dach abreißt?«, frage ich. Die Insel ist flach, der Raum begrenzt, und noch scheint der Höhepunkt des Sturms nicht erreicht zu sein. Noch nie habe ich mich der Natur so ausgeliefert gefühlt wie jetzt, und unsere selbst gewählte Abgeschiedenheit kommt mir plötzlich geradezu irrsinnig vor.

»So schlimm wird es schon nicht kommen«, erwidert Nina um Zuversicht bemüht. Doch ich spüre, wie sie zittert.

»Und wenn doch?«

»Dann kriechen wir unters Bett.«

Ich bezweifle, dass das noch etwas nützt, wenn erst einmal das Dach fehlt, spare mir aber einen entsprechenden Kommentar.

Der Wind biegt die Palmen wie Katapultschleudern nach unten, immer wieder wirbeln Palmwedel durch die Luft, und Kokosnüsse fliegen horizontal statt senkrecht, als hätte uns die Insel unter Beschuss genommen. Gott sei Dank halten die Palmen stand. Sie sind so zierlich und doch so stabil.

Der Wind hält sein Tempo und erhöht es nicht noch weiter, und ich will schon erleichtert aufatmen, als etwas geschieht, das uns in Angst und Schrecken versetzt.

»Oh Gott«, rufe ich.

Von rechts rollt eine riesige Welle heran, die alle anderen in der Lagune einfach plattwalzt. Sie ist schnell. Ihr Weg führt sie von rechts nach links, nicht wie üblich vom Riff auf den Strand zu. Nur leicht dreht sie sich in Richtung Insel. Das Wasser ist aufgewühlt, mehr braun als grau, und die Welle nimmt mühelos den Sand am Strand mit sich und unterspült die Bäume in der vordersten Reihe. Diesmal sind auch die Kolosse betroffen, weitere Mandelbäume und auch kräftige Bäume mit mahagoniähnlichen Wurzeln, denen der Wind allein nichts anhaben konnte.

Die Welle verschont die Hütte – vor Erleichterung schießen mir Tränen in die Augen – und scheint erst am südöstlichen Ende der Insel ins Land einzubiegen; doch so weit können wir nicht sehen. Als die Wassermasse vorbei ist, krachen mehrere unterspülte Bäume auf den Strand. Die Hälfte des Sandes wird fortgeschwemmt.

»Wenn noch so eine Welle kommt, rennen wir aber wirklich ins Schlafzimmer«, sagt Nina, und ich stimme ihr zu, obwohl ich mir nicht sicher bin, dass uns das irgendwie retten kann.

»Was geht hier eigentlich ab?« Ich höre mich selbst schreien, die Angst in meiner eigenen Stimme.

Ausgerechnet jetzt erreicht die Flut ihren höchsten Stand, und die Wellen können viel weiter ins Inselinnere eindringen. Absurderweise fällt mir gerade in diesem Moment ein, was ich über solche Flutwellen mal gelesen habe – dass sie durch Druckunterschiede im Zyklon entstehen, der das Meerwasser ansaugt wie eine Gewitterwolke die Luft ringsherum. Das zu wissen, tröstet mich allerdings keinen Deut.

Wir warten wenige Minuten, dann rollt wieder eine Welle heran. Wieder so hoch, wieder braun, diesmal führt sie Felsbrocken, Baumstämme, Palmenstämme und aus der Lagune herausgerissene Korallenblöcke mit sich. Wir rennen ins Schlafzimmer und schließen die Tür.

»Was machen wir nur?«, fragt Nina.

»Ich weiß es nicht.« Wir drücken uns aneinander, Sunday zwischen uns. Obwohl uns kalt ist, rinnt Schweiß unsere Rücken hinab. »Nina«, flüstere ich in ihr Haar. Etwas Besseres fällt mir nicht ein, und vielleicht ist es ja sogar wirklich das Beste, das ich je zu sagen hatte.

Wir hören, wie die Welle aufs Land stürmt, rumpelnd und grollend wie eine Lawine. Sekunden später erfasst sie die Hütte. Mit aller Macht kracht sie auf die vordere Wand, links und rechts schießt Wasser vorbei und auch untendurch, weil die Hütte – zum Glück, wie sich jetzt zeigt – auf steinernen Pfosten gebaut ist. Felsbrocken schlagen gegen die Wand. Nina krallt ihre Finger in meine Arme, ich presse sie an mich, sodass wir beide kaum atmen können. Wenige Sekunden danach, für uns eine Ewigkeit, flacht die Welle ab. Sie ist nicht hereingebrochen, die Hütte steht noch. Wir leben.

Nina löst sich von mir und stakst auf zittrigen Beinen ins Wohnzimmer, um sich ein Bild von der Zerstörung zu machen. »Krass«, sagt sie, ihre Stimme klingt fremd.

»Wahnsinn«, hauche ich.

Auf dem Gelände vor unserer Hütte, wo sich vor wenigen Minuten noch eine Grasfläche befand, ist kein einziger Halm mehr zu sehen. Sand hat alles überdeckt. Baumstämme, ein Palmenstamm und zwei Korallenblöcke, die aussehen wie riesige Gehirne mit einem Durchmesser von je einem guten Meter, liegen vor uns.

Wir sind keine religiösen Menschen, aber in diesem Moment hoffen wir auf eine höhere Macht. Bitte, lieber Gott, lass dies die letzte Welle gewesen sein.

Das Stoßgebet ist kaum verklungen, als die nächste Wasserwalze anrollt und hinter ihr gleich noch eine. Ich will schon einen Fluch ablassen, als ich bemerke, dass sie niedriger sind. Sie schwappen zwar noch immer an Land, und das Wasser schießt direkt auf die Hütte zu, fließt dann aber einfach unten hindurch. Das wiederholt sich noch einige Male.

»Wie soll das weitergehen, was erwartet uns noch?«, fragt Nina.

»Ich weiß es nicht«, sage ich zum gefühlten hundertsten Mal.

In Schockstarre stehen wir am Fenster und warten. Dabei wissen wir gar nicht, auf was. Wir hoffen nur.

Der Himmel ist noch immer sturmweiß. Der Wind lässt nach, der Regen wird stärker. Oder vielleicht erweckt das für uns nur den Anschein, weil wir zuvor viel zu abgelenkt waren, um den Regen wahrzunehmen. Es stürzen jedenfalls keine weiteren Bäume. Es regnet und regnet. In der kommenden Stunde flaut der Wind immer weiter ab.

Wir bleiben in der Hütte, noch einige Stunden, bis es nur noch nieselt. Dann erst wagen wir uns vor die Tür.

Ist es vorbei?

Was ist passiert?

Was hat der Sturm der Insel angetan?

Anfangs trauen wir uns nicht, um die Insel herumzugehen und uns die Zerstörung anzusehen. Was ist, wenn der Sturm zurückkommt, während wir auf der anderen Seite stehen und ihm schutzlos ausgeliefert sind? Also warten wir auf besseres Wetter – solange, bis wir uns sicher sind, einen erneuten Sturm rechtzeitig heraufziehen zu sehen und zurück in die Hütte flüchten zu können. Als wir uns schließlich mit den Nerven am Ende auf den Weg machen, stellen wir uns auf das Schlimmste ein. Eine Insel fast ohne Vegetation. Grobe Felsbrocken über Sand verteilt. Was wird wohl übrig sein nach einer solchen Laune der Natur?

Zuerst wagen wir einen Blick in den Garten.

»Alles kaputt«, seufzt Nina. Die Gerüste aus Astgabeln sind fortgerissen, die Pflanzen verschwunden, die Erde weggespült, darüber zieht sich eine dicke Schicht aus Sand und Geröll. Mir fehlen die Worte, und ich greife nach Ninas Hand, um nicht loszuheulen.

Den meisten Schutt finden wir weiter landeinwärts, wo die Welle ihren Zerstörungstrip beendet hat. Zwischen Steinen und Korallenbruchstücken liegen Bretter und alte Regenrinnen, die einst unter dem Haus lagen. Sämtliche Papayas hat es zu Boden geknickt. Einige waren drei oder mehr Meter hoch, mit jeweils einem Packen melonengroßer Früchte dran.

Den Bananen ist es ähnlich ergangen – die schwachen Stauden liegen am Boden und nur von den älteren, drei Meter hohen Exemplaren scheinen tatsächlich welche überlebt zu haben, obwohl ihre Blätter vom Wind zerfetzt sind und ihre Früchte abfaulen werden.

Während wir allmählich das Ausmaß der Katastrophe begreifen, werden wir sehr schweigsam.

»Bevor es dunkel wird, sollten wir noch mal ganz um die Insel laufen«, sage ich irgendwann. »Sonst kann ich nicht glauben, was da passiert ist.«

Noch immer liegt ein grauer Schleier über unserer Welt, die wie das Paradies für uns war und nun eine Wüste ist. Vorn am Strand haben die Flutwellen ganze Baggerschaufelladungen

Sand ins Land gehoben und verteilt. Am zweiten Beet, wo wir kurz vorbeischauen, bietet sich das gleiche Bild wie hinter der Hütte: Der Garten war einmal. Die Verbindungswege, die ich ins Dickicht geschlagen habe, sind verschwunden, verbarrikadiert mit heruntergestürzten Ästen, Büschen, Bäumen und Geröll. Viele der hoch gewachsenen Nonibäume sind zerstört, ihre dünnen Stämme auseinandergebrochen wie Streichhölzer. Am Strand hängen riesige Wurzeln frei in der Luft, die Erde wurde fortgespült. Das Küchenhaus liegt fortan fast frei und schutzlos vor dem Meer, da viele Bäume, die davorstanden, weggebrochen sind. Die Wellen schwappten bis an die Wand – der nächste Zyklon wird es mit sich nehmen.

Uns steht wochenlanges Aufräumen bevor, einige Reparaturarbeiten und das erneute Anlegen der Gärten. Allein bei der Vorstellung fühlen wir uns am Ende unserer Kräfte. Wenn ich bedenke, dass wir ursprünglich vorhatten, uns selbst eine Bleibe zu bauen, wird mir schwindelig von unserer eigenen Naivität.

Was geschehen kann, wenn man vor einer solchen Naturkatastrophe ungeschützt ist, sehen wir auf der Ostseite der Insel, wo der Zyklon eine noch größere Zerstörung hinterlassen hat. Wie um alles in der Welt muss es hier getobt haben, während wir drinnen saßen? Wenn wir das gewusst hätten, wären wir sicher in Panik geraten: Die Sandspitze im Norden ist in ihrer Gesamtheit um hundert Meter nach links verschoben.

»Sind wir auf einer anderen Insel gelandet?«, frage ich ungläubig. Wo vorher unser Strand war, ragen glatte Felsen aus dem Wasser. Felsen, die noch nie zuvor freilagen, was wir daran sehen, dass sie blitzblank weiß sind. Ich schaue hinüber zur kleinen Nachbarinsel, die höchstens ein Viertel von der Fläche unserer Insel ausmacht. Sie sieht zerschmettert aus. Jegliches Grün fehlt. Vorher wuchsen dort Palmen und dichter Wald, jetzt liegen nur noch Stämme herum, und die Bäume, die noch stehen, sind kahl und nackt; kein Blatt hängt mehr.

»Meinst du, Finaus Dorf ist genauso schlimm getroffen worden?«, frage ich.

»Wenn die Leute dort so überrascht wurden wie wir, liegt jetzt jedes Boot auf dem Meeresgrund«, befürchtet Nina. Es soll noch einige Zeit dauern, bis wir Antworten auf diese Fragen bekommen.

Wir gehen weiter die Ostseite entlang und treffen auf eine Mondlandschaft. Überall Felsen, kaum Sand, alles durcheinandergewirbelt, Gesteinsbrocken wurden auf Bäume geschleudert, Bäume mit fünf Meter breiten Wurzeln liegen niedergestreckt vor uns. Auch hier hat es die Unterwasserwelt schwer getroffen, was wir an wunderschönen Korallenstücken sehen, die vom Riff gebrochen und an den Strand angespült worden sind. Wenige Tage zuvor haben wir sie noch beim Schnorcheln bestaunt, nun liegen sie tot vor uns. Obwohl manche noch intakt aussehen, sind sie nicht mehr zu retten. Auch große Muscheln und Langustenteile liegen am Strand.

Wir schauen ins Inselinnere, das sich jetzt gut sichtbar vor uns ausbreitet – so licht ist das, was vor wenigen Stunden noch dichter Dschungel war. Viele Meter weit haben die Wellen auf dieser Seite Geröll ins Land getragen. Ich will nicht wissen, wie viel (oder wenig?) höher die Wellen hätten sein müssen, um zweihundert Meter weiter von hinten auf unser Haus zu treffen und die gesamte Insel unter Wasser zu setzen.

Wenigstens die größten Bäume konnten dem Zyklon stand-halten: die mächtigen, verzweigten Banyanbäume. Ihre Wurzeln ziehen sich wie erstarrte Lavaströme über den Boden und geben ihnen Halt. Wir sehen nur einen Banyan, der einen seiner Stämme dem Zyklon opfern musste.

Von überall her kreischen Vögel, die aufgeregt und verstört über die Insel fliegen. Normalerweise hören wir dieses Geräusch nur, wenn wir sie versehentlich aufschrecken, doch heute nimmt das Geschrei kein Ende. Es tut weh, das mit anzuhören.

Nina bricht in Tränen aus, als sie ein totes Küken am Strand findet. »Das ist so traurig«, sagt sie.

Ich nehme sie tröstend in den Arm, schlucke selbst ein paar-mal. Mehr als die Verwüstungen rings um die Insel herum zeigt mir der kleine Vogelkadaver, wie knapp wir davongekommen sind. Zu knapp.

Wir machen uns auf den Rückweg, ratlos, überfordert. Neben der Küche finden wir noch ein Küken, das aus dem Nest in einer Palmenkrone gefallen ist. Es lebt. Ich hole die Leiter und setze es zurück. Die Vogelmutter nimmt es an. Wenigstens etwas. Nina bricht schon wieder in Tränen aus. Dieses Mal lacht sie dabei.

Die Tage nach dem Zyklon werden trockener, der Himmel bleibt bedeckt. Das Meer beruhigt sich nur langsam, und das Wasser ist eine Woche lang trüb vom aufgewühlten Sand. Monate später werden wir aus dem *Tonga Chronicle* erfahren, dass Wilma, wie der Zyklon hieß, mehr als 86 Häuser in der Inselgruppe weggeblasen hat. Es war der schlimmste Sturm in den letzten zehn Jahren.

Wilma ruinierte fast die ganze Tarowurzel- und Kassava-Ernte und zerstörte das gesamte Gemüse und alle saisonalen Früchte wie Brotfrüchte, Bananen und Papayas. Die Regierung stellte eine Million Dollar für Katastrophenhilfe bereit, die für die Versorgung mit Nahrungsmitteln verwendet wurden.

Für einen Moment fragen wir uns, ob wir nach diesem Erlebnis bleiben werden. Ob wir das wollen. Doch obwohl wir den Schrecken noch wochenlang mit uns herumtragen, kennen Nina und ich die Antwort, bevor wir sie ausgesprochen haben.

12

Amerikaner zu Besuch

Kurze Zeit nach dem Zyklon klingelt das Satellitentelefon. *Incoming call* blinkt auf dem Display auf. Ich gehe ran.

»Hi, hier ist Jamie«, meldet sich der Mann, der uns auf seine Insel ließ. »Ich habe von dem Zyklon gehört. Alles in Ordnung bei euch?«

»Ja, geht so. Viel zerstört«, antworte ich.

»Und die Häuser?«

»Die Regenrinnen haben wir schon wieder geflickt, ansonsten ist alles okay.«

»Ein paar Freunde und ich schauen gerade nach Flügen nach Tonga«, erzählt er. »Wir kommen und helfen euch beim Wiederaufbau.«

»Sweet«, sage ich, eine Wendung, die ich in der Zivilisation von einem Neuseeländer aufgeschnappt habe. »Wir freuen uns.«

Die Sturmschäden an den Häusern sind das geringste Problem – der Grundzustand des großen Hauses, in dem Jamie und seine Freunde wohnen werden, ist viel schlimmer. Am Wellblechdach lassen Dutzende Rostlöcher jeden Regen durch. Die Veranda droht einzubrechen, einzelne Stellen auf dem Holz sind dick bemoost und rotten vor sich hin. Das muss dringend auf Vordermann gebracht werden, und das können wir nicht ohne die Hilfe der Besitzer.

Als das Telefonat beendet ist, wechseln Nina und ich ein paar Blicke.

»Wahnsinn, Besuch«, sage ich, und sie nickt. »Freust du dich?«

Nach einem kurzen Zögern nickt sie wieder. »Klar, endlich mal wieder ein paar andere Männer zum Anschauen«, grinst sie. Ich werfe ein Kissen nach ihr, und sie verschwindet lachend nach draußen.

Ist schon seltsam: Einerseits freuen wir uns auf Besuch, auf Menschen, mit denen wir unser Paradies teilen können. Andererseits spüre ich ein zartes Unbehagen bei dem Gedanken, mich »plötzlich« wieder auf fremde Eigenheiten einlassen zu müssen. Pfui, was macht die Einsamkeit doch bequem!

Bevor unser erster Inselbesuch tatsächlich eintrifft, erleben wir mal wieder eine Überraschung, diesmal eine schöne. Ich stehe in der Mittagssonne vor unserer Hütte und fische, als etwas im Wasser meine Aufmerksamkeit erregt. In der wellenlosen Ebbe höre ich sanftes Geplätscher, und als ich mich zur Seite drehe, glaube ich, Flossen zu erkennen.

Was bitte ist das?

Die Flossen ragen immer wieder für einen Moment aus dem Wasser, etwa auf gleicher Höhe, wie ich fische, ich stehe nur wenige Meter davon entfernt. Ich packe meine Angelausrüstung zusammen, lasse sie auf dem Sand hinter mir im Schatten liegen und mache mich auf, um mehr zu sehen. Zunächst spekuliere ich auf Riffhaie, die sich in nur Zentimeter tiefes Wasser vorwagen,

115

um zu jagen. Doch die Schatten im Wasser sind zu breit für Haie. Es sind Rochen, eine ganze Herde. Vier von ihnen sehe ich auf einen Blick, als ich näher komme. Einer gesellt sich aus tieferem Gewässer noch dazu.

»Geil«, rutscht es aus mir heraus. Hinter mir springt Sunday verwundert auf und ab, er will wissen, was mich so begeistert. »Halt bloß die Klappe«, befehle ich ihm, und er zieht beleidigt den Schwanz ein. »Sorry, Kumpel, aber das hier ist etwas ganz Besonderes.«

Das hätte ich nie im Leben erwartet. Was machen die Rochen da? Plankton fressen? Durch den Zyklon vor einer Woche ist das Wasser in der Lagune noch immer aufgewirbelt, vielleicht gibt es deshalb mehr als sonst.

Als ich mich den Tieren weiter nähere, erkenne ich, dass es Mantas sind. Es müssen Jungtiere sein, denn sie sind noch sehr klein gegen die ausgewachsenen Tiere, die mehrere Meter breit und locker eine Tonne schwer werden können. Diese hier sind höchstens zwei Meter breit, aber definitiv Mantas. Oben sind sie tiefschwarz, ihr Bauch dagegen leuchtet strahlend weiß. An ihren spitzen und schwarz-weißen Kopflappen, die derart ausgeprägt bei keiner anderen Rochenart auftreten, sind sie gut zu erkennen. Ihre Stacheln sind im Vergleich zu anderen Rochen kurz.

Ich würde gern Nina zu mir rufen, will aber die Mantas nicht vertreiben. Ich wage mich noch ein Stück weiter zu ihnen vor. Sie reagieren mit Neugierde und schwimmen mir entgegen.

»Na kommt schon«, rede ich ihnen zu. »Ich tue euch nichts.« Mit einem Abstand von zwei Metern haben wir uns in allseitigem Einvernehmen genug angenähert. Ich weiß, dass Mantas völlig harmlos sind, trotzdem wirken sie unheimlich auf mich.

Dann halte ich es nicht länger aus – ich *muss* Nina holen, die im Garten arbeitet.

»Du glaubst es nicht«, rufe ich ihr von Weitem zu, ignoriere ihre Frage: »Was ist denn?«, und ziehe sie einfach hinter mir her. Als sie die Tiere erblickt, ist auch sie begeistert, watet mit mir ins Wasser und hat jede Menge Theorien, warum die Mantas so nahe an den Strand gekommen sind.

»Vielleicht spielen sie einfach nur«, meint sie. »Oder sie paaren sich?«

Nach einer Weile schweben die Mantas wie Unterwasser-Ufos davon, wir können ihre Schatten sehen, bis sie fast außerhalb des Riffes sind.

In den nächsten Tagen besuchen sie uns noch mehrere Male bei niedriger Ebbe, und wir brechen jedes Mal in Begeisterung aus und sind schon ganz stolz auf unsere neuen Haustiere. Würden sie weiterhin kommen, würde ich mich vermutlich eines Tages trauen, mit ihnen zu schnorcheln. Doch so plötzlich, wie sie kamen, so plötzlich verschwinden sie auch wieder.

Dafür bekommen wir endlich menschlichen Besuch: Anfang Februar tauchen Jamie und Matt bei uns auf, der erste aus Hawaii, der andere aus Kalifornien. Es ist Abend und Flut, als sie eintreffen.

»Da sind sie«, ruft mir Nina zu, als ich am Wassertank stehe, um die neuen Tomatensetzlinge zu gießen.

»Wo?«, frage ich und geselle mich zu ihr.

»Sie sind schon in die Lagune eingebogen«, sagt sie und zeigt in ihre Richtung. Zehn Minuten später springen sie von Bord und stehen tatsächlich vor uns. Sie sind in Begleitung zweier Freunde gekommen – Jim und John, ebenfalls Amerikaner.

»Hi«, rufen wir einander zu, dann gibt es Umarmungen.

In einer Kette werfen wir uns das Gepäck zu, und als alles ausgeladen ist, ankert Matt das Boot, das etwas größer ist als die üblichen Fischerboote.

»Ich hab was für euch«, sagt Jamie. Er ist Anfang sechzig, hat kurze weiße Haare und rennt zur Kühlbox, die er als richtiger Ami mit sich führt und die wir zuvor schwer schnaufend an den Strand geschleppt haben. Er öffnet sie und wirft Nina und mir zwei Dosen eiskaltes Foster-Bier zu: »Trinkt.«

»Du kannst Gedanken lesen«, sage ich, während ich die Dose öffne. An das Zischen werde ich mich lange erinnern. Ich halte ein Bier in der Hand, und es ist tatsächlich noch eiskalt, denn die Kühlbox ist bis an den Rand mit Eis gefüllt. Gluck, gluck, weg.

Unter dem Bier liegt ein riesiger torpedoförmiger Wahoo. Jamie hat den fünfzehn Kilo schweren und gut einen Meter langen Riesenfisch auf dem Weg zur Insel gefangen. Wir kochen Reis und frisches Gemüse, das sie mitgebracht haben, während Jamie den Fisch filetiert, den wir roh und mit Wasabi und Sojasoße essen. Sashimi, köstlich.

»So lecker«, schwärme ich und komme mir total ausgehungert vor. Sunday schleicht um uns herum, schmeichelt sich bei den Gästen ein und lässt sich mit großzügigen Resten füttern. Keine Frage, er liebt Besuch!

Auch wir mögen unsere Urlauber auf Anhieb, denn sie sind unentwegt fröhlich. Matt, Anfang fünfzig und auffällig gut durchtrainiert, fragt uns als Allererstes: »Wie lange seid ihr schon verheiratet?«

Wir wundern uns über die Frage, antworten aber brav: »Drei Jahre.«

Er reagiert beruhigt. »Dann muss ich mir keine Sorgen machen.«

»Wieso?«, frage ich.

»Wenn ihr euch erst kurz kennen würdet, würde bei mir daheim in den nächsten Monaten vielleicht irgendwann die Nachricht eintreffen, dass einer von euch beiden vom Hai gefressen wurde.« Er grinst.

Das macht mir bewusst, wie lange unser letzter Streit zurückliegt. Das war auf jeden Fall in der Zeit vor der Insel. Wow!

Ich antworte Matt mit einer Gegenfrage: »Wenn du mit deiner Frau hier wärst, würdest dann du vom Hai gefressen werden oder sie?«

Doch Matt hat genug vom Beziehungsgeschwätz. Er will wissen, was wir auf der Insel bisher erlebt haben, aber vor allem: »Wo sind die Wellen zum Surfen optimal?«

»Darauf haben wir noch gar nicht geachtet«, sage ich. »An der Ostseite brechen die Wellen immer gut, vielleicht da.«

Fünf Tage bleiben unsere Besucher, ein kurzer Zeitraum für ein Urlaubsziel, das so schwer zu erreichen ist.

»So ist es leider immer bei uns«, meint Jamie achselzuckend, zu viele Verpflichtungen zu Hause, um länger fortbleiben zu können. Doch für zehn oder fünfzehn Tage im Jahr ist die Insel ihr ganz persönlicher Abenteuerspielplatz, während ihre Frauen und Kinder daheimbleiben.

»Kein fließend Wasser, kein Strom, das will keiner außer uns«, sagt Jamie.

Das im Kolonialstil erbaute Haupthaus auf der Insel – obwohl Tonga nie kolonialisiert wurde – wirkt auf den ersten Blick komfortabler als unser Häuschen. In Wahrheit sind der glänzend weiße Anstrich und die einladende Fronttreppe jedoch nur noch Fassade. Jamie, Matt und ihre Freunde duschen wie wir: Sie tragen Eimer voll Wasser vor das Haus und schütten es sich mit der Blechschale über den Kopf. Auch um die Toilette (in zwei wunderschön gefliesten Bädern) nutzen zu können, müssen sie wie wir Wasser vom Tank zum Nachspülen holen.

Früher war mal alles intakt, und mit einem Generator wurde die Wasserpumpe betrieben, mit Gas das Wasser zum Duschen erhitzt. Im Haus stehen ein alter Fernseher und zwei große Lautsprecher, die absolut fremd in dieser Inselwelt wirken. Sie machen den Anschein, als wurden sie nie wirklich genutzt, und sind heute längst kaputt. Auch der Generator: längst hinüber. Die Wasserpumpe liegt im Schuppen: ein einziger Rostklumpen.

Vor wenigen Jahren erschütterte ein starkes Erdbeben die Insel, dem die früheren Abwasser- und Wassertanks aus Beton zum Opfer fielen. Deshalb gibt es heute nur noch Kunststoff-tanks. Das Erdbeben war derart heftig, dass das gesamte Riff und die Insel selbst um einen halben Meter gesunken sind. Einige Meter Land wurden seither weggespült, und es nimmt kein Ende.

Wir haben bisher nur ein durchschnittliches Erdbeben gespürt, wie es in Tonga fast normal ist. Trotzdem verzichten wir gern auf eine Wiederholung. Es geschah eines frühen Januar-morgens, wenige Wochen vor dem Zyklon, die Sonne war noch nicht aufgegangen. Das Bett wackelte, die Fensterrahmen klap-perten, wir saßen plötzlich hellwach und senkrecht im Bett.

Jamie und Matt haben das Land und die Häuser vor eini-gen Jahren von einem Palangi gekauft, der mit einer Tongaerin verheiratet war. Auch sie reizte die Abgeschiedenheit der Insel und die Idee, in diesem Paradies Zeit zu verbringen.

»Hier ist einfach nichts, niemand, kein Mensch weit und breit. Wir mögen das«, sagt Jamie.

»Da denken wir wohl ähnlich«, sage ich, und wir lachen alle und sind erstaunlich gesellig für Typen, die keine anderen Menschen mögen.

Die nächste Woche wird aufregend. Jamie, der leicht zu erkennen ist, weil er leuchtend gelbe Crocs und ein gelbes T-Shirt trägt, kramt die Kettensäge aus dem Schuppen hervor und werkelt so lange an ihr herum, bis sie anspringt. Es scheint das einzige technische Gerät auf der Insel zu sein, das noch funktioniert. Ich hätte dieses Teil nie angefasst: viel zu gefährlich, wenn wir zu zweit auf der Insel sind. Jamie kennt keine Bedenken, und wir hören die Säge durch den Dschungel kreischen. Er zerlegt vom Zyklon umgestürzte Bäume und verarbeitet sie zu Feuerholz. Währenddessen sucht Matt nach der besten Welle.

Gemeinsam unternehmen wir Ausflüge mit dem Boot und erkunden eine unserer Nachbarinseln, die wir ohne fremde Hilfe nie besuchen könnten. Jim will so lange mit Sunday allein bleiben. Es sei die einzige Gelegenheit für ihn, »einsam« auf der Insel zu sein, wie er sagt.

»Ich will wissen, wie das ist.« Er ist ein geselliger, gutmütiger, kumpelhafter Typ, den ich mir absolut nicht einsam vorstellen kann. Daheim in Kalifornien ist er der Geschäftsführer eines großen Gärtnereibetriebs und hat jeden Tag Hunderte von Arbeitern um sich herum. Abends warten Frau und Kinder und ein alter Dackel auf ihn.

Plötzlich frage ich mich, wie Nina und ich auf unsere Gäste wirken. Kommen auch wir gesellig und kumpelhaft rüber oder hat uns die Einsamkeit zu gesellschaftsunfähigen Eigenbrötlern werden lassen? Falls ja, so lassen sich die Besucher nichts anmerken.

»Ich kann dir sagen, was passiert, wenn du für ein paar Wochen mit uns auf der Insel in der Einsamkeit leben würdest«, sage ich zu Jim. »Dir würden ein paar Kilos von den Rippen purzeln, und binnen kürzester Zeit hättest du dein Idealgewicht.«

Er grinst mich an und klopft auf seinen Kugelbauch. »Keine schlechte Idee«, erwidert er.

»Ich bin jedenfalls gespannt, was du uns nachher erzählst.« Wir winken ihm zum Abschied zu.

»Stell keine Dummheiten an«, meint Nina noch. »Geh nicht allein schnorcheln.«

Jim lacht und setzt sich in den Schatten eines Baumes, von wo aus er das Boot beim Ablegen beobachten kann. Wir müssen erst hinschwimmen.

Die Nachbarinsel liegt nur zwei Meilen entfernt, in derselben Lagune, ist aber wegen der starken Strömungen selbst im seichten Wasser schwimmend nicht zu erreichen. Auf dem kurzen Weg dorthin sehen wir zum ersten Mal Delfine – wir trauen unseren Augen kaum. Sie springen hinter dem Boot aus dem Wasser, wenige Minuten später tauchen sie wieder ab und verschwinden, als hätten sie nur mal eben »Hallo« sagen wollen.

Die Nachbarinsel ist bei Ebbe mit dem Boot schwer anzufahren, die Korallen liegen wenige Zentimeter versteckt unter dem Wasser. Wir ankern außerhalb der Lagune und schwimmen erneut.

Während die anderen schnorcheln gehen, interessieren Nina und ich uns für das Inselinnere und machen uns auf die Suche nach Früchten. Die anderen sind verdutzt.

»Für die geht's eben nicht ums Überleben«, sage ich zu Nina. »Die wollen nur Spaß.« Wir haben Macheten dabei und einen Eimer und kämpfen uns durch das gleiche hartnäckige Gestrüpp, das bei uns drüben wächst.

Von der Fläche her ist diese Insel kleiner, aber lang gezogener, bananenförmig und ein wahrer Fruchtgarten. Überall stoßen wir auf Lichtungen, auf denen Papayas wachsen. An vielen hängen überreife Früchte, angefressen von Flughunden. Wir finden auch manche im perfekten Stadium für die Ernte, mit den schwachen, gelben Streifen an der Seite, und pflücken sie glücklich. Die meisten erreiche ich mit der Machete, andere ernten wir mithilfe einer langen Astgabel. Mittlerweile sind wir Profis im Improvisieren von Werkzeug. So kommen wir an rund zehn dicke, fette, leckere Papayas, die nach wenigen Tagen nachgereift sein werden. Saft der Passionsfrucht auf das Fleisch geträufelt, fertig.

Wir können gar nicht genug bekommen und suchen nebenher noch nach einem Limettenbaum, an dessen Existenz wir einfach glauben, weil es zu schön wäre, würde hier einer wachsen. Ich male mir bereits aus, wie ich vor frisch gegrilltem Fisch sitze und eine Limette darüber ausdrücke. Oder wir verwenden den Saft für leckere Limonade.

Auf unserer Insel soll es mal Limettenbäume gegeben haben, sagt Jamie. Aber er wisse nicht mehr, wo sie stehen, und auch nicht, ob wirklich. In unserem Garten wächst zwar ein Limettenbaum heran, aber ein sehr kleiner nur. Sein Stamm ist dünn und der Busch erst zwei Meter hoch. Das Einzige, das wir bislang verwenden können, sind die Blätter – für Teepausen.

Plötzlich höre ich Gegacker.

»Nina, bist du das?«, frage ich.

Sie gibt mir einen Klaps auf den Kopf.

»Wilde Hühner«, flüstert sie aufgeregt. »Sollen wir versuchen, sie zu fangen?«

Man stelle sich vor: frische Eier, wann immer wir Lust darauf haben! Zum Frühstück ein gekochtes oder mittags ein Spiegelei. Ein Traum!

Begeistert machen wir uns auf die Jagd, und schon haben wir eines entdeckt, unter hoch gewachsenem Grünzeug. Wir nähern uns von beiden Seiten, langsam, vorsichtig, doch das verwilderte Huhn bemerkt uns und flattert davon.

Wir probieren es weiter, sehen mehrere Hühner umherflattern, bleiben jedoch erfolglos. Die Viecher retten sich ins Dickicht, in das wir ihnen nicht folgen können. Wenn die wüssten, wie gut sie es bei uns hätten! Ich würde ihnen jeden Tag Kokosnüsse aufschlagen. So viele sie wollten. Inselhühner mögen das; das Fleisch der Nüsse selbst oder auch das schwammige Uto aus keimenden Nüssen.

»Wir kommen wieder, irgendwann«, verspricht mir Nina. »Dann erwischen wir sie.«

Wenig später entdecken wir einen abgenutzten Einbaum. Er ist zwar nicht mehr seetauglich, aber allein, dass wir auf einen stoßen, verwundert uns – zu lange schon ist es her, dass die Menschen mit Einbäumen oder Segelflößen von Insel zu Insel gefahren sind. Aus unserem Reiseführer wissen wir, dass zu Beginn des vorigen Jahrhunderts in dieser Region Kokosnussraspeln und -öl produziert wurden. Wenige Jahrzehnte lief das Geschäft gut, dann rentierte es sich nicht mehr. Die Kosten für den Transport machten die Einnahmen zunichte, und der Verkauf von Raspeln und Öl lohnte sich durch sinkende Absatzpreise immer weniger. Die Inseln wurden wieder einsam.

Nina und ich sind auch auf unserer Insel bereits auf Spuren aus dieser Zeit gestoßen. Um manche der größeren Bäume stecken Steinplatten senkrecht im Sand – tongaische Grabmale. Andere Spuren sind tiefe Kerben an den Stämmen mancher Kokosnusspalmen, die mehr als siebzig Jahre alt werden können. Die Kerben wurden entweder zum leichten Erklettern der Palmen genutzt oder zum Sammeln von Regenwasser.

Als wir auf unsere Insel zurückkehren, sitzt Jim noch immer im Schatten des Baumes. Zur Begrüßung jault er mit Sunday um die Wette und winkt uns mit einer Dose Bier in der Hand.

»Und, wie fühlt es sich an, einsam zu sein?«, fragt Nina.

»Wunderschön, wunderschön«, sagt Jim. »Es schmeckt nach Bier und Sonnenmilch. Ihr hättet ruhig noch eine Weile fortbleiben können.«

Als Nina verschwunden ist, um den Solarkocher für das Abendessen in Position zu bringen, zieht er mich zu sich unter seine Palme. Etwas scheint ihn zu beschäftigen, denn er macht ein nachdenkliches Gesicht.

»Sag mal, Adrian, wie ist es so mit dem Sexleben auf der Insel?«

Ich muss laut auflachen, überlege kurz und entscheide, dass ich ihm für die vielen Biere, die er mit mir teilt, etwas schulde.

»Na ja«, setze ich an, »stell dir mal vor, du wärst allein mit deiner Frau hier. Es ist immer heiß. Du hast wenig Klamotten am Körper. Was meinst du – das macht schon ... Lust.«

»Macht ihr es viel draußen?«

»Du bist Amerikaner, Jim. Ich dachte, ihr seid prüde.«

Jim zuckt mit den Schultern. »Es interessiert mich einfach«, meint er und grinst frech.

»Überleg doch einfach mal«, umschiffe ich ihn dezent. »Es ist ein Reich unbegrenzter Möglichkeiten. Es gibt Palmen, die in verlockend anregenden Winkeln wachsen. Es ist keine Sau da. Du hast nie Angst, erwischt zu werden.«

»Und im Wasser?«

»Nicht mein Ding – sobald ich an Riffhaie denke, geht gar nichts mehr. Und Sand ist in Wahrheit auch unbequemer als romantisch. Noch Fragen?«

»Bestimmt«, sagt er. »Ich melde mich dann.«

Die Woche eilt vorüber, und das Dach muss noch geflickt werden. Jamie und Matt haben eine spezielle Folie mitgebracht, mit der wir die Rostlöcher zukleben. Es hilft leider kaum etwas, und nach dem nächsten Regen ist alles wieder nass. Das Wasser sickert vermutlich auch an den rostigen Schrauben durch.

Wir versprechen Jamie, die restliche Folie zu verkleben, denn auch das Küchendach leckt. Allerdings haben wir keine große Hoffnung, das in den Griff zu kriegen. Handwerker müssten her, mehr Material, am besten neues Wellblech, rostfreie Stahlschrauben. Nur: Der Weg ist weit, sowohl für Arbeiter als auch für Material, und teuer. Das Haupthaus ist sowieso ein Groschengrab und, wie es für uns den Anschein hat, den Besitzern

126

keine weitere Verschwendung wert. Sie machen ihre paar Tage Abenteuer im Jahr und nehmen den Verfall hin.

Dass wir uns um die Häuser und Flächen kümmern, kommt ihnen trotzdem gelegen. So vermeiden sie böse Überraschungen wie leere Wassertanks oder einen Haufen Müll im Garten, wenn sie ankommen – was sie alles schon erlebt haben. Auch zwei Kanus verschwanden auf unerklärliche Weise.

Am Ende ihres Kurzurlaubs zeigen wir unseren amerikanischen Besuchern noch eine besondere Attraktion: unseren privaten, natürlichen Swimmingpool. Man mag es kaum glauben, der Zyklon hatte auch etwas Gutes. Am nördlichen Ende der Insel, wo der Sturm viele Felsen freigespült hat, ist ein Becken entstanden, das auf vier Seiten geschlossen ist: auf der einen von Sand, auf den anderen von Felsen. Bei Flut schwappen die Wellen hinein und füllen den Pool, bei Ebbe fließt Wasser durch einen kleinen Kanal zwischen den Felsen zurück, und der Rest sickert langsam, aber nie vollständig ab. An der tiefsten Stelle ist das Becken etwa eineinhalb Meter tief. Nina und ich springen täglich mehrmals hinein und treiben vor uns hin. Wir liegen im Wasser wie Schildkröten, von denen wir immer noch keine zu Gesicht bekommen haben. Auch unseren wasserscheuen Hund ziehen wir regelmäßig mit hinein und jedes Mal macht er einen Riesenterz, um dann aber doch genauso in Schildkrötenmanier zu dümpeln wie wir. Die Felsen um uns herum sind marmorweiß und wirken vom brutalen Sturm wie frisch abgeschmirgelt.

Auf ganz natürliche Weise und ohne Einfluss von Menschenhand ist hier ein Ort der Dekadenz entstanden, exklusiver als jedes Marmorbecken. Jim ist so sehr angetan, dass er mit uns das letzte Bier darin trinken will. Es ist noch immer etwas kalt vom dahinschmelzenden Eis in der Kühlbox.

John, ein Zahnarzt Anfang vierzig, begleitet uns zur Poolparty. Kaum sitzen wir im Becken, packt er seine Unterwasserkamera aus und fotografiert fleißig, auch sich selbst.

»Mein neues Facebook-Profilfoto«, sagt er, und mir wird klar, dass ich mich selbst auf dem Mond aufhalten könnte – Facebook wird ebenfalls dort sein.

13

Angeln

Es ist der entscheidende Moment. Die Leine, die ich wenige Zentimeter hinter dem Haken mit einem Stückchen Koralle beschwert habe, wackelt kurz zwischen den Fingern, ganz leicht nur, und signalisiert mir: Da interessiert sich etwas für den Köder. Jetzt gibt es zwei Möglichkeiten: Entweder der Fisch frisst mir den Krebs vom Haken, ohne hängen zu bleiben, oder die Leine spannt an. Sie spannt an.

Ich gehe langsam rückwärts den Strand hinauf und passe auf, dass ich nicht über angespülte Korallen oder Äste falle. Kurz bevor ich den Fisch aus dem Wasser ziehe, erkenne ich, was für eine Art es ist: ein Straßenkehrer; ich sehe es am silbernen Schimmer seiner Schuppen. Seine Form ähnelt der eines Snappers, er hat jedoch einen größeren Kopf und große Glubschaugen.

Es gibt unwahrscheinlich viele von diesen Straßenkehrern. Sie heißen so, weil sie die Sandflächen nach Krebsen absuchen und die Aufräumer in der Lagune sind. Ihr Fleisch schmeckt lecker, es ist zart, aber fest.

Dann gibt es Pompanos, eine Makrelen-Unterart, die schnell durchs Wasser zischt und, erst mal angebissen, genauso schnell die Leine hin- und herzerrt. Auch Snapper beißen an, Lippfische, Papageifische, Meerbarben, Zackenbarsche, selten mal ein

Hornhecht, alles gute Portionen, im Durchschnitt zwanzig bis vierzig Zentimeter lang und zwischen fünfhundert Gramm und zwei Kilo schwer. Zwei Fische, satt.

Es ist, als würde ich beim Fischhändler auf dem Wochenmarkt stehen. Mein rechter Zeigefinger ist schon ganz zerfleddert vom Auswerfen der Leine – denn ich bin nicht mit einer klassischen Angel unterwegs, sondern halte eine Plastikflasche in der Hand, die einfach mit ein paar Metern Leine umwickelt ist. Südsee-Style. Ich habe mich schon zu sehr daran gewöhnt, als dass ich mir noch etwas anderes vorstellen kann. Ist wie barfuß laufen statt mit Schuhen. So habe ich mehr Gefühl am Finger, der zur Kontrolle an der Leine anliegt.

Jetzt, da unsere amerikanischen Besucher weg sind, muss ich mir meinen Fisch wieder selbst besorgen. Ich kann Stunden so verbringen, auf die Wellen starren, die am Außenriff brechen, und dahinter auf den Horizont im Osten. Irgendwo, weit dahinten, tausend Meilen entfernt, müssen die Cookinseln liegen.

Mit der Beute laufe ich immer gleich zu Nina, die mich oft zum Angeln begleitet und im Schatten einer Palme ein Buch liest. So auch heute.

»Hier, schau dir den an«, rufe ich, in der Hoffnung, dass mich meine Veggie-Frau endlich als Ernährer anerkennt. Aber sie duckt sich nur verschreckt weg, als ich ihr zu nahe komme.

»Ich lese gerade«, schimpft sie. »Geh weg mit dem Fisch.«

Ganz ehrlich, ich bin etwas beleidigt, wenn sie mich so abserviert und lieber Dan Browns *Illuminati* liest, als meinen Jagdtriumph mit mir zu teilen. Früher mochte sie nur Romane, und man durfte ihr bloß keine Krimis oder Thriller anbieten. Aber jetzt arbeitet sie die Verschwörungs-Bände durch, die ihr

Jamie hinterlassen hat, als hätte es nie Spannenderes gegeben. In einem Regal unter einer Staubschicht begraben hat sie außerdem *Die Schatzinsel* von Robert Louis Stevenson entdeckt; *das* Buch verschlinge sogar ich.

Südsee-Trauminsel von Tom Neale haben wir selbst mitgebracht. Neale war ein Neuseeländer, der in den Fünfziger- und Sechzigerjahren im abgeschiedenen Suwarrow-Atoll der Cookinseln lebte. Damals war das Leben auf einer einsamen Insel natürlich viel gefährlicher als heute. Neale hatte keine Möglichkeit, Kontakt zur Außenwelt aufzunehmen. Und er war ganz allein dort, ohne Partner. Heute dagegen ist es schwieriger als damals, überhaupt einen solch abgeschiedenen Platz zu finden.

Wenn wir Neale lesen, fällt uns immer wieder auf, wie viele Parallelen es zwischen seinem und unserem Inselleben gibt. Wie wir arbeitete er jeden Tag in seinem Garten. Er achtete darauf, dass sein Lebensmittelvorrat gut verstaut war und nichts von Tieren angefressen werden oder verschimmeln konnte. Zum Sonnenuntergang genoss er gleichfalls eine Tasse Schwarztee. Ganz klar, Tom Neale ist ein Seelenverwandter von uns!

Alle paar Stunden kommt Nina aus dem Schatten hervor und cremt mich dick mit Sonnencreme ein, Lichtschutzfaktor dreißig und höher. Meine fürsorgliche Frau!

»Danke«, sage ich, gebe ihr einen kurzen Kuss und widme mich wieder meiner Angelleine.

»Ich bin jetzt bei Runde zwei angekommen«, sagt Nina.

»Hä?«

»Ich lese alle Bücher zum zweiten Mal.«

»Spannend«, entgegne ich. Eventuell ein bisschen zu ironisch.

»Wie kommen wir an neue Bücher?«, will sie wissen.

»Flaschenpost vielleicht.«

»Hätte ich gewusst, dass du die ganze Zeit nur angelst, hätte ich mehr Bücher mitgenommen«, platzt es aus ihr heraus. Hui!

»Du hättest so viele Bücher mitnehmen können, wie du willst«, pampe ich zurück.

»Ach ja? Du hättest doch voll Stress gemacht, wenn du die schweren Kartons hättest tragen müssen.«

Da bahnt sich ein Streit an, ich halte besser die Klappe und konzentriere mich aufs Fischen. Nina wirft ihr Buch in den Sand und läuft demonstrativ weg, verzieht sich auf die andere Seite der Insel, zum Muscheln sammeln. Sie hat es auf seltene, schwarze Tigerkauris abgesehen. Es gibt sie in allen Größen, die kleinen sind oft am besten erhalten; Nina sammelt sie in Kokosnussschalen. Aus den Muscheln macht sie Schmuck, Armbänder und Halsketten.

»Du könntest einen Online-Shop eröffnen«, habe ich ihr schon mehrfach spaßeshalber vorgeschlagen.

»Okay«, erwiderte sie jedes Mal. »Bringst du die Päckchen zum Briefkasten?«

Nach so langer Zeit allein auf der Insel – es sind inzwischen vier Monate – ist für uns vieles normal geworden, was man bei uns daheim als spartanisch oder asketisch bezeichnen würde. Aber wir empfinden keinen Verzicht. Im Gegenteil: Elektrisches Licht zum Beispiel wollen wir gar nicht mehr haben; viel lieber sitzen wir abends im Kerzenschein beieinander. Mittlerweile passiert uns auch nicht mehr, wobei wir uns anfangs immer wieder ertappten: dass unsere Hände auf der nackten Wand neben

132

der Tür herumirren, weil wir nicht existente Lichtschalter zu drücken versuchen.

Am besten lässt sich unsere Freude über das Wenige an der Art erklären, wie wir hier zu duschen gewohnt sind: Wir stehen nackt unter Palmen und Bananen und beobachten Flughunde, wie sie über den Garten fliegen. Mit einer Blechschale kippen wir uns gegenseitig kaltes Wasser über den Kopf und genießen die Erfrischung in unserer Biosauna.

Was wir hingegen immer öfter spüren, ist Einsamkeit. Es wird schwerer für uns, so lange Zeit von unseren Familien und Freunden getrennt zu sein. Es wäre schön, mal wieder einen Geburtstag zu feiern oder ins Kino zu gehen. Was wohl gerade für Filme laufen? Könnten Nina und ich uns auf einen einigen? Ich liebe Thriller, sie steht auf Romanzen. Drama ist ja noch okay, aber das wiederum ist ihr zu viel Drama. Wie oft sind wir abends auf dem Sofa in Streit darüber geraten, was wir uns im Fernsehen ansehen wollen? Welche DVD einlegen? Und hier? Keine cineastische Unterhaltung, kein Streit ... Moment! Was ist vorhin eigentlich schiefgelaufen?

»Nina!« Ich beende das Fischen und mache mich auf den Rückweg. Auf halber Strecke treffen wir aufeinander. Nina lächelt, zieht ihre Hände hinter dem Rücken hervor und zeigt mir eine wunderschöne, glänzende Kaurimuschel.

»Für dich«, sagt sie. Diesmal küssen wir uns länger (die Fische sind ja auch schon gefangen).

»So heftig haben wir uns schon lange nicht mehr gestritten«, sage ich und lache.

»Wir sind hier dazu verdammt, uns gleich wieder zu vertragen«, antwortet Nina. »Wohin hätte ich denn abhauen sollen?«

»Weißt du was, ich wäre so gern mal wieder daheim bei einer Familienfeier oder mit Freunden unterwegs«, gebe ich traurig zu.

»Ja, ich auch«, sagt Nina. »Aber wir haben uns hierfür entschieden. Wir können nicht alles haben.«

»Und wir haben ja den«, merke ich an und zeige auf Sunday, der Löcher in den Sand buddelt. Er empfängt uns jederzeit zu Einzelgesprächen, wenn wir eine psychologische Beratung brauchen. Seine Empfehlungen beschränken sich zwar meist auf ein Ohrenzucken oder Schwanzwedeln, und manchmal legt er einem seine feuchte Schnauze auf den Arm, aber dafür stellt er keine Rechnungen.

Eines Tages entdecke ich Backsteine im Dickicht. Sie sind so sehr überwuchert, dass sie bereits seit Jahren hier liegen müssen. Ich schleppe sechs Stück zur Küche, einzeln nacheinander, eine Gesamtstrecke von fast drei Kilometern. Anschließend bin ich platt, habe aber das perfekte Rohmaterial.

»Ich brauche endlich eine gescheite Grillstelle«, erkläre ich Sunday. Er schwanzwedelt zustimmend, liebt er doch Grillfisch ebenso sehr wie ich. »Sunday, du bist ein guter Freitag«, lobe ich.

Dort, wo die Überreste des Schiffswracks liegen, finde ich vier verbogene Stahlstangen, die ich quer über die im Rechteck formierten Backsteine lege, als eine Art Rost. So grillen Sunday und ich fortan unseren Fisch. Später sogar auf einer Metallplatte, die ich auch noch finde und auf die Stahlstangen lege.

Um die Feuerstelle gemütlicher zu machen, tragen Nina und ich mehrere schwere, flache Felsbrocken vom Strand zur Küche, die sich gut zum Sitzen eignen. Bald verbringen wir mehr Zeit am offenen Feuer als in der Küche und nutzen das Kochgas nur als Luxus und an Regentagen, wenn das Brennholz feucht und der Solarkocher nicht zu gebrauchen ist. Einen der Töpfe, die wir mitgebracht haben, mustern wir fürs offene Feuer aus und kochen darin Kartoffeln oder Gemüse.

Das alles hilft mir nicht darüber hinweg, dass ich noch keinen richtig großen Fisch gefangen habe, seit wir hier sind. Eine ordentliche Makrele oder einen Barrakuda.

»Das klappt schon noch«, ermuntert mich Nina, weil sie weiß, dass ich unablässig auf den Misserfolg zu sprechen komme, wenn ich nicht bald einen fange.

»Ich habe keine Ahnung, was ich falsch mache«, beklage ich mich. Dabei verwende ich Fischstückchen als Köder, weil das die Raubfische mehr interessieren dürfte als ein kleiner Krebs. Tatsächlich sehe ich oft, wenige Minuten nachdem ich den Haken ins Wasser geworfen habe, große schwarze Schatten heranschwimmen. Nicht ganz das, was ich mir vorgestellt hatte: Haie.

Riffhaie jeglicher Art, es gibt etliche Gattungen, die Lagune ist voll von ihnen. Sie sind die Chefs im Wasser, das Gegenstück zu den Fregattvögeln, die hier den Luftraum beherrschen. Sobald ich einen Riffhai sehe, ziehe ich die Leine ruckartig ein.

»Die lassen wir besser in Ruhe«, sage ich dann zu Sunday. Es ist die alte Geschichte, die mir mal jemand in Fidschi eingebläut hat: Wer einen Hai tötet, wird selbst von einem Hai getötet werden. Irgendwie hat mich das beeindruckt. Sehe ich einen Hai ankommen, verlasse ich sofort das seichte Wasser, in dem ich bei Ebbe manchmal bis zur Hüfte stehe. Ich finde es unheimlich, aus dem Augenwinkel einen schwarzen Schatten auf mich zuschwimmen zu sehen, dazu die Rückenflosse, die wie in einem schlechten Film Unheil verkündend aus dem Wasser ragt. Wahrscheinlich dramatisiere ich das. Ich neige dazu, Ungefährliches zu fürchten und die wahre Gefahr zu übersehen.

Anfangs angelte ich von einem Felsen aus, der bei Ebbe aus dem Wasser steht. Ein guter Ort, um einen Überblick zu haben, und ein noch besserer Ort, um die Angelleine weit auszuwerfen. Allerdings ist der Felsen glitschig und mit Algen überwachsen. Ich rutschte aus und fiel auf spitze Steine und Korallen, mit der Brust voraus.

»Verdammt!« Üble Schürfwunde am Bein, dazu eine Rippenprellung. Stöhnend vor Schmerzen lief ich zurück zur Hütte, um mich von Nina versorgen zu lassen.

»Siehst du, das hast du jetzt davon«, sagte sie besserwisserisch.

Ich dachte mir meinen Teil.

14

Beulenpest

Weil wir den ganzen Tag mit der Machete unterwegs sind und die zerstörten Inselpfade erneuern oder erweitern, sind wir von Schürf- und Fleischwunden übersät. Wir laufen unvorsichtig durchs Gestrüpp oder schlagen auch mal mit der Machete daneben. Außerdem treten wir täglich auf spitze Steine, scharfe Muschelstücke oder abgeschlagenes Gestrüpp, das noch aus der Erde ragt. Und obwohl wir Handschuhe benutzen, bekommen wir immer neue Blasen an den Händen. Bald bemerken wir nicht mal mehr alle Kratzer, erst beim Duschen abends.

Das schwüle Klima erschwert es den Wunden zu heilen, und gerade an den Füßen dauert es manchmal so lange, dass wir Klebeband um die betroffene Stelle wickeln – zum Beispiel wenn sie zwischen den Zehen liegt. Das nimmt einem zwar jedes Gefühl beim Gehen, schützt aber vor weiteren Blessuren oder Sandkörnern in der Wunde.

Auf die Schnittwunden an Armen und Beinen sprühen wir jeden Abend Desinfektionsmittel. Wenn wir Nachbarn hätten, würden sie uns dabei laut jaulen hören. Sunday stimmt jedes Mal mit ein und glaubt vermutlich, wir hätten einen Hundechor eröffnet.

Für unsere Füße haben wir eine Spezialbehandlung erfunden. »Ich bin heute zuerst dran«, bestimmt Nina am Abend und schnappt sich das, was wir unsere Medizinschale nennen.

»Aber nicht so lange«, drängle ich, denn es ist eine wahre Wohltat, die Füße in die Schüssel zu setzen, in der wir Wasser aus dem Regentank und einen Schuss des Antiseptikums mischen. Vor uns auf dem Tisch leuchten Kerzen in Marmeladengläsern, und wir lehnen uns auf dem Inselsofa zurück. Das Polster mieft noch immer, aber mittlerweile gehört der Geruch einfach dazu – ohne ihn würde uns tatsächlich etwas fehlen. Oft spielen wir Würfelspiele. Fertig ist der Inselfeierabend, und wir sind glücklicher und besser unterhalten als bei jedem Fernsehkrimi daheim.

Eines Tages im Februar, nach besonders anstrengenden Stunden auf unserem »Beachtrail«, der später einmal um die gesamte Insel führen soll, fühle ich einen lästigen Schmerz und einen Knoten in der rechten Kniekehle. Nina begutachtet die Stelle.

»Das sieht aus wie ein Wespenstich«, meint sie.

»Das hätte ich doch gemerkt«, sage ich.

»Vielleicht spürst du den Stich erst jetzt, weil sich das Gift erst jetzt ausbreitet.«

»Glaube ich nicht.« Es könnte auch der Biss einer dieser Killerameisen sein, die unter verrottenden Kokosnüssen leben. Allerdings verschwand der Schmerz bislang immer wenige Sekunden nach einem Ameisenbiss.

Am nächsten Morgen ist der Knoten in meiner Kniekehle größer geworden, er schwillt in die Breite an, nicht in die Höhe, und er schmerzt noch mehr. Ich humple zum Frühstück, weil mir das Auftreten schwerfällt.

Später machen wir trotzdem am Weg weiter. Nach ein paar Minuten schon brauche ich jedoch eine Pause und will zurück zur Hütte.

»So geht das einfach nicht«, sage ich. »Ich muss warten, bis die Schwellung zurückgegangen ist.« Zum ersten Mal kommt mir der Gedanke, dass es sich um eine üble Entzündung handeln könnte, wie ich sie auf den Fidschi-Inseln einst hatte. »Eiterbeulen« hatten wir die Dinger genannt. Nach wenigen Tagen konnte ich nur noch auf der Seite liegen, die Beulen am rechten Oberschenkel wurden immer größer und der Schmerz unerträglich. Irgendwann platzten sie auf und hinterließen eine Kraterlandschaft auf meinem Bein.

»Sieht doch so ähnlich aus, oder?«, frage ich Nina.

»Ja, jetzt schon«, meint sie.

Bereits damals fanden wir keine Erklärung für die Beulen. Später erfuhr ich, dass viele Insulaner über das gleiche Leid klagen, ohne dessen Ursache zu kennen. Ist es ein Erreger, der durch die Luft übertragen wird? Oder durch Meerwasser, mit dem ich beim Fischen dauernd in Berührung komme?

Ich mache den restlichen Tag gar nichts mehr und hoffe, dass Nina mit ihrer ersten Vermutung vielleicht doch recht hatte und es ein Wespenstich ist. Wäre ja normal, dass die Schwellung einige Tage bleibt, bevor sie verschwindet.

Morgen ist Ninas 28. Geburtstag, da will ich fit sein! Ich muss doch den Schokokäsekuchen aus dem Trockennahrungsbeutel machen, den ich Jamie abschwatzen konnte. Das einzige Geschenk, das ich zu bieten habe.

Aber mein Bein will nicht, wie ich will. In der Nacht krümme ich mich vor Schmerzen, kann nicht mehr gerade liegen. Erst, als Nina mir ein paar unserer Bücher unter das Bein legt, wird es besser.

»Das kann kein Wespenstich sein«, diagnostiziert sie.

»Ach nee«, stöhne ich.

Am Morgen humple ich zur Küche und rühre das Kuchenpulver an. Ich humple zurück und überreiche Nina den Kuchen. Sie freut sich riesig.

»Happy birthday«, will ich sagen, doch es klingt gequetscht, weil ich vor Schmerzen die Zähne zusammenbeiße.

»Du legst dich sofort zurück ins Bett«, befiehlt Nina, und ich füge mich, denn nichts wünsche ich mir sehnlicher.

Dann passiert es. Als ich mir in die Kniekehle fasse, platzt die Beule auf. Dickflüssiger Eiter, vermengt mit Blut, schießt heraus. Es ist traurige Gewissheit: Wir haben es schon wieder mit der verdammten Beulenpest zu tun. Sunday würde gern drüberschlecken, aber so viel Liebe muss nicht sein, und undankbar schiebe ich ihn beiseite. Er mault.

»Wieso muss es mich immer wieder erwischen?« Während ich auf der Haut in der Kniekehle herumdrücke und immer mehr Eiter zutage fördere, plagt mich die Angst, dass eine Blutvergiftung daraus werden könnte. Ich kann kaum noch humpeln und ich will auch gar nicht. Lieber bleibe ich im Bett und nehme Antibiotika, was ich schon viel früher hätte tun sollen.

Zu Beginn unserer Inselzeit hatte ich eine Entzündung am Fuß, ebenfalls mit eitriger Wunde, dachte mir jedoch nichts dabei. Wahrscheinlich war das der erste Vorbote. Prophylaktisch schluckte ich ein paar Tabletten.

Diesmal nehme ich ein anderes Antibiotikum. Vielleicht sind die Keime gegen das andere resistent geworden, und ich will kein Risiko eingehen. Wir haben noch vierzehn Tabletten, die Packungsbeilage empfiehlt eine pro Tag.

»Meinst du, ich sollte mich daran halten? Brauche ich nicht mehr?«, frage ich Nina verunsichert.

»Du kannst gar nicht anders, sonst hast du nicht genug Tabletten bis zum Schluss«, sagt sie und erinnert mich daran, dass ein Antibiotikum nichts bringt, wenn man es zu kurz einnimmt.

Heilt die Wunde nicht ab, bleibt uns nur eine Möglichkeit – diesbezüglich machen wir uns nichts vor. Ich muss runter von der Insel, sobald es geht. In mir regt sich Widerstand allein bei dem Gedanken. Alles nur wegen dieser Scheißbeule und weil wir zu wenig Medizin dabeihaben.

Nina wickelt mir eine Mullbinde um die Kniekehle, und ich drücke nur noch alle paar Stunden an der Wunde herum, damit weiterer Eiter rauskommt. Er ist zunehmend fester und schwerer durch die Hautöffnung zu zwängen, bis Nina mit einer Pinzette einen ganzen Klumpen herauszieht.

»Lecker«, kommentiert sie. Früher hätte sie so etwas mega-eklig gefunden, aber die Wildnis macht hart.

»Ich bin so froh, dass du da bist«, sage ich unabsichtlich romantisch. Ohne sie wäre ich hilflos. Ich kann nicht einmal aufstehen, um mir Trinkwasser zu holen oder etwas zu kochen, geschweige denn die Wunde zu versorgen.

Die ersten Tabletten habe ich intus, aber es wird nicht besser. Ich fühle mich schwach und schläfrig. Also entscheiden wir uns jetzt doch, die Dosis auf vier Tabletten pro Tag zu erhöhen. Aber dadurch haben wir bald ein anderes Problem: Wie sollen die Tabletten für zehn Tage reichen – die Mindestdauer dieses Antibiotikums?

»Kann uns nicht jemand Tabletten vorbeibringen?«, jammere ich, als Nina mir vorzählt, wie lange unser Vorrat noch reicht.

»Nie im Leben.« Sie schüttelt den Kopf. »Es ist doch noch immer Zyklonsaison, da traut sich kein Segler raus.«

Sie hat recht. Mir fällt das Denken schwer. Leider kennen wir niemanden mit einem großen Motorboot, der uns mal eben versorgen könnte. Und selbst wenn – welche Apotheke in Tonga hat genau das Mittel parat, das ich gerade einnehme? Muss man sich gar an ein Krankenhaus wenden? Es gibt so viele ungeklärte Fragen, die uns in unserer Abgeschiedenheit unbeantwortbar vorkommen.

Die Kirchenfähre *Alo'ofa* wäre eine Option. Sie fährt Anfang nächster Woche, und ein Fischer könnte die Medikamente auf unsere Insel bringen. Allerdings verkehrt sie nur, wenn das Wetter gut ist, und wir haben erst Donnerstag. In jedem Fall müsste ich also das Wochenende abwarten, bevor ich die Dosis erhöhen kann.

»Wäre es nicht vernünftig, die Insel für ein paar Wochen zu verlassen?«, fragt Nina. »Dann wirst du richtig gesund, und wir können ohne schlechtes Gewissen zurückkommen.«

»Selbst wenn es vernünftig wäre – ich will das nicht!«

»Sei doch nicht so stur«, sagt Nina, die schon immer vernünftiger war als ich und in deren Gesicht sich seltene Besorgnis zeigt.

Wenn nur diese Schmerzen nicht wären!

»Und wie sollen wir weg?«, knirsche ich.

»Die *Alo'ofa* wäre wohl die beste Möglichkeit«, entgegnet Nina. »Finau könnte uns doch hier einsammeln und zu einem Haltepunkt der Route bringen.«

»Aber was wird aus unserem Garten?«, frage ich trotzig. »Unser Garten braucht uns.« Er würde vertrocknen, kaum dass wir die Insel verlassen hätten.

»Deine Gesundheit ist wichtiger«, beharrt Nina, und die Besorgnis in ihrer Stimme weicht einer grimmigen Entschlossenheit, die keine Widerrede duldet. Normalerweise liebe ich das an Nina – dass sie nicht um jeden Preis gewinnen muss und gut zurücktreten kann, aber nicht nachgibt, wenn ihr etwas wirklich wichtig ist.

Doch jetzt? Ich kann die Insel einfach nicht verlassen, will mir nicht eingestehen, dass wir es dieses Mal nicht allein schaffen. Während ich nach Gründen suche, die unsere Abreise verhindern könnten, fällt es mir wie Schuppen von den Augen. Die Amerikaner!

»Sag mal, haben Jamie und Matt nicht vielleicht mal Medikamente mit auf die Insel gebracht?«, frage ich. »Wäre doch sinnvoller, als jedes Mal eine neue Box mitzuschleppen.«

In Ninas Gesicht sehe ich die gleiche Hoffnung aufflackern, die auch mich gerade befallen hat, denn auch sie will die Insel eigentlich um keinen Preis verlassen. Nur für mich würde sie es tun.

»Warte hier«, sagt sie – haha, wo soll ich schon hinlaufen? –, springt auf und rennt davon, um sich auf die Suche zu machen. Es gibt mehrere Stellen, an denen Medikamente zu finden sein könnten, allerdings muss Nina die Privatsachen unserer Gastgeber durchwühlen. Egal, es handelt sich immerhin um einen Notfall, und Jamie und Matt haben sicher nichts dagegen.

Schon nach ein paar Minuten kehrt Nina mit einer Plastikdose zurück, die sie vergnügt schüttelt. »Hundert Tabletten

Ciprofloxacin«, sagt sie und lacht. Hundert Tabletten – die amerikanische Variante einer Medikamentenpackung. »Das glaubt uns keiner.«

»Ist mir völlig wurscht«, sage ich. Ciprofloxacin – so viel weiß ich sicher – ist genau das, was ich brauche, und ich strecke meine Hand danach aus wie ein Bettler. Nina drückt mir eine Tablette hinein.

So viel Stress um nichts. Im Nachhinein frage ich mich selbst, ob diese Anekdote nur erfunden ist (ist sie nicht!).

Schon in den ersten Stunden, nachdem ich die Tabletten eingenommen habe, lassen die Schmerzen spürbar nach, am dritten Tag kann ich wieder humpeln, am fünften gehen.

Sunday zeigt sich solidarisch und zieht sich beim Streunen durchs Gestrüpp eine Wunde an der linken Vorderpfote zu. Nina verbindet sie ihm mit Klebeband, später zieht sie ihm eine Socke an, die am Halsband festgemacht ist. Sunday tut so, als würde er sehr leiden.

15

Nahrungssuche

Nach der Monsterwelle haben wir alles gegeben, um die Reste unseres Gartens zu retten, doch unsere Pflanzen haben es schwer: Der Boden ist versalzen, obwohl schon fast zwei Monate seit dem Zyklon vergangen sind. Wir säen Kürbissamen aus, weil wir glauben, dass Kürbis am besten über das Salz hinwegkommt. Dahinter, zwischen weiteren Bananeninseln und in deren Halbschatten, erstrecken sich Beete, die wir neu angelegt haben.

Von der höchsten Stelle hinter unserer Hütte trage ich Erde ab, die ich in einen Eimer schippe und zu den Kürbisbeeten schleppe. Dort verteile ich sie, um es den keimenden Samen einfacher zu machen. Nach jedem starken Regen schütte ich Erde auf die Pflanzen nach, deren Wurzeln durch die Wassermengen leicht freigelegt werden.

»Wir sind noch viel zu sehr auf unseren Garten fixiert«, sage ich eines Tages zu Nina, als mir mal wieder der Schweiß in Sturzbächen vom Körper rinnt, und ich meine Hände vor lauter Blasen kaum noch bewegen kann. »Im Busch wächst so vieles – die Locals würden uns wahrscheinlich auslachen, wenn sie wüssten, was wir alles nicht anrühren.«

Wenigstens die Kokosnüsse wissen wir zu nutzen. Das Fleisch essen wir gern, und das Palmherz bereits keimender

Nüsse lässt sich gut als Salat anrichten. Wir mögen auch Uto, die schwammige Kugel im Innern der überreifen Nüsse, aber nur geröstet.

Mittlerweile brauche ich nur noch wenige Hiebe mit der Machete, bis eine Nuss aufspringt. Manchmal glückt es sogar mit einem Schlag. Dann klopfe ich mir auf die Brust wie ein Gorilla und schenke Nina ein irres Funkeln meiner Augen. Ein bisschen wilder werden wir schon in unserer Einsamkeit, würde ich behaupten.

Mit einer selbst gebauten Raspel, einem dicken Holz mit vorn angeschraubten Metallzähnen, stellen wir unsere eigene Kokosnussmilch her. Wäre schön, wenn die einfach schon drin wäre – aber das ist nur Kokosnusswasser. Die Milch gewinnt man aus der Nuss selbst. Dazu lege ich einen Stein unter das Holzstück und setze mich drauf. Nach und nach reibe ich das Fleisch aus der Schale. Die Raspeln fallen in eine Blechschale, und immer, wenn sie voll ist, kommt Nina mit einem Tuch, kippt die Raspeln hinein und drückt sie in einer weiteren Schale mit etwas Wasser aus. Mit Chili gewürzt wird daraus eine wunderbare Soße zu Reisgerichten.

Sunday nagt die leeren Kokosnüsse gern aus, das scheint gut für seine Zähne zu sein und ein geeigneter Ersatz für Knochen.

Doch trotz aller Mühe in der Küche wird die Ernährung auf einer einsamen Insel ohne regelmäßige Nachschublieferung oder einen Kühlschrank, der vieles länger haltbar machen würde, ab einem bestimmten Punkt einseitig. Als uns die frischen Lebensmittel wie Eier ausgehen oder der gute Käse, von dem wir jeden Bissen wie die seltenste Kostbarkeit der Welt genießen, folgt unaufhaltsam eine Zeit, in der Reis mit Sojasauce auffällig oft auf dem Speiseplan steht.

»Ich kann's nicht mehr sehen«, stöhne ich irgendwann.

»Denkst du etwa, mir geht es anders?«, fragt Nina.

Uns wird bewusst, welch Luxus es ist, jederzeit frische Lebensmittel einkaufen zu können.

Ein Erkundungsmarsch mitten durch den Dschungel ist längst überfällig. Der Hunger treibt uns an, Hunger auf mal etwas anderes. Auf regionale Speisen sozusagen. Einmal quer durch die Insel, durch das dichteste Gestrüpp, vorbei an den größten Wespennestern. Am einen Ende rein, am anderen raus. An einigen Stellen sind wir bereits ein wenig ins Innere vorgedrungen, aber nie weit genug.

Wir starten hinter der Küche, wo wir uns noch kein bisschen auskennen. Ich habe ein erstes Stück Pfad ins Dickicht geschlagen, und von dort aus zwängen wir uns weiter durch eine Ansammlung von Pandanusbäumen, die wir für eine verwilderte Plantage aus der Koprazeit halten. Aus den Blättern stellen die Südseeinsulaner seit jeher Matten her, die zum Sitzen und Liegen und für jegliche offiziellen Anlässe verwendet werden. Der Pfarrer auf der *Alo'ofa* und Richard aus dem Ministry of Lands trugen Matten aus Pandanus um ihren Wickelrock.

Die Blätter sind dornig und sperrig, aber wir wollen tiefer in den Busch und drücken uns vorbei. Wir bewegen uns geduckt voran und streichen uns die Weben der Baldachinspinnen aus dem Gesicht. Sie hängen inmitten zeltähnlicher Geflechte. Moskitos surren in unseren Ohren, es werden immer mehr. Wir können kaum stehen bleiben, ohne innerhalb von Sekunden an

Armen, Beinen und im Gesicht von den Biestern angesaugt zu werden. Obwohl dieser Dschungeltrip Stunden dauern wird, ignorieren wir das ausnahmsweise.

Kurz nach der Moskitohölle stoßen wir auf ein Gebiet, das wir besser überblicken. Die Sonne scheint durch Baumkronen und gibt uns Orientierung. Wir sehen eine Pflanze, die wie eine Wendeltreppe um dünne Bäume und Äste wächst.

»Yamsknollen«, jubelt Nina. Sie sind an ihren herzförmigen Blättern zu erkennen. Yams schmeckt wie Kartoffel, wissen wir. Und von allem, was wie Kartoffel schmeckt, können wir nicht genug kriegen. Unsere Moskitolaune verfliegt im Nu.

»Wird bestimmt superlecker«, sagt Nina voller Vorfreude.

Es ist eine ungewöhnliche Art Yams. Die Früchte, die zu unserem Erstaunen an vielen Stellen oberirdisch wachsen, sehen vielversprechend aus. Wie Kartoffeln mit winzigen, gräulichen Punkten. Sie sind ähnlich groß, und wir suchen die Wurzeln, damit ich mit der Machete nach den unterirdischen Knollen stechen kann. Doch wir werden enttäuscht. Statt auf große Nester dicker Klumpen zu stoßen, finden wir lediglich einzelne Knollen, klein wie Tischtennisbälle.

»Daraus sollen wir Chips machen?«, fragt Nina enttäuscht. In Scheiben geschnittene Yamsknollen bieten sich dafür nämlich wunderbar an.

»Davon werden wir nie im Leben satt.« Auch ich hatte mir mehr erhofft.

Wir gehen weiter, klettern über aufgetürmte Kokosnussberge und schlagen Äste von Nonibäumen ab. Von der Fläche her ist die Insel doch eigentlich recht klein, denke ich, und trotzdem kommt sie uns so riesig vor, sobald wir uns ins Dickicht vorwagen.

»Das ist doch Taro, da hinten«, sage ich zu Nina und zeige durchs Gehölz. »Mit den riesigen Blättern.«

»Nee, oder? Wieso haben wir die nicht früher gefunden?«

Die Blätter sind nicht zu übersehen, selbst für uns Hobbybotaniker. Als wir direkt vor ihnen stehen, ragen sie Nina bis über den Kopf. Auf der Hauptinsel haben wir gesehen, wie Kinder sie als Regenschirme benutzten: Das Regenwasser rinnt den Kelch hinab und tropft von dort auf den Boden.

Taro ist eine Knollenpflanze, deren Früchte mehrere Kilo schwer werden können. Sie zählt zu den wichtigsten Nahrungsmitteln in der Südsee. Eine der Knollen, die wir finden, ist richtig üppig – und wir ernten sie gleich. Mit der Machete schlage ich die Blätter ab, von denen Nina unbedingt welche mitnehmen will, anschließend trenne ich die Wurzeln von der Knolle.

Wir gehen zurück. Auf halbem Weg bleibe ich stehen, werfe die Knolle zu Boden und kratze mich. An den Beinen. An den Händen.

»Was ist los?«, fragt Nina.

»Mich juckt's, als hätte ich mich in Brennnesseln gesetzt«, knirsche ich zwischen den Zähnen hervor, während ich mir die Haut wund scheuere. »Nächstes Mal ernte ich dieses Zeug nur noch mit Handschuhen!«

Hätten wir vorher mal unsere Bibel für Tropenpflanzen zu Taro befragt, wäre mir dieses Erlebnis erspart geblieben. Denn erstens handelt es sich bei unserem Inseltaro nicht um das klassische Taro, dessen Knolle im Boden wächst und dessen Blätter ein wenig kleiner sind, sondern um Tania – in Tonga auch Kape genannt. Es gehört zur selben Pflanzenfamilie, ist aber widerstandsfähiger und anspruchsloser, was die Erde und die Feuchtigkeit betrifft. Zweitens sind Tania und Taro unangenehm zu ernten, da die Knollen giftige Calciumoxalat-Kristalle enthalten.

»Wenigstens haben wir nachgelesen, bevor wir die Knolle essen«, versucht Nina später, mich zu trösten; da steht nämlich auch, dass man das Kochwasser ein- oder mehrmals wechseln soll, damit sich das Gift abbauen kann. Hält man sich dran, ist der Verzehr unbedenklich. Die stärke- und eiweißreichen Taniaknollen werden sogar als qualitativ hochwertiger angesehen als Taro.

Ich hacke unsere Knolle in mehrere Teile, und wir kochen sie stundenlang auf offenem Feuer. Dreimal wechsle ich das Wasser, weil die Teststücke die ersten beiden Male noch unangenehm auf der Zunge bitzeln. Wir schälen die Teile, machen aus ihnen noch kleinere, quadratische Stücke und probieren.

»Ein bisschen wie Kohlrabi«, meine ich.

»Eher Kartoffel«, urteilt Nina.

»Hauptsache mal was anderes.«

In den kommenden Monaten werden wir immer mal wieder Tania ernten, wenn wir etwas Abwechslung auf dem Teller haben wollen. Wir entdecken mehrere Pflanzen im Busch, allerdings tragen nur wenige von ihnen gut entwickelte Knollen, weshalb wir uns sparsam bedienen. Von den bereits geernteten Exemplaren lassen wir am Stiel einen Zentimeter Knolle stehen, setzen das Stück in eine Schale Wasser und pflanzen es, sobald sich Wurzeln bilden, in der Nähe des Ernteplatzes ein.

Von dem Verzehr unserer Yamsart rät das heilige Buch leider ab, zumindest die oberirdisch wachsenden Knollen könne man nicht essen. Also lassen wir den Testverzehr. Die Tischtennisknolle selbst schmeckt gut, aber für drei Minikartoffeln als Tagesernte ist uns der Marsch durchs Dickicht zu mühselig.

Nina hat bald genug von den Dschungeltrips, mich dagegen zieht es jeden Tag hinein. Mittlerweile habe ich immer einen Kompass dabei, denn die Insel hat mich schon zu oft im Kreis geführt, sobald ich in ein Gebiet gelangt bin, in dem ich mich nicht auskenne. Ich höre die Wellen von beiden Seiten, was es schwer macht, die Inselmitte zu finden. Der Kompass ermöglicht mir zumindest ein Minimum an Orientierung.

Nach einer Stunde Machetenarbeit gönne ich mir eine Pause und schaue mich genauer um. Ich entdecke Kokospalmen und Nonibäume. Ich gehe ein paar Schritte weiter, um die sonderbaren Blätter zu begutachten, die an den Ästen eines Baumes wachsen, dessen Art mir zum ersten Mal auffällt. Es sind sehr große Blätter, sie sehen aus wie aus Papier geschnittene Tannenbäume, an der Seite mehrmals spitz geschwungen.

Brotfruchtbäume? Das wäre einen Freudentanz wert! Ich halte Ausschau nach Früchten, finde aber keine. Wenn es tatsächlich Brotfruchtbäume sind, könnte der Zyklon die Früchte zerstört haben. Ich entdecke weitere Bäume, auch sie ohne Früchte. Dann wieder dichtes Gestrüpp.

Es ist feucht hier, und ich höre Moskitos surren. Wie ich euch hasse, denke ich und ohrfeige mich selbst, um sie zu vertreiben. Nach wenigen Sekunden surrt es wieder. Ihr kleinen Arschlöcher!

Das Gestrüpp lässt sich zum Glück leicht abschlagen. Die kahlen Stämme der Sträucher sind so weich, dass das Messer sie in einem Schwung sauber durchtrennt. Ich lasse das Gebüsch hinter mir und sehe weitere Bäume, doppelt so hoch, schätzungsweise zwanzig Meter. Sie enden auf gleicher Höhe wie die hohen Palmen neben ihnen.

Und dann sehe ich sie. Zwei nur, aber das sind eindeutig Brotfrüchte, außen grün und warzig und groß wie Straußeneier. Unerreichbar hoch.

Ich habe sowieso erst mal genug und laufe schnell zurück. »Nina, Nina, du wirst nicht glauben, was ich gefunden habe«, rufe ich ihr schon von Weitem zu.

»Was denn?«

»Es ist groß, rund, grün und hängt an Bäumen. Rate mal.«

»Kokosnüsse?« Sie guckt enttäuscht.

»Viel besser: Brotfrüchte«, sage ich. »Komm.«

Sie begleitet mich zu den Bäumen, und wir rätseln, wie wir an die Früchte herankommen können. Gute Kletterer sind wir nicht. Also probieren wir es mit der Astgabelmethode, die sich bei der Ernte sehr hoch hängender Papayas bewährt hat.

Wir brauchen eine Weile, bis wir einen solch langen Ast finden, der oben, in fünf Metern Höhe, auch noch eine schöne Gabel aufweist. Als wir endlich einen entdecken, schlage ich ihn zurecht, damit ich die Frucht von oben packen und nach unten ziehen kann. So weit der Plan.

In der Realität lässt sich der Ast nur schwer in die Höhe stemmen, und er biegt sich, weil er so dünn ist. Ich tapse hin und her wie ein Zirkusakrobat, der auf seiner Stirn einen Stab mit aufgesetzten Tellern balanciert. Minutenlang versuche ich, eine der beiden Brotfrüchte zu packen. Langsam werden meine Arme lahm, und die Frucht sträubt sich noch immer. Keine Chance. Dafür bin ich im Gesicht und an den Armen von Moskitos zerstochen.

Wütend schlage ich die Astgabel oben ab und binde stattdessen ein Messer an den Stock – vielleicht lässt sich die Brotfrucht ja einfach abschneiden. Der Balanceakt beginnt von vorn, diesmal klappt es. Allerdings schaffe ich es nicht rechtzeitig, die Astgabel abzulegen und die Brotfrucht aufzufangen. Nina hält lieber Sicherheitsabstand, mit fangen aus dieser Höhe hat sie es nicht so.

»Oh nein. Ist sie noch ganz?«, fragt sie, nachdem die Brotfrucht neben meinen Füßen aufgeschlagen ist.

»Ich denke schon.«

Es ist ein kleiner Schritt für die Welt, aber ein großer für uns Inselmenschheit, denn die Brotfrucht verspricht uns eine gesunde Abwechslung zu unserem üblichen Essen. Die zweite, noch höher wachsende Brotfrucht, lassen wir hängen, die erreiche ich nie.

»Komm, wir suchen gleich noch weiter«, sagt Nina euphorisch. Wir erschließen den Inselsüden und stoßen tatsächlich auf immer weitere Brotfruchtbäume. Leider tragen nur die wenigsten Früchte – ein weiteres Opfer, das der Zyklon uns abverlangt. Wir hoffen, dass sich die Bäume bald erholen.

Die erste, unvergessliche Brotfrucht gibt es für uns noch am selben Nachmittag in kleinen Scheiben serviert. Wir braten sie kurz in der Pfanne auf dem Solarkocher an und drehen und wenden sie, bis sie leicht braun und schön kross sind. Dazu gibt es einen Kokosnusscreme-Dip und fertig ist das Fünf-Sterne-Inselmahl.

»Sie schmecken wie Pommes«, schwärmt Nina.

»Besser!«, finde ich. Denn es sind Inselpommes.

16

Überraschungen

An jenem einen Tag, der uns in besonderer Erinnerung bleiben wird, würde ich am liebsten noch vor dem Frühstück angeln gehen, denn früh am Morgen beißen die Fische reihenweise. Andererseits gibt es frisches Brot, das wir am Tag zuvor im Solarkocher gebacken haben. Frisches Brot ist verlockend.

Während ich unschlüssig vor unserer Hütte stehe und mich nicht entscheiden kann, spaziert Nina an mir vorbei, den Laib auf der flachen Hand balancierend, die andere Hand in die Hüfte gestemmt. Wie immer trägt sie wenig – ein Anblick, der einfach nicht langweilig wird, auch nach all den Wochen nicht. Über die Schulter hinweg zwinkert sie mir zu; der verlockende Duft des Brotes steigt in meine Nase ... Nun gut, sie gewinnt, statt der Fische beiße heute ich an und folge ihr.

Wir schlendern am Strand entlang zur Küche und genießen die Aussicht über die Lagune, das türkisblaue Wasser, das umso hübscher leuchtet, je niedriger die Ebbe ist. Am heutigen elften März ist sie so niedrig, dass wir spitze Felsen am Außenriff aus dem Meer ragen sehen. Auch wenige Meter von uns entfernt schwappt das Wasser um Korallen, die leicht, nur Millimeter, aus dem Wasser stehen. Ein Anblick, der neu für uns ist.

»Schön«, sagt Nina.

»Ja«, antworte ich, »man sieht die Fische so gut.«

Als wir nach dem Frühstück das Geschirr spülen, sind die Wellen plötzlich so laut, wie wir sie beim höchsten Stand der Flut hören. Wir gehen nach draußen und schauen verwundert nach. Die Wellen überspülen den Strand bis hin zu den ersten Bäumen.

»Gerade war doch Ebbe«, sagt Nina, und wir sind beide ratlos, was vor sich geht. Die Wellen lassen nach, und das Wasser geht zurück auf den üblichen Tiefstand der Ebbe. Obwohl nun alles wieder normal ist, haben wir ein ungutes Gefühl, und schalten das Satellitentelefon ein, um nachzusehen, ob jemand angerufen hat. Wir haben es nie durchgehend an, weil sonst der Akku die Batterien im Solarkoffer leer saugt.

Es ist sieben Uhr dreißig, und das Display zeigt 64 verpasste Anrufe aus Deutschland an. Unsere Eltern. Sie haben es den ganzen Tag über probiert, während bei uns Nacht war.

»Wir müssen sofort zurückrufen«, sagt Nina besorgt und beginnt, hektisch zu wählen. Ninas Eltern heben ab.

»Eine Tsunamiwarnung«, wiederholt Nina für mich zum Mithören. »Für ganz Tonga.«

»Was? Für wann?«

Das Seebeben in Japan, Fukushima. Das den Tsunami an Japans Küste verursacht und Tausende Menschen das Leben gekostet hat. Was in den vergangenen Stunden die Welt bewegt hat und in allen Nachrichten hoch und runter vermeldet wird, ist uns völlig unbekannt.

»Schon vorbei, schon vorbei«, beruhigt Nina mich. »Keine Gefahr mehr für uns.«

Ich atme auf. Die Tsunamiwarnung für Tonga bestand für die frühen Morgenstunden, von fünf Uhr dreißig bis neun Uhr, und die Welle, die wir gesehen haben, war die letzte von vier Mini-Tsunamis. Selbst wenn wir unten am Strand gewesen wären, hätten sie für uns kaum gefährlich werden können. Trotzdem haben uns Ninas Eltern mit ihrer Aufregung angesteckt. Es kann zu Nachbeben kommen, und die Tsunamigefahr bleibt für drei weitere Tage bestehen.

»Und was bringt es uns jetzt, dass wir ein Satellitentelefon gekauft haben?«, frage ich und antworte mir selbst: »Nur Stress. Stress von außen, unser Lieblingsthema.«

»Du bist naiv«, wirft mir Nina vor. »Denn wenn es mal wirklich gefährlich wird – was dann?«

»Schicksal.«

Nina lacht sarkastisch auf. »Na großartig! Ich dachte, wir wollen einfach nur in Frieden leben und kein Survival-Experiment machen.«

»Ob wir nun wissen, dass ein Tsunami kommen kann oder nicht – was ändert das schon? Vor einer wirklichen Monsterwelle können wir uns hier eh nicht schützen. Da will ich lieber nicht vorher schon wissen, dass sie auf mich zurollt.«

»Schon gut.« Nina verdreht die Augen. »Aber unsere Eltern sollten in so einer Situation schon erfahren, dass es uns gut geht. Sonst machen sie sich tagelang unnötig Sorgen.«

Diesmal muss ich ihr zustimmen und rufe meinen Vater an. Der sagt gleich: »Denkt bitte darüber nach, die Insel zu verlassen.«

»Wir denken darüber nach«, sage ich brav, obwohl das keine Option für uns ist. Tonga ist nun mal ein erdbebengefährdetes

Gebiet, und wir haben ein stärkeres erlebt und einige schwächere. Es dauerte jedes Mal nur wenige Sekunden und ist nichts, was uns veranlasst, unser Inseljahr vorzeitig abzubrechen. Die Sorgen unserer Familien bedrücken uns trotzdem.

»Ich verstehe unsere Eltern«, meint Nina.

»Ich verstehe sie ja auch, aber wir würden es uns ewig vorwerfen, wenn wir die Insel wegen so etwas verlassen«, wende ich ein. »Und das eigentliche Seebeben war in Japan – das ist ewig weit weg von uns. In Kalifornien oder Hawaii waren die Leute genauso gefährdet wie hier.«

»Ja, ich weiß. Ich will ja auch nicht weg.«

Für uns spielt auf der Insel das wahre Leben. Es hat sich inzwischen umgedreht: Nicht das hier ist surreal, sondern das, was daheim läuft. Es ist beinahe so etwas wie Angst, die wir vor der Heimkehr verspüren. Angst, sich in der Zivilisation nicht mehr anpassen, nicht mehr leben zu können.

Als Kompromiss schalten wir unser Satellitentelefon ab jetzt öfter ein, so erfahren wir von der nächsten Warnung vielleicht früher. Und wenn nicht, wenn gar nicht rechtzeitig gewarnt werden kann, sind wir genauso ausgeliefert wie alle anderen Bewohner auf den Inseln im Südpazifik auch. Das ist das, was ich mit Schicksal meine. Wir dürfen uns entscheiden: ständig in Panik zu leben oder die Insel zu genießen.

Wenn uns ein Tsunami der Kategorie trifft, wie er vor etwa siebentausend Jahren auf Tongatapu zugerollt sein soll, ist sowieso alles zu spät. Im Westen der Hauptinsel sind bis zu einem halben Kilometer ins Landesinnere hinein riesige Vulkanbrocken zu finden, der größte neun Meter hoch. Wissenschaftler vermuten, dass sie vom Ausbruch eines Unterwasservulkans stammen.

In den folgenden Tagen beschleicht uns ein sonderbares Gefühl. Es ist so schwer, eine Tsunamigefahr als real zu empfinden. Das Wasser schimmert wunderschön, bunte Korallenfische sind am seichten Ufer zu sehen, die kleinen, am Außenriff brechenden Wellen spiegeln die Korallen unter sich wider. Trotzdem wollen wir ja nicht leichtsinnig sein und überlegen wenigstens, wie wir uns im Fall einer Riesenwelle schützen können. Ich erinnere mich, was Richard vom Ministerium gesagt hat: Wenn wir ein Boot hätten, könnten wir rechtzeitig aufs offene Meer hinausfahren, schön weit hinter das Riff. Theoretisch könnten wir seelenruhig vom Boot aus fischen, während die Insel überspült würde.

Aber so, ohne Boot? Der höchste Punkt der Insel liegt bei vier Metern, der »Gipfel« befindet sich irgendwo hinter unserer Hütte. Dort steht ein breiter Banyanbaum, in dessen verzweigter und gut zu erkletternder Krone wir Schutz suchen könnten. Eine Welle müsste erst mal einige Bäume mit sich reißen, viele dichte Eibische, um bis zu uns zu gelangen. Wir stellen eine Holzleiter an den Stamm, um im Notfall schnell zu sein.

Die zweite Möglichkeit wäre, auf das Dach der Hütte zu klettern – das geht sehr einfach und innerhalb weniger Sekunden. Erst auf den Wassertank, von dort auf das Wellblech. Auf der Spitze des Dachs würden wir etwa vier Meter hoch sitzen.

Nina packt einen Notfallbeutel.

»Gewissensberuhigung«, sage ich.

»Weitsichtigkeit«, entgegnet Nina. Ähnlich geht's uns mit dem Abschließen von Auslandskrankenversicherungen.

»Geldverschwendung«, finde ich.

»Sehr wichtig«, meint Nina. Ich habe schon so oft darüber gemeckert, dass ich es inzwischen aufgegeben habe – diese

Diskussion bringt nichts. Natürlich bin es dann ausgerechnet ich, der die Probleme bekommt. Beispiel Eiterbeulen.

»Na ja, hat sich doch auch so geklärt«, rede ich mir ein. »Ganz ohne Versicherung.« Aber natürlich sind wir im Falle der Fälle trotzdem abgesichert, auch hier auf der Insel; dafür hat Nina gesorgt. Sie stopft zwei Schwimmwesten in den Notfallbeutel, eine Taschenlampe, Streichhölzer, Schmerzmittel, Wasserentkeimungstabletten, Sonnenschutz, eine Flasche Wasser, Frühstückscracker und lässt noch Platz für das Satellitentelefon. Anschließend gehen wir in den Garten, wo die Arbeit auf uns wartet, und hoffen beide, dass nie wieder ein Tsunami unsere Inselidylle stört.

Es kehrt wieder Ruhe ein. Allerdings nicht für lange. Wenige Wochen nach der Tsunamiwarnung springt mir Nina so aufgeregt entgegen, als müssten wir uns diesmal wirklich vor einer Welle in Sicherheit bringen. Wir sind gerade dabei, einen unserer Pfade von Ästen und Palmwedeln freizuräumen, als sie losbrüllt. Zunächst verstehe ich nicht, was sie ruft. Sie winkt und zeigt zum Strand, wo sich etwas bewegt. Ich gehe in ihre Richtung, um den gleichen Blickwinkel zu haben, und endlich verstehe ich ihre Worte.

»Da ist ein Mensch.«

Ich blicke an mir herunter. »Verdammt, ich habe gar keine Hose dabei!« Auf Umwegen rennen wir zurück zur Hütte, wo unsere frisch gewaschenen Klamotten auf der Wäscheleine hängen. Wir sind geschockt, fast ärgerlich.

»Da kann doch nicht einfach jemand an unserem Strand herumlaufen«, schimpft Nina.

Vorbereitung ist das A und O.

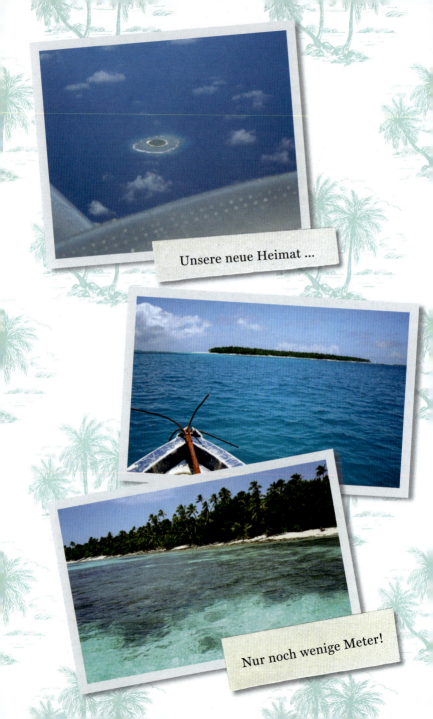

Erstmal alles erkunden!

Lebensmittel-versorgung

Schiffswrack

Sonnenlicht fürs Kochen

Ein bisschen Strom

Gemüseernte

Adrian im Dschungeldickicht

Nina beim Bau eines Unterschlupfs

Inselidylle

Sunday wartet auf den großen Fisch.

Tuchfühlung mit Tintenfisch

Erst jagen,
dann Lagerfeuer

Zweisamkeit in der Einsamkeit

»Vor allem nicht, ohne sich vorher bemerkbar zu machen«, pflichte ich ihr bei. Es ist, als würde einfach jemand in unser Wohnzimmer platzen, anstatt vorher an der Haustür zu klingeln. Meist springen wir sehr dürftig bekleidet auf der Insel herum, gern auch mal nackt, was mit den Gepflogenheiten in Tonga nicht so ganz in Einklang zu bringen ist.

»Na, selbst schuld«, denke ich trotzig, während ich in meine Shorts steige. »Wer mit so einem leisen Boot angetuckert kommt, das nicht zu hören ist, muss sich eben auf Überraschungen gefasst machen.«

Als wir angezogen sind, gehen wir runter an den Strand. Es verschlägt uns die Sprache. Die Wellen der Flut schlagen einen Stamm auf den Sand, dessen Wurzel senkrecht in die Höhe steht und von der Ferne aussieht wie ein langsam schreitender Mensch.

»Es ist amtlich: Wir sind paranoid geworden«, stelle ich fest.

Sunday ist als einziger entspannt geblieben – jetzt wissen wir, warum. Und auch das fehlende Motorengeräusch ist erklärt. Wir sind erleichtert. Nüchtern betrachtet hätten es gar keine Locals sein können: Für sie gebietet es die Höflichkeit, sich bemerkbar zu machen, wenn sie auf einer anderen Insel ankommen. Selbst wenn sie im Dorf auf das Nachbargrundstück laufen, machen sie das: Sie klatschen so lange in die Hände und räuspern sich, bis jemand reagiert und sie grüßt. So wahren sie Privatsphäre. Und so spielt es sich dann auch ab, als wir eine Woche nach unserem Anfall von Paranoia echten Besuch bekommen.

Es ereignet sich an einem sonnigen Nachmittag, als ein kleines, voll besetztes Boot in die Lagune steuert und nach mehrmaliger Fahrt am Strand hin und her in der Nähe unserer Hütte anlegt. Erfreut, dass endlich mal jemand vorbeikommt, laufe ich hin, um die Männer zu begrüßen. Diesmal sind es echte Menschen. Drei Erwachsene, zwei Jugendliche. Sie kommen von einer Insel etwa eine halbtägige Bootsfahrt von unserer entfernt.

»Wollt ihr einen Saft trinken oder Kaffee?«, frage ich sie. Sie schauen verwundert. Damit hatten sie nicht gerechnet, nicht hier.

»Okay«, sagt einer der Jugendlichen und zerrt die anderen mit sich. Während einer von ihnen am Anlegeplatz bleibt und einen Erdofen vorbereitet, folgen mir die anderen und werfen sich nach einem anstrengenden Fischzug um unseren Feuerplatz zu Boden. Einer zieht sich einen Stein als Kopfkissen heran – das richtige Sitzkissen, das wir ihm anbieten, lehnt er ab, ist ihm zu weich.

Ich mische ihnen Orangensaftkonzentrat mit Wasser – der einzige Saft, den wir haben – und bringe Kaffee und Kekse. Reife Papaya können wir ihnen glücklicherweise auch anbieten, Nina schneidet zwei in Stücke.

Die zwei Jugendlichen kichern die ganze Zeit und finden es lustig, mit Palangis herumzuhängen, sind aber sonst sehr schweigsam. Der einzige der Fischer, der ein Hemd trägt, ist mit seinem Handy beschäftigt und versucht, Netzempfang zu bekommen. Als das scheitert, spielt er leise Popmusik ab. Sein Akku hält extra lang. Vier dicke Batterien hat er angeklemmt, womit geklärt wäre, warum wir auf der Insel öfter alte Batterien auf dem Boden finden.

Es gibt in Tonga kein Gefühl für Müllproblematik. Immer wieder stoßen wir auch auf leere Corned-Beef-Dosen oder Bierflaschen – zurückgelassen von Fischern, die sich hier länger aufhielten. Was nicht mehr zu gebrauchen ist, wird leider weggeworfen. Auf einer der Fährfahrten mit Siones *Aloʻofa* habe ich mit ansehen müssen, wie Männer eine Öltonne ins Meer warfen. Ich dachte, sie wollten sich einen netten Sitzplatz einrichten – und schwupp, war das Fass im Wasser. Im Paradies ist leider nicht alles paradiesisch.

Die Fischer können ein bisschen Englisch, und als wir uns alle an die neue Situation gewöhnt haben, plaudern wir über Tonga und ihre Arbeit auf See.

»Wie verkauft ihr die Fische eigentlich weiter?«, frage ich. »Die werden doch schnell schlecht.«

»Bis die Fähre sie abholt, lagern wir sie auf Eisblöcken«, erklärt einer von ihnen. Ich erinnere mich daran, dass ich das anfangs beim Zwischenstopp auf Salesis Insel ja mal gesehen und mich schon damals gewundert hatte. Was für ein Aufwand!

Als ich ihnen erzähle, dass ich auch gern am Strand angeln gehe, fragt einer der Jugendlichen: »Willst du Fisch? Damit du zur Abwechslung mal einen großen kriegst?« Er verschwindet für ein paar Minuten und kommt mit einem fast zehn Kilo schweren Riesenzackenbarsch an, den er mit dem Speer erlegt hat. Das Eintrittsloch ist neben den Kiemen noch gut zu sehen. Für ein Foto, das die Szene dokumentiert, sind unsere Gäste gleich zu haben.

Nach dem Fotoshooting stellt einer der beiden Jugendlichen die unvermeidliche Frage: »Hast du Bier?«

»Ist uns ausgegangen«, antworte ich – was sogar der Wahrheit entspricht, denn wir hatten nur wenige Flaschen mitgenommen. Doch selbst wenn wir noch welches hätten, würden wir als Notlüge das Gegenteil behaupten. Nina und ich haben abgesprochen: besser keinen Alkohol trinken, wenn Besuch kommt. Das mag hart klingen, aber wir wurden von mehreren Seiten gewarnt, vorsichtig zu sein – sowohl Auswanderer als auch besorgte Insulaner machten uns auf die Problematik aufmerksam. In einer Stadt kann man aus der Bar abhauen, wenn's stressig wird, von der Insel nicht. Und: Wenn wir einmal Alkohol an Fischer geben, kommen die nächsten und wollen auch welchen, und schwuppdiwupp haben wir eine Inselbar. Oder jede Menge Ärger. Im schlimmsten Falle beides.

Ich stelle eine sonderbare Wandlung an mir fest, je länger ich auf der Insel sitze. Besuch ist in Ordnung, aber es reicht alle paar Wochen oder auch nur Monate.

»Ist das komisch?«, frage ich Nina später.

»Weiß nicht«, meint sie. »Irgendwie schon.«

Alternativ schlage ich dem Jungen Trinkkokosnüsse vor, die ich mal eben in Sixpacks von zwei Meter hohen Palmen pflücke, in solcher Fülle gibt es sie. Die Fischer ziehen das Zeug runter wie kalte Cola. Später füllen wir ihnen noch ein paar Plastikflaschen mit Saft ab.

Bevor sie wieder rüber zu ihrem Erdofen gehen, in dem Räucherfisch und Kassavawurzeln garen, hat der Chef der Gruppe, ein älterer Mann mit Wuschelkopf, noch eine Frage: »Magst du Langusten?«

»Klar«, antworte ich.

»Dann sei morgen sehr früh wach.«

Als es hell wird, brüllt mich einer der Fischer aus dem Schlaf. Es ist einer der Jugendlichen, der gerade von seinem Fischzug zurückkommt. Im Halbdunkeln drückt er mir drei frisch gefangene Langusten in die Hand und verabschiedet sich mit den Worten eines gläubigen Christen: »Gott segne dich.«

»Das ist ja klasse. Vielen, vielen Dank.« Noch schlaftrunken stehe ich da und starre auf die Krustentiere in meiner Hand, als hätten sie sich direkt aus einem eben noch geträumten Traum manifestiert. Wow! Ich weiß gar nicht, wie ich das allein schaffen soll; die Fischer konnten ja nicht ahnen, dass Nina Vegetarierin ist.

Ich koche die Langusten nacheinander, jeweils acht bis zehn Minuten – sonst schmeckt das Fleisch nicht mehr, habe ich gelernt –, danach schlage ich mich damit herum, die Schale zu entfernen. Nach der dritten bin ich Semiprofi. Sogar in den langen Beinen finde ich Genießbares.

»Bei diesen Fischern mache ich eine Ausnahme«, korrigiere ich mich. »Die können gern alle paar Tage kommen.«

Nur wenige Tage später reißt mich erneut frühmorgens ein Geräusch aus dem Schlaf. Es ist Mitte April, Monat fünf auf der Insel. Ich ziehe mir hektisch ein T-Shirt an und renne nach draußen, wo ich das Geräusch als Motor eines Bootes identifiziere. Was für ein Stress. Sind wir hier plötzlich das Ausflugsparadies schlechthin? Sunday steht längst am Strand und bellt. Ich gehe zu ihm und erkenne Dorfchef Finau und einen jüngeren Mann, die in einem Aluminiumboot sitzen und auf die Insel zudüsen.

Ich winke ihnen zu und laufe am Strand entlang in ihre Richtung, den Schlaf noch in den Augen.

»Hallo, Finau!«, rufe ich. »Du hast ein neues Boot.«

»Io«, erwidert er. Und der andere, der sich als Finaus Cousin vorstellt, übersetzt den Rest. »Das andere Boot ist kaputt.«

Das neue scheint keine schlechte Wahl gewesen zu sein. Es liegt gut im Wasser und, wie mir demonstriert wird, es ist laut und schnell. Als sie geankert haben, übergibt mir Finau einen Albacore-Thunfisch.

»Malo«, sage ich. »Lasst uns einen Kaffee trinken.«

»Nein, danke«, redet sich Finau höflich heraus. »Wir gehen noch fischen, wie immer.«

Nina hat sich eines ihrer Sommerkleider übergeworfen und gesellt sich mit einem Päckchen Zigaretten zu uns. »Das ist für dich«, sagt sie und überreicht es Finau. »Für den Snapper und die Wassermelone.«

Stimmt, sie hatte die Zigaretten extra für Finaus nächsten Besuch bereitgelegt, bloß ich hatte das in der Aufregung völlig vergessen. Nina und ich sind beide Nichtraucher. Ein erfahrener Segler in Nukuʻalofa war es, der uns den Tipp gab, wie man sich auf einfache Art und Weise bei Insulanern bedankt. Sie rauchen fast alle. Auch Finau nimmt das Päckchen freudig entgegen.

»Was hat der Zyklon bei euch zerstört?«, will ich wissen.

»Einiges«, übersetzt der Cousin für den Dorfchef. »Finaus Holzboot hat es kopfüber gedreht und weit in die Insel gespült. Der Motor ist Schrott.«

»Was ist sonst noch passiert?«

»Die Wellblechdächer von zwei Häusern sind weggerissen worden, aber das ist nicht so schlimm. Viel schlimmer ist, dass alle Brotfruchtbäume ihre Früchte verloren haben.«

»Dann war meine Vermutung also doch richtig«, sage ich. »Bei uns ist es das Gleiche – hier wachsen ebenfalls kaum noch welche.«

Finau und sein Cousin verabschieden sich, und ich mache das, was ich nach dem Besuch von Fischern bisher immer gemacht habe: den mitgebrachten Fisch zurecht. Ich schneide ihn in Filets und brate ihn diesmal in der Pfanne auf dem Herd schön knusprig.

»Was für leckeres Fleisch. Schmeckt wie Hähnchen. Willst du auch ein Stück?«, frage ich in die Runde.

»Haha«, knurrt Nina. »Diesen Witz habe ich ja noch nie gehört.«

Im Gegensatz zu meiner Frau ist Sunday sofort bereit, wenigstens mal zu probieren. Wir essen alles auf einmal, und ich bin satt für den restlichen Tag.

17

Nachschub

Irgendwann haben wir nicht nur sämtliches auf die Insel mitgebrachte Gemüse, alle Eier und alle Kartoffeln aufgebraucht; am meisten Sorge bereitet uns das Mehl. Aus Nuku'alofa hatten wir einen 25-Kilo-Sack mitgenommen, die ersten Monate war auch alles wunderbar. Es gab Pizza aus Kokosnussteig und frisches Brot, beides auf dem Solarkocher gebacken, und Inselberliner und Pfannkuchen. Doch plötzlich stehen wir vor einem Problem.

»Igitt, was ist das?«, schreit Nina, als sie Mehl aus dem Sack in unsere leeren Milchpulverdosen abfüllt.

»Oh nein«, sage ich. Käfer! Kleine, fiese Mehlkäfer krabbeln in unserem Mehl herum. »Wie sind die da reingekommen?«

»Keine Ahnung.« Nina zuckt mit den Schultern. Wir lagern den Sack in einer verschlossenen Plastikbox – eigentlich sollte da kein Hineinkommen sein.

»Die Käfer müssen schon vorher im Sack gewesen sein«, vermute ich. »Oder nur die Eier, aus denen die Maden schlüpfen.« Auch davon kriechen welche im Mehl. Mit einer Tasse graben wir immer tiefer – selbst weit unten krabbeln Maden und Käfer. Es sind so viele, dass wir uns ekeln, weil wir nicht wissen, wie wir sie alle rausbekommen sollen. Rüdiger Nehberg wäre begeistert: Immerhin sind wir schon so weit verwildert, dass wir das Mehl noch essen würden, wenn wir die Viecher rauskriegen. In Deutschland würden wir den Sack sofort wegwerfen. Ich will gar nicht wissen, wie viele Käfer wir schon mitgegessen haben. Wahrscheinlich waren manche Pfannkuchenstückchen deshalb so knusprig …

»Wie kriegen wir die nur raus?«, fragt Veggie-Nina mit verzweifelter Stimme. Unser Brot steht auf dem Spiel!

»Auf jeden Fall werden wir alles probieren«, antworte ich. »Sieben vielleicht?« Wir versuchen es. Sieben, sieben, sieben. Nach dem fünften Mal wird uns klar: Das Sieb ist entweder zu grobmaschig oder die Maden sind zu geschickt. Manche Käfer bleiben hängen, fast alle Maden fallen durch. Wir probieren es mit einem Moskitogitter, das etwas feinmaschiger ist, aber auch da fallen sie durch.

Eine zweite Chance erhoffen wir uns, indem wir das Mehl erhitzen. Ich mache ein Feuer, und Nina kippt das Mehl in unseren rußigen Topf auf der Grillstelle. Wir warten eine halbe Stunde, und siehe da, zuerst kommen die Käfer nach oben, danach die Maden.

»Es klappt, es klappt«, freut sich Nina. Löffelweise schöpfen wir die Tierchen heraus. Als wir das warme Mehl jedoch umwälzen, stellen wir fest, dass zwischendrin noch immer Maden und Käfer stecken. Es ist unmöglich, sie alle auszusortieren. Außer wir verbringen die restlichen Tage unserer Inselzeit wie Aschenputtel vor den Erbsen.

»So eine Scheiße!«, jammere ich. Zu allem Übel verändert ein Großteil des Mehls über dem Feuer seine Konsistenz und seine Farbe. Es wird bräunlich.

»Ich will neues Mehl haben«, erträumt sich Nina. »Und Eier. Und Zucker. Und Milchpulver.« Alles ist uns ausgegangen. »Marmelade und Frühstückscracker. Hach, wie schön das wäre!«

Es war uns von Anfang an klar, dass nach einem halben Jahr der Großteil unseres Lebensmittelvorrats zur Neige gehen würde und wir Nachschub kaufen müssten. Wir scheuen uns jedoch vor dem Tun, denn das würde bedeuten, die Insel für mindestens zwei Wochen zu verlassen. Abgesehen davon wäre es megakompliziert. Wir müssten bei Finau aufspringen, wenn er das nächste Mal vorbeikommt – ohne zu wissen, wann das sein wird. Dann müssten wir auf seiner Insel vielleicht tagelang warten, bis wir weiterkönnten. Was, wenn das Wetter schlecht und das Meer rau wäre? Was, wenn wir so lange weg sind, dass unser Garten in der Zwischenzeit vertrocknet? Obendrein müssten wir Sunday mitnehmen, was für ihn kein Spaß wäre.

Aber ohne Nachschub bleiben? Ein halbes Jahr lang nur mit dem auskommen, was die Insel uns bietet? Auf Gedeih und Verderb der Natur ausgeliefert? Mag sein, dass wir Weichei-Einsiedler sind, aber alles hat seine Grenzen.

»Wollen wir mal Jamie anrufen?«, fragt Nina. »Der hat doch gesagt, er würde im Mai vielleicht wiederkommen.«

»Einen Versuch ist es wert«, meine ich. Vorwahl 001. Jamie geht gleich ran. »Kommst du noch mal bei uns vorbei?«, frage ich.

»Wie wäre es in drei Wochen?«, fragt Jamie zurück und lacht. »Ich würde gern Material vorbeibringen, mit dem wir das Dach besser flicken können.«

»Okay, hört sich gut an. Sag mal, kannst du dir vorstellen, uns Nachschub an Lebensmitteln mitzubringen?« Ich räuspere mich. »Viele Kartons voll, meine ich?«

»Natürlich«, erwidert Jamie. »Ich nehme alles mit, was aufs Boot passt.«

Wie schön, dass der Südseehimmel so oft heiter und blau ist! Wir sind erst mal happy. Den mürrischen Franz in Nuku'alofa fragen wir, ob er den Einkauf für uns erledigen kann.

»Klar mache ich das«, sagt er, als ich ihn anrufe.

»Und dann fährst du auch gleich mit auf die Insel und besuchst uns, ja?«, lade ich ihn ein.

»Das würde ich wirklich gern, aber momentan passt es einfach nicht«, antwortet Franz, und ich bin mir nicht sicher, ob es nicht nur eine Ausrede ist. Was soll's, so eine einsame Insel ist sicherlich nicht jedermanns Sache.

»Okay, ich hoffe, wir sehen uns trotzdem bald wieder«, sage ich. »Danke dir für alles, auf dich ist Verlass!«

Die Einkaufsliste, die Nina und ich bei Kerzenlicht erstellen, ist mehrere DIN-A4-Seiten lang. Fein säuberlich notieren wir, was wir brauchen, um die nächsten sechs Monate über die Runden zu kommen. Es ist weniger, als wir gedacht haben – der Garten und die Wurzeln und Früchte aus dem Busch machen uns unabhängiger. Trotzdem: Es sind einige SMS, die wir Franz schicken, bis die Liste abgetippt ist.

Wir brauchen: zwanzig Tüten Mehl (ohne Käfer, wenn es geht!), einen Sack Reis, eine Tüte Hefe, zwei Kochgasflaschen, zwanzig Tüten Nudeln, einige Tüten Zucker, Salz, Pfeffer und weitere Gewürze. Einen Sack Kartoffeln, einen voll Knoblauch, einige Säcke Zwiebeln, fünf Steigen Eier, zehn Marmeladengläser, fünfmal Honig, sechzig Packungen Frühstückskekse, zwanzig Packungen Müsli, zehn Packungen Haferflocken, fünf Dosen Milchpulver, Kaffee und Tee, zwanzig Dosen Erdnüsse, trotz gedeihenden Gartens Obst- und Gemüsekonserven, Moskitoräucherspiralen, vier Flaschen Speiseöl, zwei Flaschen Essig, Klopapier, hundert Kerzen, Shampoo, Zahnpasta, Spülmittel, Schwämme, Waschmittel, Sonnencreme, Antiseptikum, Schnürsenkel, weitere Angelhaken und frisches Gemüse und Obst vom Markt. Dazu vier Stangen Zigaretten für freundliche Fischer.

Der Käse ist inzwischen auch zur Neige gegangen, aber er hat sehr, sehr lange gehalten. Manchmal haben wir kleine Schimmelstellen an den Ecken entdeckt, wenn wir einen Block aus der Folie nahmen; die haben wir weggeschnitten. In der Zivilisation hätten wir solchen Käse vermutlich weggeworfen. Hier: niemals. Käse ist zu wertvoll, um sich von ein bisschen Schimmel abschrecken zu lassen. Wir bestellen wieder dreißig Blöcke.

Wegen einer Sache muss ich Franz noch mal kurz anrufen. Als hätte ich eine Telefonflat; dabei kostet jedes Gespräch mehrere Euro pro Minute.

»Hühner«, sage ich zu ihm. »Wir hätten so gern lebende, Eier legende Hühner.«

»Wo soll ich die denn auftreiben?«, fragt er verdutzt und knurrt sein mürrisches Knurren, das, wie ich inzwischen weiß, eher ein Lächeln ist. »Na ja, mir fällt schon was ein.«

Es macht uns noch immer zu schaffen, dass uns die Hühner auf der Nachbarinsel entwischt sind. Aber auf Dauer frische Eier, das wäre ein Leben!

Jamie trifft an dem Wochenende ein, nachdem Franz die Besorgungen gemacht hat.

»So weit alles klar?«, frage ich ihn am Satellitentelefon. Es ist für uns ja etwas sehr Besonderes, eine solche Lieferung zu bekommen.

»Ja. Alles verladen. Wetter ist gut. Sonnig, wenig Wind«, sagt Jamie. »Das Boot liegt etwas tiefer als sonst, aber ich habe hundert Liter extra getankt, damit es sicher bis zur Insel reicht.«

»Super!«

»Macht einfach ein Feuer am Strand, damit wir die Insel finden, falls es spät wird«, scherzt er.

An jenem Tag sitzen wir ab dem späten Nachmittag am Strand.

»Ich kann es kaum abwarten«, sagt Nina, während sie auf den Horizont starrt.

»Jamie muss von da kommen.« Ich zeige in Richtung Süden. Nichts zu sehen. Die Sonne geht unter, und wir sitzen noch immer da.

»Dauert ganz schön lange«, meint Nina.

»Du weißt doch, Jamie angelt gern. Vielleicht dreht er eine Extrarunde, weil irgendwo viele Vögel fliegen«, erkläre ich uns die Verspätung. Viele Vögel = Fische. Es wird später und später, und Dunkelheit zieht über die Insel.

»Wo bleibt er denn nur?«, fragt Nina zum hundertsten Mal.

»Ich weiß es doch auch nicht.«

Wir hoffen, dass Jamie auf einer Insel, die auf seiner Route liegt, einen Zwischenstopp einlegt. Das wäre vernünftig, wenn er bei Einbruch der Nacht bemerkt hätte, dass er es nicht mehr schafft. Ich hole das Satellitentelefon an den Strand und versuche, ihn zu erreichen. Sein Handy hat jedoch keinen Empfang.

»Lass uns ein großes Feuer am Strand machen und weiter warten«, schlage ich vor.

»Okay.« In den vergangenen Stunden ist Nina immer wortkarger geworden; ich kann's ihr nicht verdenken, auch ich mache mir Sorgen. Mit Taschenlampen leuchten wir uns durch den Busch und tragen Feuerholz zusammen. Schweigend errichten wir das Lagerfeuer am Strand vor unserer Hütte. Momentan herrscht Ebbe, und die Flut wird es erst tief in der Nacht erreichen. Wir stapeln das Holz mehr als einen Meter hoch, daneben platzieren wir ein paar dicke Stämme und Äste zur Reserve. Dann zünden wir es an – Jamie müsste es von Weitem sehen können. Während wir uns wärmen, versuchen wir noch immer, uns die Situation schönzureden.

Immer wieder probiere ich, Jamie mit dem Satellitentelefon auf seinem Handy anzurufen – keine Chance. Wir überlegen, wen wir noch anrufen könnten. Sione von der Kirchenfähre? Er geht gleich dran.

»Geduld«, beruhigt er uns. »Der wird schon kommen.« Der Weg ist weit – auch der direkte. Mehr als achtzig Seemeilen vom Hafen in der Hauptstadt und den größten Teil der Strecke über das offene Meer.

Die Stunden vergehen, noch einmal rufen wir Sione an. Hat er eventuell Kontakt zur Familie des Skippers, der auf Jamies Boot mitfährt? »Kannst du dort mal nachfragen?«, bitte ich.

Sione erkundigt sich beim Chef des Skippers, aber der hat auch keine Idee zum Verbleib des Bootes und meint kühl, dass schon alles in Ordnung sei. Sie würden sicher auf einer anderen Insel übernachten.

»Und selbst, wenn sie das nicht tun – wenn kleine Boote ihr Ziel nicht erreichten, drehen sie kleine Runden auf dem offenen Meer«, erklärt uns Sione. Damit verhindert der Skipper, abzudriften oder auf ein Riff aufzufahren.

Das alles beruhigt uns kaum. Vielleicht sind wir ja zu angespannt und haben noch immer keine Inselgelassenheit im Blut, aber da stimmt doch was nicht! Andererseits: Jamie besitzt einen »EPIRB«, und falls er tatsächlich in Seenot geraten ist, hätte er ihn benutzt. Dieses kleine Gerät ist für Notfälle gedacht. Man drückt einen Knopf, und es sendet ein Notrufsignal – an eine Notrufzentrale in Neuseeland. Wenn sie also auf offenem Meer treiben würden, hätte er den EPIRB sicher längst benutzt, oder?

»Ist doch alles absurd«, sage ich und stochere mit einem Ast in der Glut herum. »Jamie kennt die Strecke, und er kennt auch die Insel.«

In solchen Momenten hast du einen entscheidenden Nachteil, wenn du auf einer einsamen Insel sitzt: Du kriegst einfach nichts mit. Wir sitzen hier und stellen uns Fragen, die wir unmöglich beantworten können, und nerven andere Menschen mit besorgten Anrufen. So langsam sind wir erschöpft und müde, die Augen fallen uns zu.

»Da wird schon nichts passiert sein«, versucht Nina, uns beide zu beruhigen.

Wir warten. Weitere Stunden, bis Mitternacht, bis nach Mitternacht, wir tragen neues Holz an den Strand. Wir legen uns auf ein Tuch und nicken ein. Im Hintergrund hören wir rauschende

Wellen und das Gekreische von Vögeln, die zu später Stunde aktiv sind. Es stehen kaum Wolken am Himmel, die Nacht ist sternenklar.

Um vier Uhr wache ich auf. Das Feuer ist fast ausgeglüht. Ein Geräusch. Ich schüttle Nina wach. »Hörst du das auch?«, frage ich. Das Geräusch klingt irgendwie dumpfer als ein Bootsmotor. Wir suchen den Horizont ab. Doch da ist nichts. Plötzlich sehen wir ein rot blinkendes Licht.

»Sind sie das?«, frage ich. Doch natürlich ist Nina genauso ratlos wie ich.

»Vielleicht«, sagt sie nur.

Ein paar Minuten vergehen. Das ist kein Boot, stellen wir enttäuscht fest. Der Horizont liegt ein wenig unter dem Licht, das sich langsam nach rechts bewegt.

»Das muss ein Hubschrauber sein«, behaupte ich.

Gegen sechs Uhr rufen wir erneut Sione an, obwohl die Verbindung schlecht ist. Das Satellitentelefon zeigt nur einen Balken auf dem Display. Auch der Akku neigt sich dem Ende, weil wir das Telefon in den letzten Stunden so oft benutzt haben.

Sione klingelt den Chef des Skippers aus dem Bett. Der meint, Tonga habe überhaupt keinen Hubschrauber, und belässt es dabei. Wir bitten Sione, zur Polizei zu gehen, denn mittlerweile befürchten wir das Schlimmste.

Nina kocht uns einen Tee, dann sitzen wir wieder schweigend am Strand und starren aufs Meer hinaus. Die Unwissenheit macht uns fertig. Diese Bilder im Kopf, die wir uns ausmalen. Wie es wohl ist, wenn man auf einem Boot sitzt und es untergeht oder an einem Riff zerschellt? Schlimme Bilder. Als Nina zwischendurch zu zittern beginnt, bin ich froh, sie in den Arm nehmen zu können.

Treiben Jamie und die beiden anderen auf offenem Meer und warten auf Rettung? Warum aber fliegt der Hubschrauber dann ständig hin und her? Für mich ist das rote Licht noch immer ein Hubschrauber, selbst wenn der Skipperchef das ausschließt.

»Vielleicht hat man das Notsignal noch nicht orten können«, versucht Nina sich an der nächsten Erklärung.

Warum fliegt der Hubschrauber so nah an dem Riff, das etwa zehn Meilen entfernt von uns im offenen Meer liegt und das wir in hellen Nächten an den brechenden Wellen erkennen können?

Gegen neun Uhr verschwindet das blinkende Licht. Es vergeht eine weitere Stunde, in der wir uns nicht von der Stelle bewegen. Plötzlich unterbricht das Klingeln des Satellitentelefons die Stille. Sione.

»Sie sind sicher«, sagt er. »Ich war gerade bei der Polizei.«

»Oh Mann.« Mehr bringe ich nicht heraus; mir fällt ein riesengroßer Stein vom Herzen.

»Ihr Motor war ausgefallen. Ein Fischerboot kam, um sie abzuschleppen. Sie sind gerade auf dem Rückweg nach Nuku'alofa. Die Navy eskortiert sie«, berichtet Sione weiter.

»Ich glaube das alles nicht«, sage ich. Nina und ich schließen uns in die Arme. Für uns ist das alles zu viel auf einmal. Sie verdrückt ein paar Tränen der Erleichterung, mir hämmert der Kopf. Haben wir Schuld, weil das Boot überladen war? Haben wir Jamie zu viel zugemutet? Wir stolpern todmüde ins Bett und schlafen ein paar Stunden.

Am Nachmittag greife ich wieder zum Satellitentelefon. Jamies Handy ist noch immer ausgeschaltet.

Sione meldet sich und verspricht, sich um alles zu kümmern. »Ich schicke euch Jamie und euren Nachschub mit einem anderen Boot, ein ähnliches wie die *Alo'ofa*. Übermorgen kann es fahren.«

»Du bist super, Sione«, freue ich mich. »Hast du mit Jamie gesprochen, steigt der wirklich noch mal auf ein Boot?«

»Ich denke schon«, sagt Sione. »Gemüse und Obst vom Markt kauft er euch neu, das andere hat zu viel Salzwasser abbekommen.«

»Okay, danke.« Nach dem Gespräch erzähle ich Nina, was geplant ist.

»Sione hat echt was gut«, meint Nina. »Jamie auch.«

Zwei Tage später. Am Morgen, an dem der Nachschub eintrifft, steht Shawn von »Finau Island« an unserem Strand. Ein Dorfbewohner, den wir noch nicht kennen. Sione hat sein Kommen organisiert.

»Die Fähre kann nicht in die Lagune fahren«, erklärt Shawn. »Ich bringe euch alles mit meinem Boot an den Strand.«

Wir sehen die »Fähre« schon von Weitem, sie kommt schnell voran. Sunday sitzt neben uns im Sand und winselt. Unsere Aufregung steckt ihn an.

Die zwei Gestalten vorn auf dem Boot müssen Jamie und sein Freund Grant sein, den er mitbringen wollte. Sie winken. Shawn fährt mit seinem Boot raus, bevor die anderen angekommen sind. Kiste um Kiste wird vom großen ins kleine Boot geworfen, Shawn fährt an Land, und ich lade aus, dann fährt er ein zweites Mal zum Boot, nimmt die nächsten Kisten entgegen, und zum Schluss springen Jamie und Grant mit auf. Als alles ausgeladen ist, verabschiedet sich Shawn.

»Tausend Dank«, rufe ich ihm mit auf den Weg.

Wir gehen erst mal zu Jamie und drücken ihn. Grant, ein zierlicher Typ mit braunen Locken und Vollbart, steht müde daneben und tätschelt Sunday. Beide Amerikaner haben Augenringe.

»Wir sind so froh, dass nichts Schlimmeres passiert ist«, sagt Nina.

»Und wir sind froh, dass wir endlich angekommen sind«, entgegnet Jamie.

»Es ist ja noch schöner hier, als ich es mir vorgestellt habe«, schwärmt Grant. »Wie lange seid ihr schon hier?«

»Seit einem halben Jahr«, antworte ich.

»Ihr Glücklichen.«

»In der Küche steht Tee, ruht euch erst mal aus von der Reise«, sage ich. »Wir tragen in der Zwischenzeit das ganze Zeug in die Hütte.« Es stehen Dutzende Kartons am Strand, zweihundert Meter von der Hütte entfernt, das wird spaßig. Warenwert plus Transportkosten knapp viertausend Dollar, rund die Hälfte in Euro. Einmal mehr bin ich dankbar, dass wir unser Sparbuch in den letzten Jahren so gut füttern konnten.

Zwischen den Kartons stehen vier Kartoffelsäcke mit Löchern drin.

»Die sehe ich jetzt erst«, sage ich verdutzt. »Hat Shawn die ausgeladen?«

»Ja«, entgegnet Nina. »Ich glaube, das sind die Hühner.«

Ich öffne einen der Säcke und schaue hinein. Herber Geflügelgeruch schlägt mir entgegen, und da sitzen sie und gackern.

Dreimal zwei Hühner, im vierten Sack nur eines. Sunday schnüffelt neugierig.

»Sofort weg da«, schimpfe ich. »Franz hat es echt hingekriegt. Klasse.«

Auch Nina lacht übers ganze Gesicht und kocht in Gedanken bereits die ersten Frühstückseier.

»Aber wohin mit ihnen?«, frage ich. »Zu uns in die Hütte, bis wir einen Stall gebaut haben?«

»Bloß nicht, die scheißen uns alles voll«, meint Nina. »Nimm einen Karton und leg ein Stück Maschendrahtzaun aus dem Schuppen drauf, damit sie nicht abhauen.« So machen wir es.

Wir tragen die Säcke zu uns, packen die Hühner aus und setzen sie in eine große Kiste, dazu stellen wir ihnen eine Schale Wasser und Papayareste. Es geht allen sieben blendend. Sie sind zutraulich und neugierig.

Zurück am Strand setzen wir uns erst mal staunend hin.

»Was für ein Anblick«, sage ich. So sieht also Nachschub für ein halbes Jahr aus, der ganze Strand ist voll. Ein Bild, das wir nie vergessen werden.

Regen zieht auf, wir müssen uns beeilen. Ich renne zum Schuppen und hole eine Plane, um die Kartons abzudecken, denn wir werden es niemals schaffen, sie rechtzeitig bis in die Hütte zu tragen.

Der Regen ist stark, aber er stört uns nicht – im Gegenteil, er kühlt schön ab. Jamie und Grant kommen gerannt, um uns zu helfen. Wir schleppen Kiste um Kiste von der Anlegestelle zur Hütte, wo wir alles irgendwie und völlig durcheinander im Wohnzimmer stapeln. Eine Stunde später sind wir fertig, die zwei Hawaiianer legen sich wieder hin.

»Ist ja ein richtiger Arbeitstag«, schnaufe ich.

»Bevor wir uns alles anschauen, bauen wir aber lieber erst den Stall«, schlägt Nina vor.

»Ja«, sage ich, »die Hühner brauchen Platz.« Nur: Wie baut man mal eben einen Hühnerstall?

Wir tragen jegliches überschüssige Holz zusammen, das wir unterm Haupthaus oder im Schuppen finden können. Dort liegen halb verrottete Balken und auseinanderfallende Bretter – der Stall wird genau der richtige Verwendungszweck für sie sein.

Unter einem schattigen Baum oberhalb des Gartens finden wir eine geeignete Stelle. Wir lehnen die Bretter aneinander und verbinden sie mit Balken, die wir daran nageln. Ein paar rostige Zaunstücke und Moskitogitter nutzen wir als Dach. Die Hühner sollen uns bloß nicht abhauen!

Als Nächstes tragen wir ein großes Holzgehäuse in den Stall – es gehört zu den Einzelteilen des Segelwracks. Wir haben keine Ahnung, wofür es ursprünglich verwendet wurde, aber als Hühnerhaus eignet es sich perfekt. Wir binden eine alte Regenrinne als Futterbehälter an den Zaun und legen einen halbierten Kunststoffbehälter als Wasserbecken daneben. Weil wir nicht wissen, ob sich alle Hühner vertragen und beieinander schlafen, bauen wir aus weiterem Holz drei weitere kleine Hühnerhäuser. Sie sehen aus wie Designkunstwerke und stehen auf kleinen Pflöcken, damit das Wasser unten hindurchläuft, wenn es regnet. Wir sind fast fertig. Mit der Machete schneiden wir hochstehende Grasbüschel ab und verteilen sie in den Hüttchen, damit sich unsere Hühner alsbald heimisch fühlen.

»Jetzt kannst du sie holen«, ruft mir Nina zu.

Vorfreudig renne ich zur Hütte und schnappe mir den Karton. Die Hühner stürmen glücklich in ihren neuen Stall und versammeln sich gleich an der Futterrinne.

»So, und jetzt sind wir dran«, sage ich. »Los, machen wir die ganzen Kartons auf.« Wie Kinder an Heiligabend rennen wir ins Wohnzimmer, reißen Kartondeckel auf und rufen uns gegenseitig zu, welche Schätze wir finden.

»Marmelade!« Nina hält ein großes Glas in die Höhe.

»Knoblauch!« Ich reiche ihr eine Knolle, und sie schnuppert mit genüsslich geschlossenen Augen. Dann entdecken wir das Kronjuwel der Lieferung: Sione hat eine kleine Kühltasche gepackt, als Extra zu den Einkäufen, die auf der Liste standen. Darin liegt eine Karte von Ninas Eltern aus Deutschland für uns. Grüße von Gaby und Klaus. Nina lächelt überglücklich.

»Du hast ihnen ja am Satellitentelefon erzählt, dass wir Nachschub bekommen«, erinnere ich mich an einen Anruf der beiden vor einigen Wochen. »Anscheinend haben sie sich mit Franz kurzgeschlossen.« Wie auch immer sie das angestellt haben – eine gelungene Überraschung!

In der Kühltasche sind Muffins vom Bäcker in Nuku'alofa und vier kalte Dosen Cola. In einer weiteren Schwiegereltern-Box finden wir einen Eimer frischer Neuseeländäpfel, ein paar Grapefruits und zwölf Tafeln Schokolade obenauf.

»Hihi«, kichere ich ungläubig. »Meinst du, das hält einen Tag oder vielleicht doch zwei?«

»Auf jeden Fall nicht lange«, sagt Nina und beißt in einen Muffin. Daraufhin müssen wir erst mal eine Pause machen, bevor wir weiter auspacken. Es ist nicht so, dass uns die Gelüste auf Teigwaren von einem Bäcker oder mal eine kalte

Saftschorle oder auch auf einen Becher Eiscreme umbringen würden. Aber wir träumen immer mal wieder von Lebensmitteln, die uns auf der Insel versagt bleiben. Malen uns aus, wie wir durch einen Supermarkt laufen und alles einladen, worauf wir Lust haben.

Das Mehl aus kleinen Plastiktüten füllen wir in leere Milchdosen ab. Es ist käferfrei! Der Zucker kommt in leere Marmeladen- und Tomatensoßengläser. Wir stellen sie in eine alte Pfanne und füllen ein wenig Wasser hinein, damit die Ameisen wegbleiben.

»Puh, alles erledigt«, seufzt Nina Stunden später.

»Ich schaue mal nach Jamie und Grant«, sage ich – die beiden schlafen noch, obwohl schon früher Abend ist. Der eine in der Hängematte, der andere auf einem Badetuch.

»Na, dann sehen wir uns morgen«, flüstere ich dem schlummernden Jamie zu. Ich habe noch immer ein schlechtes Gewissen, weil wir ihm so viele Kisten aufgedrängt haben.

Kurz nach Einbruch der Dunkelheit schaue ich noch mal bei den Hühnern vorbei. »Alles klar?«, frage ich in die Runde. Keine Antwort, auch die schlafen schon.

Dann bekomme ich einen riesigen Schreck. Mit der Taschenlampe leuchte ich auf die Stalltür, von der ein Stück Zaun absteht. Drei Hühner schlafen direkt hinter der Tür, an sie angelehnt. Ich mache die Tür auf, gehe zum Hühnerhaus und suche nach den anderen. Sie sind weg!

»Das darf nicht wahr sein!«

Ich befestige den Zaun und ein heruntergefallenes Stück Holz notdürftig wieder am Stall, damit die drei schlafenden Hühner nicht auch noch abhauen, und renne zu Nina.

»Nina, die Hühner sind weg, komm schnell«, rufe ich.

»Wie? Wir haben sie doch alle eingesperrt.«

»Sie sind ausgebrochen.«

Wir machen uns sofort auf die Suche und leuchten jeden Winkel um das Gehege herum aus. Sunday begleitet uns.

»Aber wehe, du beißt eines«, weise ich ihn vorbeugend zurecht.

Wenn die vier Hühner tief in den Dschungel gelaufen sind, werden wir sie so schnell nicht finden. Und schon wären wir um unsere Frühstückseier für das nächste halbe Jahr gebracht, kaum dass die Hühner überhaupt angekommen sind.

»Vielleicht sind sie in den Bananeninseln in der Nähe des Geheges, zwischen unseren Beeten, im stachligen Gestrüpp dahinter«, überlegt Nina, und wir laufen hin und leuchten. Nichts. Wir wollen aber auf keinen Fall zu früh aufgeben, schließlich geht es um die Frühstückseier! Wir suchen in der anderen Richtung, wieder in dichtem Gestrüpp.

»Ich hab zwei«, flüstert Nina plötzlich aufgeregt. Sie hat die Gefieder zwischen dem Grün des Dschungels entdeckt. Die beiden schlafen. »Ich leuchte, du schnappst sie dir.«

Ich schleiche mich an eines der Hühner heran und packe es. Es schreit laut auf, als würde ich es schlachten wollen, und ich haste zum Stall und setze es hinein. Gleich hole ich das nächste, das trotz der Aufregung des anderen zum Glück noch immer schläft.

Die beiden anderen abtrünnigen Hühner suchen wir noch fast eine Stunde lang, vergeblich.

»Streng dich an«, sage ich zu Sunday. »Ist doch genau der richtige Job für dich.«

»Lass uns auf Tageslicht warten«, meint Nina, die weiß, dass unser Hund absolut keinen Spürsinn besitzt. »Wenn die Hühner schlafen, sind sie vielleicht gar nicht so weit weg.«

Am nächsten Morgen brechen wir in aller Frühe auf, noch vor Sonnenaufgang, und zu unserer Verwunderung finden wir die Hühner ohne weitere Mühe. Sie stehen außen vor der Stalltür und gackern. Ich hole das Hühnerfutter – übrigens eine Spezialmischung, die laut Beschreibung jede Menge Eier garantiert –, und sie laufen uns in das Gehege hinterher, ohne dass wir sie einfangen oder antreiben müssten.

»So ist es brav«, lobe ich sie.

Kurzer Eier-Check: noch keine da – liegt wahrscheinlich an den Strapazen der Bootsfahrt. Wie sich jedoch herausstellt, brauchen wir heute gar keine Eier zum Frühstück, denn Jamie hat etwas anderes Nettes mitgebracht.

»Guten Morgen«, sagt er, als wir in die Küche kommen.

»Das duftet ja lecker«, meint Nina.

Jamie steht am Herd und backt Pfannkuchen mit einer Fertigmischung. Sunday hat bereits den ersten intus und sitzt bettelnd neben dem Herd.

»Erzähl mal, Jamie«, sagt Nina neugierig. »Was ist eigentlich genau passiert?«

»Wir hatten unfassbar viel Pech«, erklärt Jamie. »Kurz vor der Dämmerung waren wir schon fast da. Nur noch eine Frage von Minuten, bis wir die Insel am Horizont gesehen hätten. Dann ist der Motor ausgefallen.«

»Wieso das denn?«

»Der hatte schon das letzte Mal seine Probleme. Aber ich habe das nie ernst genommen«, gesteht Jamie. »Ich hab versucht, ihn zu reparieren. Keine Chance. Schließlich haben wir mit dem EPIRB einen Notruf abgesetzt.«

»Dann war das also doch ein Hubschrauber, den wir hier gesehen haben?«, frage ich.

»Nein, das war ein Flugzeug aus Neuseeland. Ist extra wegen uns gestartet. Es hat uns geortet, und der Pilot hat uns per Funk mitgeteilt, dass wir Ruhe bewahren sollen.«

»Und das hat die ganze Nacht gedauert?«

»Für uns war es eine Ewigkeit. Wir trieben immer näher an ein Riff. Hatten schon die Schwimmwesten an und die Stirnleuchten aufgesetzt. Wir dachten, wir müssen aus dem Boot springen, bevor wir am Riff zerschellen.«

»Oh Mann«, sage ich. »Kann mir gar nicht vorstellen, wie man sich in so einer Situation fühlt.«

»Man fühlt sich, als könnte es im nächsten Moment vorbei sein«, meint Jamie.

»Ist es möglich, dass euch die schwere Ladung den Schlamassel eingebrockt hat?«

»Kann ich mir nicht vorstellen.«

Ich bin erleichtert, obwohl Jamie das vielleicht nur sagt, damit ich mein schlechtes Gewissen ablege.

»Jetzt erst mal einen Pfannkuchen darauf, dass ihr da seid und ganz lebendig«, beendet Nina das Thema. »Lecker Ahornsirup.«

Nach dem Frühstück gehe ich mit Jamie um die Insel und zeige ihm, wie schnell sie sich nach dem Zyklon erholt hat. Noch immer liegen Bäume entwurzelt am Strand, ihre Blätter haben sie längst abgeworfen. Aber an vielen Stellen grünt es neu. Besonders auffällig sind die exponierten Samtblattbäume, die mit ihrer spröden Borkenrinde aussehen wie Korkeichen der Südsee. Der

Sturm hat sie mit aller Wucht zerschmettert, an ihren vertrock-
neten Stämmen bilden sich aber bereits wieder große Büschel
Blätter nach, weich wie Sundays Hundeohren.

In den nächsten Tagen klettere ich mit Jamie und Grant auf
dem Dach des Haupthauses herum und verklebe Folie auf rostigen Stellen. Dieses Mal reicht sie für alle Löcher aus, und auch
die verrosteten Schrauben dichten wir ab. Das Resultat zeigt
sich beim nächsten Regen: Die meisten Löcher sind geflickt, vor
allem im Haus. Lediglich draußen auf der Veranda ist das Dach
noch immer ein einziges Sieb.

Grant trinkt wie wir gern eine Tasse Schwarztee am Strand
und schaut sich dabei den Sonnenuntergang an. Er erzählt
uns von seiner Arbeit als Umweltschützer und seinem Leben
zu Hause in Hawaii, und wir genießen das. Uns wird bewusst,
wie sehr wir Gespräche mit unseren Freunden in Deutschland
vermissen. Mit dem Satellitentelefon können wir keine langen
Schwätzchen halten, viel zu teuer. Und wer uns anruft, zahlt fünf
Euro pro Minute. Eine Stunde mal eben dreihundert Euro, nicht
schlecht! Wir denken uns: Nach der Zeit auf der Insel wird es
schon weitergehen wie zuvor. Freunde bleiben Freunde.

»Wäre echt schön, wenn Jessi und Dennis vorbeikommen«,
sagt Nina, als wir abends allein in der Hütte sitzen – ihre beste
Freundin und deren Mann.

»Die haben aber doch nur vier Wochen Urlaub im Jahr, das
lohnt sich kaum«, sage ich. Zwei Tage im Flieger und dann noch
tagelang auf Booten – und wenn das Wetter nicht passt, fährt kei-
nes. »Das müssten wir denen fairerweise vorher klarmachen.«

Auf der Karte von Ninas Eltern steht eine Notiz, dass die
beiden ernsthaft darüber nachdenken, uns zu besuchen. Am

Satellitentelefon erklärt Nina ihnen schweren Herzens, wie schwierig es ist, bis zu uns auf die Insel zu kommen. Nachdem Jamie in Seenot geraten ist, sind wir doppelt verunsichert.

»Manchmal wäre es echt gut, Internet zu haben«, sagt Nina. »Dann könnten wir mailen und skypen und alles viel direkter besprechen.«

»Ja, schon klar«, meine ich. »Aber wahrscheinlich wären wir dann auch nicht so richtig draußen wie jetzt und so entspannt. Wir würden doch ständig darüber reden, was wir gerade im Internet gelesen haben. Und bestimmt auch mehr streiten, oder?«

»Und wahnsinnig viel Zeit damit verschwenden.« Nina nickt. »Vor ein paar Monaten hätte ich das bestimmt anders gesehen. Am besten wäre es, einfach nur Mails schreiben zu können. Kein Facebook und so.«

»Und keine Nachrichten«, sage ich. »Ich wette mit dir, wir haben seither kaum etwas verpasst.«

Am letzten ihrer Tage auf der Insel zeige ich Jamie und Grant, wie man vom Strand aus fischen kann, und wir stehen zu dritt im seichten Wasser und werfen Angelhaken um die Wette. Ein unausgesprochener Wettstreit um den größten Fisch, bei dem Jamie erst dann zufrieden ist, als er auch einen am Haken hat. Unser Mittagessen: zwei Lippfische, zwei Papageifische.

Für die Zukunft gibt mir Grant einen guten Tipp: »Probier es doch mal mit einer Plastikflasche als Schwimmer. Füll sie halb mit Sand und binde sie wenige Zentimeter hinter den Haken. So kann er mit der Strömung weiter hinaustreiben.«

»Das ist einen Versuch wert«, finde ich – und werde Wochen später mit einem mittelgroßen Snapper belohnt.

Bereits in Nuku'alofa haben Jamie und Grant ihre Rückreise organisiert. Irgendwann trifft ein kleines Fischerboot ein, das sie den weiten Weg an einigen Riffen vorbei auf eine Insel weit nördlich von uns bringt. Von dort aus wollen sie ein Propeller-flugzeug zurück nach Tongatapu nehmen.

»Danke für alles«, verabschiede ich Jamie am Strand. »Komm bald wieder, trotz allem. Wir bitten dich auch nur noch um drei Kisten mit Lebensmitteln, keine sechzig mehr. Es tut mir leid, was passiert ist.«

»Mach dir mal keinen Kopf«, sagt Jamie. »Der Motor war einfach hinüber, das war alles. Wir sehen uns wieder.«

Wir winken den beiden zu, bis wir die Köpfe im Boot nicht mehr sehen können und sie in den Wellen entschwinden.

18

Autark

Als wir wieder allein sind auf unserer Insel, bekommen wir unerwartete tierische Gesellschaft.

»Komm doch mal her«, ruft Nina mich herbei.

»Was ist denn?«, rufe ich zurück, weil ich in der Hängematte liege, mit geschlossenen Augen der Brandung lausche und überhaupt keine Lust verspüre, irgendetwas daran zu ändern.

»Wir haben Besuch.«

»Schon wieder?«

»Nicht solchen – schau doch einfach mal.«

Murrend verlasse ich meine paradiesische Variante eines Liegestuhls und schlurfe zu Nina hinüber. Früher, also zu Hause in Deutschland, hätte ich mich vermutlich nicht vom Sofa hochgerafft, nur um zu sehen, was meine Frau gerade in Begeisterung versetzt. Allenfalls hätte ich sie um eine gerufene Beschreibung gebeten, vielleicht nicht mal das. Zu müde vom Alltag, zu beschäftigt mit mir selbst. Sie hätte sich über mein Desinteresse geärgert, ich darüber, dass sie mir nicht einfach meine Ruhe lassen kann.

Bei dem Gedanken, zu was für einem guten Ehemann mich die Insel inzwischen gemacht hat, muss ich grinsen und meine Muffigkeit verfliegt.

»Was ist denn?«, frage ich nun, bei Nina angekommen, interessiert, während ich sie von hinten umarme, um mal eben an ihrem Haar zu riechen. Hm!

»Da sitzt ein Kingfisher.« Nina zeigt auf eine Palme, und ich entdecke diese Südseegattung des Eisvogels, der uns von nun an jeden Mittag beobachtet. Er ist überhaupt nicht schreckhaft und schaut uns am liebsten zu, wenn wir die Hühner aus dem Stall lassen und mit Essensresten und dem alten Käfermehl füttern. Daher weht der Wind! Das Hühnerfutter.

Manchmal stürzt sich der Eisvogel von seiner Palme, wenn ein unscheinbarer Strandläufer – eine Bindenralle, wie ich durch unsere Inselfachlektüre weiß – sein Revier betritt und etwas abhaben will. Ansonsten sitzt er brav und friedlich auf seinem Palmwedel, den er sich als Aussichtsplattform ausgesucht hat.

»Er heißt Swimmy«, beschließt Nina, die bis auf wenige Meter an seine Stammpalme herandarf und so das perfekte Foto schießen kann – der aufregendste »Zwischenfall« des Tages. Seit Jamie uns verlassen hat, ist das Leben wieder geruhsam. Unsere Welt endet noch immer am Riff, von außerhalb will gerade keiner was. Die beste Zeit bisher, denke ich oft. Alles da, was wir brauchen. Der Garten wächst. Die Hühner legen Eier. Sunday relaxt. Nina und ich sind glücklich miteinander.

Sie verpasst mir einen neuen Haarschnitt – zum dritten Mal, seit wir auf der Insel sind. Ich will die Haare bei der Hitze schön kurz haben. Außerdem werde ich in wenigen Tagen 29 und muss für die Party natürlich gut aussehen – es kommen einige Krabben und Vögel zu Besuch, darunter ein Tölpel namens Albert und Eisvogel Swimmy.

Vor dem Haus haben wir einen Palmenstamm, der dem Zyklon zum Opfer gefallen ist, auf zwei kleinen Baumstämmen quergelegt. Unsere Sitzbank, beziehungsweise meine, wenn es um eine neue Frisur geht. Nina steht mit der Schere hinter mir und schnippelt. Sie lässt sich Zeit, ihre Finger spielen mit meinen Haaren, sie krault mich immer wieder hinter den Ohren. Sunday schaut schon ganz eifersüchtig, und wäre ich eine Katze, würde ich schnurren.

Den Geburtstag hat Nina von langer Hand geplant. Am Morgen verschwindet sie früh aus dem Bett, eine Stunde später weckt sie mich und führt mich an den Strand. Unter unseren drei Lieblingspalmen liegt ein Tuch, auf dem das Frühstück ausgebreitet ist. Brötchen aus dem Solarkocher – Nina hat sie gestern gebacken, während ich angeln war und nichts mitkriegen konnte. Dazu gibt es wachsweich gekochte Eier, wie ich sie mag, und frische Papaya in Würfel geschnitten.

Wir machen uns einen faulen Tag, liegen einfach nur da. Kuscheln und dösen. Später, am frühen Abend, bereiten wir ein Lagerfeuer vor. Wir tragen einen riesigen Stapel Holz zusammen. Nina verschwindet kurz in der Hütte und kommt mit einer Flasche Sekt zurück.

»Wow, wie hast du das hingekriegt?«, frage ich völlig überrascht.

»Das war nicht ganz einfach«, sagt Nina und schmunzelt geheimnisvoll. Schließlich rückt sie heraus: Da sie diejenige war, die die Einkaufs-SMS an Franz tippte, konnte sie heimlich eine Flasche Sekt bestellen und ihn bitten, sie in einem der Kartons zu verstecken. »Da war 'n kleines Kreuzchen drauf, und Jamie wusste auch Bescheid.« Einmal ausgeladen konnte sie die markierte Kiste an mir vorbeischmuggeln.

»Ich bin beeindruckt!«, gebe ich zu. Die Flasche ist sogar etwas kalt, weil Nina sie mit einem Tuch umwickelt und in den Wind gestellt hatte. Am flackernden Feuer stoßen wir an.

»Auf dich«, sagt Nina.

»Nee, auf die Insel«, korrigiere ich, küsse ihre Sektlippen und freue mich auf den Nachtisch.

Die Zeit fliegt an uns vorbei, obwohl wir so leben, als stünde sie still. Uns fehlt jegliches Gefühl für Tage und Wochen, und mit Erschrecken stellen wir irgendwann fest, wie viel von unserer wertvollen Inselzeit schon verstrichen ist.

Mit der Selbstversorgung klappt es immer besser. Chinakohl und Gurken ernten wir seit Längerem, und durch Zufall stoße ich in der Nähe des Hühnergeheges auf einen riesigen, wild wachsenden Busch Pele – Südseespinat. Wir braten die Blätter kurz in Öl und geben Knoblauch dazu. Sie schmecken so gut, dass ich Triebe abschneide und andernorts pflanze, in der Hoffnung, dass sie schnell wachsen mögen. Nina kürt die Pflanze zum besten natürlichen Veggie-Food der Insel.

Dazu kommen Salate, Karotten und Tomaten, die wir uns so lange ersehnt haben. Sie wachsen zunächst in überschaubarer Anzahl, und Schmetterlingsraupen zerfressen uns manche. Aber die Pflanzen selbst sehen vielversprechend aus und gedeihen fleißig weiter.

Die Raupen bereiten uns enorme Probleme, wenn wir sie zu spät bemerken. So haben sie uns eine Reihe Chinakohl komplett niedergefressen.

»Ihr gefräßigen Viecher«, schimpft Nina.

Wenn wir wollten, könnten wir jeden Tag Kürbis essen. Da sieht man mal, wie produktiv wir sind, denn die weiblichen Blüten müssen wir selbst bestäuben, sonst gäb's kein einziges Exemplar. Es fehlt auf der Insel an Insekten, die diesen Job übernehmen würden. Und die Wespen sind sich offenbar zu fein. Also pflücken wir die männlichen Blüten und führen sie in die weiblichen ein.

»Ich habe noch eine Blüte vergessen«, rufe ich Nina gern zu. Grinsend spielt sie die Ahnungslose und fragt: »Ach ja, welche denn?« Nicht selten muss die Gartenarbeit dann ein Weilchen auf uns warten.

Daneben sind die Kürbispflanzen auch ein guter Ersatz für unseren Salat, der noch nicht sprießt, wie wir es wollen. Mit einer Blechschüssel wandern wir durch den Garten, pflücken die jungen Kürbistriebe und braten sie wie den Pelespinat in Öl und Knoblauch an. Kürbissuppe mit frischer Kokosnusscreme essen wir auch sehr gern.

Das Einzige, was wir gar nicht erst zu pflanzen brauchen, sind Zwiebeln. Sobald sie zu wachsen beginnen, kriechen in der Nacht massenweise Einsiedlerkrebse daher und fressen sie auf. Seltsamerweise interessieren sich die Krebse ausschließlich für Zwiebeln und ignorieren den Rest des Gartens. So hat jeder seine Leidenschaften.

Das Basilikum, das wir mit der Nachschublieferung bekommen haben, wuchert regelrecht, und die Paprikasetzlinge entwickeln sich, wie wir uns das wünschen. Wie die Tomaten brauchen sie noch Zeit, um mehr Früchte zu tragen. Aber es dauert nicht mehr lange, und wir erreichen die nächste Stufe in der Selbstversorgung.

Die sieben Hühner legen drei bis fünf Eier am Tag, genau die richtige Anzahl, um unseren Bedarf zu decken. Wir gestatten ihnen nun Freilauf, als Belohnung sozusagen. Nach ihrem ersten Fluchtversuch haben wir bemerkt, dass sie friedlich und menschenfixiert sind. Regelrecht zivilisiert. Wenn sie merken, dass ein Ei drückt, rennen sie zurück zum Stall und legen es ins Heu, anstatt es irgendwo im Gestrüpp zu verstecken.

Sunday kommt ebenfalls gut mit unserem Geflügel zurecht. Er mag es zwar nicht, wenn es ihm zu nahe kommt, und verzieht sich dann an seinen Lieblingsplatz unter die Hütte. Aber ich glaube, er hat begriffen, wem er die Frühstückseier zu verdanken hat. Also lässt er die Hühner in Ruhe und schnüffelt ihnen lediglich ab und an am Allerwertesten herum.

Arbeiten wir im Garten, locken wir die Hühner mit ein wenig Futter zurück in ihr Gehege, da sie uns ansonsten auf Schritt und Tritt folgen und all unsere Mühe zunichtemachen. Wenn Nina Setzlinge pflanzt, picken sie die Blätter ab. Wenn ich Erde aufschütte, scharren sie die Wurzeln der Pflanzen frei.

»Morgen schlachte ich dich«, drohe ich deshalb dem Huhn, das mich am meisten nervt.

»Dann haben wir aber bald keine Frühstückseier mehr«, protestiert Nina.

»Lust auf Hühnchen hätte ich schon«, gestehe ich – und meine das ernst. Das schuldige Huhn rennt gackernd davon, als spüre es meinen Appetit. »Schlaues Tier«, murmle ich ihm hinterher.

Völlig fassungslos sind wir, als wir eines der Hühner bei der Jagd beobachten. Eines Tages entdecke ich einen Gecko an einem meiner T-Shirts auf der Wäscheleine und schnappe ihn mir, um ihn Nina auf die Schulter zu setzen.

»Iiihh«, schreit sie, als ich auf sie zukomme. Der Gecko hüpft mir aus der Hand vor die Hühner, die gerade Essensreste picken. Eine der Hennen sieht den Gecko davonrennen, lässt von der Papayaschale ab und stürzt auf ihn zu, pickt auf ihn ein, packt ihn mit dem Schnabel und rennt nun ihrerseits davon. Ein anderes Huhn nimmt sofort die Verfolgung auf, um der Kollegin den Gecko abzunehmen. Das Raubhuhn bleibt stur und rennt so lange weg, bis das Verfolgerhuhn aufgibt. Triumphierend frisst es den Gecko, ein großes Exemplar, lang wie meine ausgestreckte Handfläche.

»Hühner sind also keine Vegetarier«, stelle ich fest. »Kann ich nicht wenigstens eines schlachten? Fressen und gefressen werden sozusagen?«

»Vergiss es«, sagt Nina. »Dann kriegst du Stress, wie du ihn von außen niemals hattest.«

»In Deutschland esse ich ständig Hühnchen. Was glaubst du, woher die wohl kommen?«, reagiere ich etwas genervt.

»Ich weiß, dass sie geschlachtet werden«, entgegnet Nina, nicht minder genervt. »Aber hier geht's um meine Frühstückseier.«

Wir diskutieren noch ein Weilchen, doch Nina bleibt hart. Kurz überlege ich, wie viel Stress mir ein anständiges Südsee-Chicken-Curry wohl wert wäre, aber ein Blick in Ninas Miene lässt mich freiwillig verzichten.

Auch wenn ich sie nicht essen darf – außer für die Eierproduktion sind unsere Hühner noch in anderer Hinsicht hilfreich: Sie machen Dreck. Und den können wir gut gebrauchen.

Weil wir unzufrieden sind mit der Tomatenernte und auch die Auberginen nicht in die Gänge kommen, wollen wir Flüssigdünger und Komposterde verwenden. Für das Herstellen des Flüssigdüngers brauchen wir Seegras, das wir bei Ebbe an seichten Stellen des Weststrandes in einen Eimer ernten und anschließend mit Süßwasser abwaschen. Als Nächstes machen wir uns auf die Suche nach Blättern von Brotfruchtbäumen und nach kleinen Bananenstämmen, die wir einem Tipp von Grant folgend in dünne Scheiben hacken. Fehlt nur noch der Hühnerdreck, den ich im Stall mit dem Spaten zusammenkratze und in einer Tüte zum Haus bringe.

Im Schatten eines Südseemandelbaumes stellen wir zwei alte Kunststofftonnen auf, geben das Gesammelte in zwei wasserdurchlässigen Kartoffelsäcken hinein, füllen die Tonnen mit Wasser auf und decken zum Schluss alles mit Holz ab. Nach zwei Wochen ist der Dünger fertig.

Mit dem Kompost dauert es etwas länger. Neben der Küche zimmere ich ein Holzgerüst, in das wir Gemüsereste und Eierschalen werfen. Nach einiger Zeit kommt eine Lage Blätter darauf, dann Palmwedel, dann wieder Essensreste.

Der große Nachteil an der Arbeit mit Dünger und Kompost: Unsere Wäsche riecht danach, und die T-Shirts bekommen jede Menge Flecken. Wir sehen aus wie die Flodders.

Ohne Waschmaschine ist das Waschen sehr mühsam. Stundenlang stehen wir am Wassertank und tauchen T-Shirts und

Hosen in einen Eimer mit kaltem Wasser, geben Waschpulver dazu, wringen die Klamotten aus, tauchen sie wieder in klares Wasser und wringen sie wieder aus. So lange, bis fast jeder Fleck verschwunden ist. Das gibt Blasen an den Händen.

Wenigstens trocknet die Wäsche schnell. Wir hängen sie auf eine Wäscheleine, die zwischen zwei Kokosnusspalmen gespannt ist, und in wenigen Stunden hat die Mittagssonne jeden Tropfen Wasser verdampft.

Nach einem halben Jahr sind endlich auch die Pfade durch den Dschungel fertig.

»Ich hab schon fast nicht mehr daran geglaubt«, sage ich zu Nina.

»Ja, richtig cool«, antwortet sie. »Vor allem können wir jetzt überall barfuß laufen.«

Natürlich ist alles durchdacht. Wir haben darauf geachtet, dass die Pfade nicht unter Palmenkronen verlaufen, um der Gefahr zu entgehen, von einer Kokosnuss getroffen zu werden. Mag sich lustig anhören, aber davor haben wir wirklich Bammel. Es kommen mehr Menschen durch herabfallende Kokosnüsse ums Leben als durch Haiangriffe.

Die Nützlichkeit unserer Pfade erweist sich besonders bei nahendem Unwetter. Mussten wir früher beim ersten Anzeichen gleich zu unserem Häuschen aufbrechen, können wir nun bis zur letzten Minute warten.

Wieder einmal sind wir gerade am anderen Ende der Insel, als ein Gewitter naht. Schnell und unaufhaltsam.

»Wir sollten so langsam mal abhauen«, mahnt Nina.

»Einen Moment noch«, sage ich, denn ich liebe dieses Schauspiel: Blitze zucken, und unsere Welt rumpelt, bevor das

Gewitter tatsächlich über uns anlangt. Unmittelbar davor hat die Lagune etwas sehr Idyllisches: Der Himmel färbt sich komplett schwarz, das türkisblaue Wasser vor uns ist glatt und leuchtet noch mehr als sonst zwischen den dunklen Flecken, den Korallenblöcken, wie ein großer, ungeschliffener Edelstein.

»Okay. Jetzt aber schnell«, sehe ich ein, als der nächste Donner so laut kracht, dass es mir in den Ohren scheppert. Ich nehme Nina an der Hand, und wir rennen los, johlend. Kurzer Zwischenstopp am Banyanbaum. Dort ist eine Höhle im Stamm, in die wir zusammen reinpassen – samt Sunday.

»Schauen wir dem Regen von hier aus zu?«, frage ich Nina, drücke sie an mich und küsse sie – so haben wir das schon mal gemacht. Die Luft war feucht und die Tropfen warm.

»Diesmal nicht. Das ist ein richtiges Gewitter«, sagt Nina, während sie sich sanft von mir losmacht. Wir zwängen uns ins Freie und rennen weiter. Gerade, als der Regen beginnt, erreichen wir die Hütte und beobachten das Geschehen vom Fenster aus. Nina hatte recht mit ihrer Vorsicht – einen Blitz sehen wir in unsere Insel einschlagen; der dazugehörige Donner lässt Sunday unters Bett verschwinden.

Neben dem leichteren Vorankommen bieten unsere Pfade einen weiteren Luxus: Sie haben etwas von einem Gang durch den Supermarkt. Ersatzbefriedigung. Wir finden jede Brotfrucht, die vom Baum fällt, und stoßen auf uns bisher unbekannte Papaya- und Bananenbäume. Abends tun uns die Füße weh, so viel sind wir barfuß durch den Busch und über die harten, zitronenförmigen Steinfrüchte der Mandelbäume gestapft.

Der breiteste Pfad führt einmal ganz um die Insel und ist etwa zweieinhalb Kilometer lang. Als Markierungen haben wir Korallenstücke platziert, die von den Zyklonwellen an den Strand gespült wurden und zu schön dafür sind, um im Sand zu versinken. Wäre ein richtiger Sightseeing-Trip, falls mal Besucher kommen.

»Man muss ja vorbereitet sein«, finde ich.

»Klaro«, stimmt Nina zu. »Außerdem brauchst du ja immer eine Aufgabe.«

Eine der Hauptattraktionen unseres Rundweges ist ein Banyanbaum, auf dem Dutzende Flughunde wohnen und tagsüber von den Ästen nach unten hängen, eingepackt in ihre kuscheligen Pelzmäntel. Bevor man diesen Baum erreicht, spaziert man durch einen kleinen, natürlichen Tunnel, der mit den Luftwurzeln von Banyanbäumen überdacht ist. Sobald man vor dem Stamm steht, beginnen die Flughunde mit ihrem lauten, schrillen Gekreische und drehen ein paar aufgeregte Runden über der angrenzenden Lichtung, bevor sie sich zurück an die Äste hängen. Was für ein Begrüßungskomitee – wir könnten glatt Eintritt verlangen.

Neben seiner touristischen Funktion gewährt der Pfad direkten Zugang zu den beiden Sandspitzen im Nordwesten und Südosten der Insel. Sundays Lieblingsstrecke ist der Pfad durch die Inselmitte. Hier gibt es offenbar besonders viel zu schnuppern und zu buddeln.

»Auf jetzt, weiter«, ermahne ich ihn oft, wenn wir diese Route wählen, um fischen zu gehen. Wir laufen vorbei an Nonibäumen, Taniafeldern und hochgewachsenen Pandanuspalmen, direkt zum Herzen der Insel. Ein Ort der Stille. Sind wir hier, können wir die Wellen, die am Riff brechen, nicht mehr hören. Ich halte jedes Mal inne und lausche.

Das einzig Lästige an dem Pfad sind die vielen Nonifrüchte, die auf dem Boden liegen.

»Bäh, schon wieder«, ruft Nina hinter mir, weil sie wieder eine übersehen hat und hineingetreten ist. Wir wissen nicht so recht etwas anzufangen mit den Tausenden Nonifrüchten, die auf der Insel wachsen. Über das angebliche Heilwissen von Noni gibt es ja viele Meinungen, ich kann nur sagen: »Stinkt nach Kotze.«

Deshalb habe ich auch kein Problem damit, Nonibäume zu fällen und ihre Stämme für eine Fischhütte zu verwenden, die wir eines Tages an der Strandspitze im Südosten bauen wollen. Soll eine Art Wochenendresidenz werden, damit wir bei Regen nicht gleich zurück auf die andere Seite müssen, Nina einen Schatten-platz hat oder wir auch mal auf dieser Seite übernachten können, ohne von einem leichten Regenschauer aufgeweckt zu werden. Außerdem stehen Sunday und ich drauf, Fische direkt zu ver-werten, und es ist eine schöne Stelle zum Grillen. Die Strömung ist hier stark und das Wasser tiefer als anderswo. Da schwimmen einige hübsche Portionen vorbei.

Wir suchen acht stabile, etwa zwei Meter lange Noni-Astgabeln und etwa zwei Meter lange Querhölzer, um daraus ein Grundgerüst zu konstruieren. Als Dach verwenden wir Palmwedel.

Nina bringt sich das Flechten von Palmwedeln selbst bei, erst macht sie sich eine künstlerische Handtasche – Klischee, aber wahr – und später, mit zunehmender Geschicklichkeit, wird das gesamte Fischhüttendach aus einem stabilen Flechtwerk bestehen.

Die Aussicht von hier reicht über die türkisblaue Lagune bis hinüber zur Nachbarinsel.

»Mein neuer Lieblingsplatz«, beschließe ich. Über uns fliegen die Flughunde, die Sonne taucht die Insel in Gold, es ist idyllisch wie auf einer Postkarte. Abends liegen wir unter dem Sternenhimmel. Dann beginnen wir gern, über unser Leben zu sinnieren.

»So einen Sternenhimmel werden wir woanders nie sehen«, sagt Nina.

»Da können wir lange suchen«, stimme ich ihr zu. »Ich habe schon jetzt Angst davor, wieder zurückzumüssen.«

»Aber wir haben doch noch ein halbes Jahr«, entgegnet Nina. »Und wir können nicht beides haben, Insel und Familie. Das wird nicht funktionieren.«

»Wieso nicht?«, frage ich. »Wieso können wir nicht alle zum Übersiedeln bewegen? Wenn meine Familie doch nur mal einsehen würde, wie schön es hier ist.«

»Wir könnten uns ja aufteilen«, spinnt Nina die Idee weiter. »Die einen gehen auf die eine Nachbarinsel, die anderen auf die andere. Und an den Wochenenden besuchen wir uns gegenseitig.«

»Noch ein halbes Jahr«, sage ich. »Das kommt mir so kurz vor. Ich habe auch nicht das Gefühl, dass wir schon so lange hier sind.«

»Weißt du was? So etwas sagen normalerweise immer die alten Leute. Dass die Zeit viel zu schnell verstreicht«, sagt Nina. »Es stimmt aber.«

»Wir sind ja auch schon alt«, sage ich. »Wir werden bald dreißig.«

Und so schlafen wir am Strand ein. Mit Freude über den Augenblick und Sorge über die Zukunft. Lebe den Moment, hatten wir uns vorgenommen, aber die Sorge um die Zukunft legen wir nie ganz ab.

Obwohl wir ganz in unserem eigenen kleinen Mikrokosmos vor uns hinleben, ist es uns nach den Erfahrungen in den letzten Monaten wichtiger denn je, Kontakt zur Außenwelt halten zu können. Zyklon, Beulenpest, Tsunamiwarnung, Jamie in Seenot – wir haben nichts von alledem vergessen. So laden wir fast jeden Tag den Akku des Satellitentelefons auf, der allein dadurch schnell abnimmt, dass wir das Telefon jetzt tagsüber angeschaltet lassen. Das Solarmodul des Solarkoffers legen wir mittags in die pralle Sonne, doch irgendwie wollen die Lämpchen, die bis dahin immer gern leuchteten, nicht mehr so richtig.

»Und was machen wir jetzt?«, fragt Nina.

»Erst mal warten«, rate ich.

Wir nehmen an, dass nur einzelne Lämpchen der Ladeanzeige kaputt sind. Wenige Tage später fällt aber auch das letzte aus – bei bestem Sonnenschein.

»Wir müssen ihn auseinandernehmen«, meint Nina.

»Ja, es geht wohl nicht anders.« Den Akku unserer Kamera oder des Laptops nicht mehr aufladen zu können, wäre doof. Aber daheim in Deutschland oder selbst auf der Hauptinsel in Tonga niemanden erreichen zu können – das wäre ein richtiges Problem.

Als wir die Abdeckung abnehmen, ahnen wir, was los ist. Eines der Kabel, die zu den Batterien führen, hat sich gelöst. Die Steckverbindung vorn ist abgebrochen.

»Wahrscheinlich ist das schon einmal passiert«, analysiert Nina. An der Stelle sind Lötspuren zu sehen.

Wir probieren, Kabel und Batterie mit einer Klemme zu verbinden. Klappt nicht. Mit einem Lötkolben wäre die Sache einfacher. Wir probieren es wieder und wieder – erfolglos. Mit einem Schlag ist der Solarkoffer für uns unbenutzbar.

»Das ist richtig blöd«, ärgert sich Nina.

»Wir haben nur noch eine Chance«, sage ich. »Im Schuppen die drei Autobatterien testen, ob eine noch funktioniert.«

Immerhin haben wir noch das Solarmodul des Koffers – und aus Deutschland haben wir einen kleinen Inverter zur Spannungsumwandlung samt Laderegler mitgebracht. Eben genau mit der Idee im Kopf, dass wir dann theoretisch nur eine Autobatterie bräuchten, um Strom zu haben.

Ich nehme an, die Batterien im Schuppen wurden in Zeiten benutzt, als der Generator noch funktionierte – mit dem sie auch aufgeladen wurden.

Wir schließen alles an eine der Batterien an und legen das Solarmodul auf das Wellblechdach des Schuppens. Es tut sich nichts, der Laderegler zeigt ungutes Orange an. Wir warten bis zum Mittag, bis die Sonne stärker scheint. Nichts.

Am nächsten Morgen probieren wir es mit der zweiten Batterie. Wieder orange. Wir warten. Ernten Früchte und gehen fischen. Als wir zurückkommen, leuchtet das Licht am Inverter grün.

»Gibt's nicht«, sage ich ungläubig. Als ich auf Power drücke, springt das Gerät an. Wir schließen das Satellitentelefon an. Der Inverter schnauft schwer, und das Licht des Ladereglers springt auf Orange.

»Mist!«

»Warte kurz«, sage ich. »Funktioniert doch.« Der Akku des Satellitentelefons wird geladen. Keine weiteren Zwischenfälle. »Wir machen ihn nur an, wenn die Mittagssonne scheint, nicht dass die Autobatterie sonst auch noch schlappmacht.«

19

Segler

Diesmal ist es kein Vogel, eine von diesen schnell flatternden Seeschwalben, die ich gern für ein Boot halte, wenn sie genau auf der Linie des Horizonts fliegen. Der weiße Fleck am Horizont bewegt sich scheinbar nicht von der Stelle. Es ist ein Boot. Auf jeden Fall. Ein Segelboot wahrscheinlich, das Weiß ragt etwas in die Höhe, von mir aus gesehen nur Millimeter.

Ich werfe die Fischgräten ins Wasser, spüle den Teller im Salzwasser ab und renne zurück zu Nina. »Ein Segelboot«, rufe ich ihr noch im Rennen zu. Wir gehen zusammen runter an den Strand.

»Kommen die zu uns?«, fragt sie voller Begeisterung.

»Ich denke schon.«

In den vergangenen Minuten ist das Weiß am Horizont etwas größer geworden, das Boot befindet sich nur noch wenige Seemeilen von uns entfernt. Die Form des Segels zeichnet sich ab, ein hochragendes Dreieck, aufgeblasen vom Wind. Darüber wundere ich mich, denn die Luft steht still, nicht die leichteste Brise verspüren wir. Das Meer ist glatt wie Glas.

»Lass uns schnell zurück zum Haus gehen«, sagt Nina.

»He wieso?«, frage ich. »Ich will mir das anschauen.«

»Wir haben noch voll den Saustall. Deine T-Shirts liegen herum, und der Boden ist sandig«, erklärt Nina. »Wir müssen dringend fegen.« Ich muss lachen, Nina wirft mir erst einen bösen Blick zu, dann stimmt sie ein. So viel dazu, wie uns die Insel verändert und wir immer wilder werden.

»Also gut, gehen wir zurück«, sage nun auch ich. »Die Teetassen sind nicht gespült, und die Feuerstelle ist ebenfalls unordentlich.« Wir sind schließlich keine Inselmessies!

Der Einzige, der gelassen reagiert, ist mal wieder Sunday. Wahrscheinlich hat er das Segelboot noch gar nicht bemerkt – es ist eben schlechter zu hören als ein Motorboot.

Als wir nach dem Aufräumen wieder am Strand stehen, erreicht das Boot das Riff unserer Nachbarinsel. Es ist ein Katamaran, erkennen wir an den Kufen. Wir setzen uns auf einen Palmenstamm, genießen den Anblick, wie der Katamaran um unser kleines Archipel treibt, und verfolgen jede Bewegung, bis er sich eine gute halbe Stunde später dem Außenriff unserer Lagune nähert.

Wir befürchten schon, dass das Boot an uns vorbeisteuert, aber dann wird das Segel eingeholt und der Motor angeworfen, um den perfekten Ankerplatz in der Lagune zu finden. Jetzt erst kapiert auch Sunday. Er bellt lautstark und lässt sich gar nicht mehr beruhigen.

»Hoffentlich schreckt sie das nicht ab«, sage ich zu Nina.

»Ach was, die hören das gar nicht.«

In Nuku'alofa haben wir uns sagen lassen, dass nur die Abenteurer unter den Seglern dieses Gebiet ansteuern. Dann werden sie auch mit Sunday klarkommen. Wir beobachten oft fasziniert, welche Kräfte Riffe aushalten müssen, wenn Wellen an ihnen brechen. Von uns aus erahnen wir an klaren Tagen allein vier Riffe; durch die weißen Schaumkronen, die sich an ihnen bilden. Das sind riesige Kochtöpfe, in denen das Wasser unablässig am Brodeln ist.

Als die Segler geankert haben, machen wir uns auf den Weg an die Stelle, von wo aus wir dem Boot am nächsten sind. Wir gehen über eine freie Grasfläche und halten Ausschau. Von unseren Besuchern scheint jeder mit etwas anderem beschäftigt. Wir winken einfach mal und hoffen, dass uns jemand sieht. Endlich winkt einer zurück. Wir lehnen uns an einen Stamm, den der Zyklon den Strand hochgespült hat und schauen und warten.

»Du, das wird so langsam voyeuristisch«, sagt Nina.

»Echt?«, frage ich. »Na gut. Dann gehen wir eben zurück.«

Segler sind wie Einsiedlerkrebse: Es dauert immer eine Weile, bis sie aus ihrem Haus kommen.

Wir machen uns Kaffee. Besser gesagt, wir tun so, als würden wir uns Kaffee machen, damit wir den Seglern gleich einen anbieten können, wenn sie vor uns stehen.

Auf dem Weg zur Küche hole ich drei Eier, die uns die Hühner am Morgen gelegt haben. Wir haben zwar gerade erst Bratkartoffeln und frisch geernteten Chinakohl gegessen, aber ich will so tun, als backte ich Pfannkuchen, und die Segler dazu einladen.

Besuch, Besuch, geht mir nur durch den Kopf, und ich bin bester Laune. Gerade habe ich mit den Pfannkuchen begonnen, als draußen jemand »Hello« ruft. Da stehen sie, vier Menschen – zwei Frauen, zwei Männer –, und wir begrüßen alle freudig. Sunday hat sie offenbar schon vorher abgepasst, er sitzt entspannt neben ihnen.

»Habt ihr Lust auf Kaffee und Pfannkuchen?«, frage ich in die Runde.

»Oh, damit hätte ich hier gar nicht gerechnet«, sagt der eine. »Aber ja, sehr gern.«

Nina darf mit ihnen das Vorstellungsgespräch führen, während ich zurück an den Herd eile und den zurückgelassenen Pfannkuchen völlig verbrannt vorfinde.

Unsere vier Gäste sind Australier und tragen allesamt typischerweise Sonnenbrille, Hut und langärmliges Shirt als Sonnenschutz. Mary, Meredith, Andrew und Malcom – vier junggebliebene Abenteurer in vorgezogenem Ruhestand, von denen die ersten drei dauerhaft auf dem Boot leben und Malcom nur für ein paar Wochen zu Besuch dabei ist.

»Wir haben gehört, dass auf der Insel ein Haus steht«, erzählt der große Andrew, der die Gruppe um einen Kopf überragt. »Wir wollten uns das mal näher anschauen.« Zunächst habe er die weiter südlich liegende Insel in der Gruppe angesteuert, fünf Meilen entfernt, weil er missverstanden habe, dass das Haus dort stehe.

»Wenn ich euch nicht bemerkt hätte, wäre Andrew einfach weitergefahren«, sagt Mary und lacht.

»Dann hatten wir ja alle Glück«, sage ich. »Stellt euch mal vor, wir wären auf der Rückseite der Insel fischen gewesen.«

»Das wäre schlimm gewesen«, sagt Malcom. »Ich hätte auf Pfannkuchen verzichten müssen.«

Die Segler wollen zwei Tage bleiben, wenn wir einverstanden seien, sagen sie, und natürlich stimmen wir zu. Sie fragen uns aus über das, was wir auf der Insel machen, und erzählen uns von ihrer Route durch Tonga und von ihrem Leben in Australien, bevor sie in See stachen.

Nina und ich stellen mal wieder fest, wie viel Spaß wir daran haben, nett zu plaudern. Vor allem mit Menschen, mit denen wir uns auf Anhieb verstehen, weil wir alle sechs besessen sind von der Südsee.

Die Segler, deren Katamaran *Calamia* heißt – ein Wort aus der Sprache der Aborigines, das Leidenschaft bedeutet –, haben ihr Boot selbst gebaut und wohnen seit Jahren auf ihm. Mal sind sie in Samoa unterwegs, mal in Tonga. Genau wie wir sehnen sie sich nach Abgeschiedenheit und steuern jeweils von den größeren Inselgruppen abseits liegende Inseln an. Alle paar Wochen segeln sie zum nächsten Dorf, um einen Vorrat an Lebensmitteln einzukaufen.

Die nächsten beiden Stunden gehen viel zu schnell vorbei, und als die Dämmerung einbricht, wollen unsere Besucher zurück auf die *Calamia*. Als Malcom auf dem Weg hinter unserer Hütte den Garten und die Bananeninseln erspäht, ist er nicht mehr zu halten.

»Das muss ich mir anschauen«, sagt er. Wie wir erfahren, besitzt er in Australien eine Bananenplantage. Kaum zu glauben, kommt uns aber gerade recht. Wir fragen uns seit geraumer Zeit, wie wir die Stauden am besten pflegen, um den Ertrag zu steigern.

»Hast du ein paar Tipps?«, frage ich Malcom.

»Natürlich«, sagt er und erklärt mir etwas zur Mutterpflanze und der Bedeutung der einzelnen Bananen, die um sie herum wachsen. Es gibt wichtigere und weniger wichtige, dann reicht mein Englisch nicht mehr aus, um seinen Ausführungen weiter folgen zu können.

Plötzlich wird er wütend, der kleine, hagere Mann mit weißen Socken in weißen Turnschuhen, nimmt unser liebstes Gartenwerkzeug, den Grabstock, in die Hand, und trennt die vielen zwischen den Stauden wuchernden Nachkömmlinge ab. »Die müssen alle weg«, schimpft er und rammt mit dem Stahlspeer auf die weichen Bananenstämme ein, packt sie und wirft sie hinter sich. Das seien alles »watersucker« – »Wassersauger«. »Wenn die weg sind, ist das gut für das Wachstum der großen Bananen und später für die Früchte.«

»Ist aber mühselig, die so wegzumachen«, stöhne ich.

»Ich habe nicht gesagt, dass es Spaß macht«, entgegnet Malcom trocken. Auch den Flüssigdünger, den wir gebraut haben, schaut er sich mit Interesse an. So etwas würde nie jemanden interessieren, der nicht selbst mit Landwirtschaft zu tun hat.

»Was meinst du?«, frage ich.

»Das wird funktionieren«, prophezeit er mir.

Tatsächlich habe ich den Eindruck, dass sich mehr Tomatenblüten entwickeln, seit ich die Pflanzen jeden Abend dünge. Noch in der Dunkelheit wüte ich in Malcoms Manier durch die Bananeninseln.

»Voll schön, mal wieder Leute um sich zu haben«, sagt Nina, als wir später zusammen auf dem Sofa sitzen und den Tag Revue passieren lassen. »Das habe ich vermisst.«

»Ja, hat schon gute Seiten«, gebe ich zu. Unser Wilson namens Sunday kann eben doch keine Gespräche ersetzen.

Am nächsten Morgen schlafen die Segler erst mal aus, während Nina und ich schon früh am Strand herumschleichen und ihren Besuch erwarten. Wir wollen ihnen die Insel zeigen. Als sie endlich an Land kommen, ziehe ich Malcom zur Seite.

»Hey, bleib doch bei uns«, sage ich.

»Das wäre genau das Richtige für mich«, erwidert er, »ich müsste nur meine Frau überreden.«

Voller Stolz führen wir die Besucher über die neuen Pfade. Wir schlagen den Weg durch die Inselmitte ein, weil er an zwei riesigen Palmfarnen vorbeiführt, beide fast zehn Meter hoch. Sie sind mindestens ein halbes Jahrhundert alt. Die will ich unseren Besuchern zeigen. Es sind die einzigen dieser Urzeitgewächse auf der Insel, und ich stelle mir bei ihrem Anblick immer vor, wie es wäre, wenn Dinosaurier mit uns hier leben würden. Der Stamm der Farne ist dicht mit Schuppen bedeckt, und die Blätter stehen als Wedel von den Spitzen ab. Sie waren von Winden überwuchert, als wir sie fanden.

»Wir haben alles weggeschlagen und einen kleinen Platz angelegt«, erkläre ich. »Die Ableger, die wir vor dem Haus gepflanzt haben, stammen von hier.«

»Wow, ich habe so etwas noch nie gesehen«, schwärmt Malcom pflichtbewusst.

Von den Farnen aus führt uns der Pfad auf die Ostseite der Insel, die auch im beginnenden Südseewinter die raue Seite ist. Meist weht ein starker Wind, nur an seltenen Tagen nicht. Heute ist ein solcher. Fast würden wir uns eine Brise wünschen, so heiß ist es.

Wir zeigen unseren Gästen einen seltsamen Fund, der wenige Tage zuvor am felsigen Stück Strand angespült wurde: ein Floß, drei mal vier Meter groß, bestehend aus Bambusrohren, über die ein schwarzes Netz gewickelt ist. In der Mitte eingefasst steckt ein Solargerät, umhüllt von einer durchsichtigen Kunststoffkugel, durch die zwei kleine Module zu sehen sind.

»Wisst ihr, was das sein könnte?«, fragt Nina.

»Ich muss es mir mal näher anschauen«, sagt Andrew. Er notiert sich den Herstellernamen auf der Kunststoffkugel und eine Gerätenummer. »Vielleicht hat es etwas mit der Tsunamiforschung zu tun. Ich versuche, mehr darüber herauszufinden.«

Das kann dauern. Was machen wir in der Zwischenzeit mit dem Floß? Es ist sehr schwer, und selbst mit vereinten Kräften schaffen es Andrew, Malcom und ich nicht, es zu bewegen. Ist das Ding noch funktionstauglich? Dann müssten wir den Höchststand der Vollmondflut abwarten und es Zentimeter für Zentimeter Richtung Meer schieben. Wir entscheiden uns, auf das Ergebnis von Andrews Recherche zu warten.

Wir bringen unsere Besucher zurück auf die andere Seite, zum Anlegeplatz ihres Beiboots.

»Kommt ihr mit?«, fragt Meredith unvermittelt.

»Sehr gern«, antwortet Nina.

Wenig später sitzen wir auf dem Deck der *Calamia*. Meredith serviert uns frisch geschnittene Ananasstücke und zwei Gläser mit eisgekühltem Zitronenwasser. Andrew hat einige Solarmodule auf dem Dach des Katamarans installiert, die den Betrieb eines Kühlschranks erlauben.

Welch Luxus, denke ich neidisch. Ein Kühlschrank ist das Einzige, das wir uns noch erträumen würden. Wir könnten frische Lebensmittel kühlen und haltbarer machen, Reste eines Mittagessens aufheben, ohne dass sie am nächsten Tag verschimmelt sind, oder einfach auch mal Getränke kühlen und in der größten Hitze des Tages eine Flasche kaltes Wasser trinken.

»Sieht alles aus wie frisch poliert«, sage ich zu Andrew. »Und alles voller Hightech.«

»Dank diesem Hightech trauen wir uns überhaupt nur zu euch auf die Insel«, meint er und zeigt auf einen Flachbildschirm. »Hier sehe ich das Gebiet, das ich ansteuere, inklusive aller Riffs. So zerschellen wir nirgends.«

Das Ding sieht aus wie ein Navigationsgerät für den Straßenverkehr, ist nur fünfmal so groß. Nina und ich schauen es uns höchst interessiert an, bemerken nur alsbald unser altes Problem: Ruhiger kann das Meer für einen Ausflug auf ein Segelboot kaum sein, trotzdem wird uns mulmig. Wir schwitzen, als hätten wir uns in der Mittagssonne ein Lagerfeuer gemacht, und wollen in Wahrheit nichts wie runter vom Katamaran. Höflich sitzen wir die Situation aus, bis Andrew einen Vorschlag macht.

»Hey, wie wäre es mit einem Schnorcheltrip?«

»Klar«, rufe ich erleichtert. »Wir müssen nur unsere Sachen holen.« Taucherbrillen, Schnorchel und Flossen liegen im Haus – Gott sei Dank, wir müssen an Land! Nina ist so schwindelig, dass sie lieber auf der Insel bleibt, während ich mit Andrew und den anderen schwimmen gehe. Bevor wir die *Calamia* verlassen, stecken uns Mary und Meredith eine Tafel Lindt-Schokolade und ein Glas selbst gemachte Papayamarmelade zu.

»Vielen, vielen Dank«, strahlt Nina die beiden an. Sie wollen uns auch Medikamente mitgeben, aber wir lehnen dankend ab. Unsere Medizinbox ist glücklicherweise noch randvoll.

Zum Schnorcheln wählen wir ein Miniriff gleich vor der Lagune, wohin Nina und ich uns allein aus Angst vor den Strömungen und vor Tigerhaien nie trauen. Andrew fährt mit dem

Beiboot hin und ankert. Dann lassen wir uns alle rücklings ins Wasser fallen wie die Profis. Die Korallenwelt ist traumhaft schön, und noch besser gefallen mir die großen Fische unter uns: Riesenzackenbarsche, Snapper, in der Ferne auch Makrelen – hierhin müsste ich meinen Angelhaken auswerfen können!

Ein neugieriger Riffhai kreist plötzlich um uns. Er ist mir eine Spur zu neugierig, und ich versuche, inmitten der Australier zu schwimmen – damit die als Erste gefressen werden.

Als wir wieder im Boot sitzen, sagt Meredith: »Das war aber ein schöner Hai. Und ich konnte ihn genau beobachten.«

Ich stimme nickend, aber wortlos zu.

Nina und ich hätten Spaß daran, wenn die *Calamia* ihren Aufenthalt in der Lagune verlängern würde. Aber am nächsten Morgen wollen die vier Freunde weiterziehen.

»Das Wetter schlägt um«, sagt Andrew. »Für die *Calamia* könnte es in der Lagune ungemütlich werden.«

»Dann bleibt wenigstens noch zum Abendessen«, bitte ich ihn. Auch Segler wollen nicht immer auf ihrem Boot speisen. Nina und ich bereiten Reis und frisches Gemüse vor – Auberginen und Karotten. Andrew bringt Stücke eines Mahimahi mit, zu Deutsch eine Goldmakrele, die sie auf dem Weg hierher gefangen haben. Mary brät den Mahimahi in der Pfanne an, nur kurz, und die Filets sind zart. Sunday kriegt nix ab – Andrew teilt nicht mit Hunden.

»Ist nichts Persönliches gegen dich«, brummt er zum bettelnden Sunday hinunter. »Aber Mensch bleibt Mensch und Hund bleibt Hund.«

Beleidigt zieht Sunday ab und lässt sich den ganzen Abend nicht mehr blicken. Später werde ich ihn stundenlang um

Verzeihung kraulen müssen. Andrew irrt sich – Hunde sind auch nur Menschen.

Nach dem Essen brechen wir die Schokolade an, aber unsere Gäste halten sich höflich zurück, und so vertilgen Nina und ich die Tafel fast allein.

Am nächsten Morgen hisst die *Calamia* ihr Segel. Wir schauen ihr nach, bis sie der kleine, weiße Fleck am Horizont ist, als den wir sie zwei Tage zuvor erspäht hatten, und warten, bis auch er ganz verschwunden ist.

Nachdem wir das Segel aus dem Blick verloren haben, wissen wir genau, was wir als Nächstes tun: Wir setzen einen weiteren von Malcoms Bananenratschlägen um. Dazu suchen wir im Schuppen nach Resten von Plastikfolie, die wir in große Rechtecke schneiden. Wir falten sie einmal und verschließen die Ränder mit Klebeband. Anschließend suchen wir sämtliche Bananenstauden, die Früchte tragen, und gehen sie einzeln mit der Leiter durch. Ich stülpe die Folie über die Früchte und binde sie oben mit Schnur zu, damit sich kein Tier unerlaubt Zutritt verschafft.

»Wunderbar«, sage ich zufrieden.

Wochen später fahren wir die bisher besten Bananenernten ein, weil viele Früchte unberührt sind. Die Purpurhühner haben Pech, dass Malcom kam.

20

Barrakudatrauma

Eine Sache macht mir schwer zu schaffen, seit Anbeginn der Inselzeit. Ich habe noch nie einen wirklich großen Fisch gefangen. Einen, der mich zwei Tage lang satt macht. Von dem ich zum Frühstück, am Mittag und am Abend essen kann und bei dem trotzdem noch etwas übrig bleibt für den nächtlichen Heißhunger. Einen, den ich in große Stücke zerschneiden und panieren kann und bei dem keine Gräten mehr in den Stücken stecken.

Ich glaube, Sunday beschäftigt das auch. Während ich mit der Angelleine in der Hand im flachen Wasser stehe, liegt er etwas abseits unbeteiligt unter einer Palme. Seit Tagen schon hat er es aufgegeben, nach meinem obligatorischen »Ich hab einen!« aus dem Schatten zu springen, um meinen jeweiligen Fang zu begutachten. Im Gegenteil: Ich kann von Glück reden, wenn er müde den Kopf hebt und meine Beute wenigstens eines kurzen Blickes würdigt. Meist ignoriert er meinen Versuch, den Jagderfolg mit ihm zu teilen, als ob es ihm peinlich ist, mit so einem schlechten Jäger »verwandt« zu sein.

Nina hat sich in die Küche verzogen, um uns ein Abendessen aus Haferflocken mit Milch aus Milchpulver zu zaubern. Ihr Pessimismus mein Fischen betreffend schmerzt mich ebenso sehr wie Sundays Ignoranz. Dabei habe ich hier schon viele große

Fische schwimmen sehen, auch nah am Strand. Riesige Blauflossenmakrelen, deren dunkelblau-silbrige Schimmer knapp unter der Oberfläche vorbeihuschen. Oder dicke, lange Hornhechte, die nach kleinen Fischen jagen und wie Pfeile durchs Wasser schießen.

Und es ist auch nicht so, als seien mir nicht schon große Fische an den Haken gegangen. Nein, da zappelte schon das ein oder andere Mal ein dickes Ding am anderen Ende meiner Angel. Doch leider passierte dann jedes Mal eines von drei Dingen:

1. Der Fisch war so groß und stark, dass er meine Leine durchriss. 2. Der Fisch hatte ein solch kräftiges Gebiss, dass er meine Leine durchbiss. 3. Der Fisch hatte eine solche Kraft im Maul, dass er im letzten Moment, bevor ich ihn aus dem Wasser ziehen konnte, den Haken verbog und zurück ins Wasser plumpste. Alles drei treibt mich in den Wahnsinn und beschäftigt mich so sehr, dass ich Stunden und Tage über meinen Misserfolg maule.

»Nina nennt das mein Barrakudatrauma«, kläre ich Sunday auf, während ich an meiner Angelleine herumfummle, um sie für den nächsten großen Wurf bereit zu machen. Vielleicht hat er ja doch noch Verständnis für mich. Aber Sunday ignoriert mich weiterhin. Also hole ich weiter aus: »Das war damals auf Fidschi, und, ob du es glaubst oder nicht, ich stehe da und fische, und plötzlich tut es diesen Mordsruck an der Leine.« Aha, Sundays Ohr zuckt. Es scheint ihn zu interessieren. Gut so.

An die Episode erinnere ich mich, als wäre es gestern gewesen. Der Zug an der Leine war unwahrscheinlich stark, ich hatte Mühe, sie zu halten. Mit etwas Glück bekomme ich den Fisch an Land, dachte ich damals und wäre fast ausgeflippt vor Vorfreude.

Ich begann, die Leine einzuholen, und wickelte sie vorsichtig auf die Spule.

»Und dann«, wende ich mich wieder an Sunday, der tatsächlich den Kopf hebt und mich neugierig anschaut – ha, hab ich dich also doch gekriegt, mein Freund!, »und dann sprang da plötzlich dieses Mordsteil aus dem Wasser. Ein fast zwei Meter langer Barrakuda.« Ich deute die Größe mit den Armen an, und weil Sunday ein anerkennendes Bellen hören lässt, verschweige ich ihm, dass der Fisch vermutlich nur halb so lang war, wie ich im ersten Moment glaubte – in diesem Fall neige ich zu Übertreibungen.

Aber ich sehe mich noch heute dastehen und »Wow« murmeln, und ich ärgere mich immer noch, nicht weiterhin schnell und entschieden die Leine eingezogen zu haben. Der Sekundenbruchteil meines Erstaunens reichte dem Barrakuda aus, um sich vom Haken zu lösen. »Und mit einem dumpfen ›platsch‹ war er frei«, erkläre ich Sunday, der seine Erhabenheit über mich vergessen hat und mitfühlend winselt. »Tja, alter Freund, ich wollt's auch nicht glauben und hab den Angelhaken wieder ausgeworfen. Mit noch 'nem fetteren Stück Fisch als Köder, an die gleiche Stelle.« Manchmal funktioniert das und Fische merken sich, wo's was zu fressen gab. Doch mein Barrakuda war auf und davon.

Wochenlang heulte ich Nina die Ohren damit voll und stellte mich jeden Tag an dieselbe Stelle am Strand, um mein Glück von Neuem zu versuchen. Doch ich wartete vergeblich; mein Barrakuda blieb verschollen. Da half es auch nicht, dass ich schon damals wusste, wie extrem selten so ein Barrakuda sich so nahe ans Ufer heranwagt. Ich hatte versagt. Das Trauma war geboren.

»So war das«, sage ich zu Sunday, und er steht tatsächlich auf, um zu mir zu trotten und mich mit der Schnauze anzustupsen, so als wolle er mich trösten. Das rührt mich, und so gestehe ich ihm: »Weißt du, es ist wie verhext: Egal, was ich mache, immer ist es das Falsche. Nehme ich einen zu großen Haken, beißen mir kleine Fische den Köder ab, ohne hängenzubleiben. Nehme ich eine zu starke Leine, verlieren die Fische die Lust, zu beißen.« Ich seufze. »Vielleicht habe ich einfach kein Händchen fürs Angeln.«

In diesem Moment fällt mein Blick auf eine Schachtel mit Gummifischen. Ein Geschenk von einem Freund aus Neuseeland, der mir einst erklärte, dass man für große Fische spezielle Köder braucht. Es sind gelbrote Gummiteile, die den seltsamen Namen »Nuclear Chicken« tragen und unter Wasser einen besonderen Duft ausströmen, mit dem sie gezielt große Fische anziehen sollen. Eine künstliche Blutspur im Meer sozusagen.

Obwohl ich nicht recht daran glaube, nehme ich die größte Spule aus meinem Fischeimer, stecke den Haken durch einen dieser tatsächlich nach Fisch riechenden Gummiköder und werfe ihn ins Wasser. Möglichst weit hinaus, weshalb ich die Leine wenige Zentimeter hinter dem Haken mit einem Stein als Gewicht beschwert habe.

Damit der große Raubfisch, auf den ich aus bin, glaubt, er hätte lebende Beute vor sich, ziehe ich immer wieder ruckartig an der Leine. Nach wenigen Sekunden hole ich sie ganz ein. Auf den letzten Metern vor dem Strand ziehe ich schneller, denn dort befinden sich viele Korallen, in denen der Angelhaken oft stecken bleibt. Danach werfe ich die Leine erneut aus. Wenn der große Fisch den Kollegen aus Gummi haben will, muss er sich Mühe geben – genauso viel wie ich.

Da bereits die Dämmerung anbricht, sehe ich nicht mehr, was im Wasser vor sich geht – umgekehrt geht es den Fischen genauso. Vorteil für mich! Die Strömung ist perfekt, das Wasser zieht weg von mir, an der nördlichen Sandspitze vorbei, trotz Windstille sogar sehr schnell. Ich schaue zur Nachbarinsel, über der die ersten Fregattvögel kreisen. Jäger wie ich.

Wieder und wieder werfe ich die Leine aus, jedes Mal eine Spur verbissener. Sunday hat sich neben mich in den Sand gesetzt; wahrscheinlich überlegt er, ob es nicht besser wäre, mich wieder zu ignorieren.

Dann geschieht es: Bei meinem geschätzten 25. Versuch beißt etwas! Ein kurzer, fester Ruck, und die Leine spannt stramm wie nie zuvor. Der Fisch ist so stark, dass ich Wasserski in der Lagune fahren könnte, wenn ich welche anhätte. Rückwärts laufe ich den Strand hinauf, in der Hoffnung, dass es kein Hai ist – töte keinen Hai! Die Leine peitscht hin und her durchs Wasser, weiterhin angespannt, ohne auch nur ein winziges bisschen nachzulassen. Da kämpft etwas Großes, und gleich habe ich es.

Ich renne jetzt, ohne auf den Boden zu achten, was fatal sein kann, denn am Strand liegen immer fiese Muscheln oder grobe Hölzer, die mich sicher genau dann stolpern lassen, wenn ich den größten Fang meines Lebens am Haken habe. Oder der Fisch versteckt sich hinter einer Koralle, wodurch die Leine an einer spitzen Stelle reißt. Irgendetwas wird geschehen, das mich um meine Beute bringen wird, ich weiß es genau! Trotzdem spurte ich weiter.

Ich sehe bereits die Umrisse des Fisches, obwohl ich immer weiterrenne und mich schon zehn Meter vom Ufer entfernt habe. Wenigstens konnte ich Sundays Begeisterung neu entfachen; schwanzwedelnd springt er um mich herum und bellt mir Anfeuerungen zu.

In diesem Moment durchbricht der Fisch die letzten Zentimeter Wasser, die ihn vom Strand trennen, dann ist es geschafft. Zuckend liegt er auf dem Sand, versucht zurück ins Wasser zu gelangen – aber nicht mit mir, Freundchen! Entschlossen ziehe ihn noch ein Stück weiter aufs Land.

Dann lasse ich die Spule fallen und laufe zu ihm hin. Sunday folgt mir und bellt meinen Fang wie ein Irrer an – aus drei Metern Sicherheitsabstand. Er ist ein solcher Feigling, dass er noch immer nicht einmal schwimmen geht.

Während mein Hund das Großmaul gibt, begutachte ich meine Beute. Es handelt sich um eine Blauflossenmakrele, einen guten halben Meter lang, enorm dick und mindestens acht Kilo schwer. Ich nehme einen schweren Stock und erledige den Rest, suche meine Angelsachen zusammen, nehme alles in die linke Hand, während ich mit der rechten die Makrele an der Schwanzflosse packe.

»Nina, Nina«, rufe ich von Weitem, als ich die Kerzen in den Windgläsern auf dem Tisch vor der Küche brennen sehe. »Schau dir das an.« Ich kann mir ein triumphierendes Grinsen nicht verkneifen, während ich auf sie zulaufe und den rechten Arm hebe, damit sie mein Prachtstück bewundern kann.

Sie enttäuscht mich nicht – endlich ist auch mal Nina begeistert von meinem Fang.

»Wow, ist der riesig«, sagt sie und umarmt mich. Yeah!

Ich will das Fleisch auf dem Grill haben, bevor es dunkel wird, also verschieben wir das Haferflockenessen, bis ich die Makrele ausgenommen und filetiert habe. Ich vergewissere mich, dass im Mehl keine Mehlkäfer herumkriechen, rühre ein frisches Ei darunter und paniere die dicken Stücke, die ich aus den Filets geschnitten habe. Was für eine nette Portion, die da auf der Metallplatte über dem Feuer landet! Ich genehmige mir etwas Alufolie, die wir in knapp bemessener Menge dabeihaben und nur für seltene Anlässe nutzen. Dies ist einer. Und es brutzelt einfach schöner auf der Alufolie, und die Fischhaut hängt weniger an.

Es hört sich vermutlich verschroben an: Die Tage nach dem Makrelenfang sind für mich besonders glückliche. Endlich ein großer Fisch! Er schmeckt superlecker, die Stücke sind nach wenigen Minuten fertig. Zart und saftig, so wie sie sein sollen. Meine Freude über diesen Erfolg ist so groß, dass ich gar nicht das Bedürfnis habe, weiterhin große Fische zu fangen, sondern wieder voll zufrieden bin mit den kleinen, grätigen Exemplaren.

Auch in Sundays Augen bin ich nun rehabilitiert, und er kommt wieder aufgeregt angeflitzt, wenn ich etwas Lebendiges aus dem Meer ziehe. Seine Treue wird belohnt: Schon wenige Wochen nach dem Sieg über die Riesenmakrele überwinde ich das Barrakudatrauma buchstäblich. Dazu brauche ich nicht einmal einen Gummifisch, sondern nur ein Stück vom Fleisch eines Lippfisches, den ich zuvor gefangen habe. Ich bin eigentlich auf einen weiteren Fisch dieser Größe aus – etwa zehn Zentimeter lang, nicht mehr als ein paar Gramm schwer –, als ich einen länglichen, braunen Schatten an der Oberfläche des Wassers wahrnehme.

Es ist Mittag, besonders niedrige Ebbe und die Sonne blendet mich – wieder einmal habe ich die Sonnenbrille im Haus liegen lassen. Ich wackle ein wenig mit der Leine, um die Aufmerksamkeit des Fisches zu erregen, und er zeigt sofortiges Interesse. Zielstrebig schwimmt er auf den Köder zu, macht einen Biss und die Leine spannt. Ich laufe hektisch den Strand hoch, wie immer, wenn etwas Starkes beißt, und befürchte bereits, den Fisch wieder zu verlieren, als sich wiederholt, was damals in Fidschi geschah, allerdings nicht bis ins letzte, entscheidende Detail: Der Fisch, es ist tatsächlich ein Barrakuda, springt aus dem Wasser, zerrt wie wild am Haken, versucht sich zu lösen – schafft es aber nicht. Ich renne schneller und schneller und ziehe den Barrakuda mit einem Ruck aus dem Meer.

Ich schreie: »Nina, ein Barrakuda.«

Sie kommt herbeigeeilt und spricht ihre Pflichtworte: »Toll, der ist aber groß.«

Er ist einen halben Meter lang, nicht besonders riesig für seine Art, aber ein ausreichendes Mahl für mich. Ich paniere mir ein paar Stücke und gönne mir ein zweites Frühstück. Voller Überzeugung kann ich sagen: Das war der beste Fisch, den ich je gegessen habe!

21

Seegurkencamp

Das Unglück naht, wenn man am wenigsten damit rechnet. Der 16. Juni wird als schlimmster Tag in die Inselgeschichte eingehen.

Wir spazieren in der grellen Mittagssonne am Strand entlang, absichtlich nah am Wasser, wo der nasse Sand unter unseren Füßen fest und angenehm kühl ist, während sich als kleine Flecken am Horizont unser Schicksal abzeichnet. Das Meer ist spiegelglatt, die Ebbe auf ihrem niedrigsten Stand und die Lagune ein glitzerndes Juwel; wie immer an Vollmondtagen, an denen der Himmel königsblau leuchtet, um dem Wasser Konkurrenz zu machen.

»Oh, da hinten kommen ja zwei Boote.« Nina deutet zum Horizont.

»Werden ein paar Fischer sein«, entgegne ich und beobachte den Punkt, auf den sie zeigt. »Wer weiß, ob die überhaupt zu uns unterwegs sind.«

Ich scherze noch: »Ja, man glaubt es kaum, aber wenn am Ende der Welt etwas los ist, dann richtig.«

»Das gibt's nicht, da ist noch ein Boot«, sagt Nina. Es ist klein, kaum größer als ein Sportboot, schnell und blitzt in der Entfernung silbern. Es scheint unsere Lagune anzusteuern.

Dann taucht ein weiteres auf. Vier Boote. Ohne zu wissen warum, spüre ich, wie sich ein ungutes Gefühl in meinem Bauch ausbreitet. Irgendetwas liegt in der Luft.

Wenig später biegen die Boote in die Lagune ein und fahren zum Strand. Wir sind zur Hütte zurückgekehrt und beobachten das Geschehen aus der Ferne. Es ist nicht bei vier Booten geblieben. Während aus den ersten Männer aussteigen und Sachen entladen, treffen nach und nach weitere ein, bis insgesamt sieben Boote an unserem Strand liegen. Sieben! So viele Männer ... Wir fühlen uns, als hätten soeben Piraten unsere Insel eingenommen.

»Scheiße«, sagt Nina.

»Wir müssen locker bleiben, so gut es geht«, versuche ich, uns beide zu beruhigen. »Fischer kommen hier seit Jahrzehnten her, vielleicht bleiben sie nicht lange.«

Übertreiben wir? Zeigt sich so die Inselparanoia, an der wir über die lange Zeit ohne menschliche Gesellschaft erkrankt sind? Oder der ungerechtfertigte Besitzanspruch, den wir trotzdem schleichend entwickelt haben?

»Hoffentlich nur ein paar Tage«, murmelt Nina. Doch leider sieht das, was die Männer da an Land schaffen, nicht nach einem temporären Lager aus, sondern nach dauerhafter Besiedlung.

»Komm, gehen wir hin und schauen uns an, was die machen«, schlage ich vor. »Dann klärt sich vielleicht alles.«

»Okay«, meint Nina. »Aber ich bleibe nur kurz.«

Als wir an der Anlegestelle ankommen, verschlägt es uns die Sprache. Wir sehen Gasflaschen, Reisetaschen und Dutzende orangefarbene Tonnen auf der Grasfläche oberhalb des Strandes. Dahinter stehen Männer, die mit Macheten Äste für eine Holzkonstruktion zurechtschlagen, die sie vermutlich als provisorischen Unterschlupf und als Regenschutz für die Nacht bauen. Mir fallen auch mehrere Planen auf und eine Kettensäge. Wir zählen vierzig Männer. Nach all der Zeit in der Einsamkeit wird uns ganz schwindelig beim Anblick so vieler Menschen auf einmal.

Ich muss wissen, wohin das führt, und gehe auf einen der Tongaer zu, der in einem der ersten Boote saß und gerade untätig herumsteht. Nina kehrt mit Sunday, der sich vor lauter Bellen nicht mehr einkriegt, zur Hütte zurück. Die vielen Leute ist auch er nicht mehr gewöhnt, und sicherlich spürt er unsere Anspannung, die ihn ebenfalls nervös macht.

»Woher kommt ihr?«, frage ich.

»Tongatapu«, erwidert der Tongaer.

»Ihr seid den ganzen Weg hierhergefahren?«

»Io.«

Ich kann's kaum glauben – zehn Mann in einem solch winzigen Boot, eine Strecke über den offenen, wilden Ozean von etwa achtzig Seemeilen. Dazu die pralle Sonne, der die Passagiere ausgesetzt sind – unfassbar. Wenn überhaupt machbar, dann nur an Tagen wie heute, an denen der Vollmond das Meer zähmt.

»Was wollt ihr denn hier?«, frage ich weiter, neugierig und bemüht freundlich.

»Seegurken sammeln«, sagt der Mann, und mir ist, als würde mir jemand eine Kokosnuss an den Kopf werfen, denn damit wird mir alles klar. Chinesische Großindustrie. Globalisierung auf der einsamen Insel. Bitte nicht!

Zu diesem Zeitpunkt wissen wir noch nicht viel über das Seegurkengeschäft, nur dass Seegurken an tongaischen Riffen gesammelt und für gutes Geld nach China exportiert werden.

Die glitschigen Lebewesen, die wir oft in Felspools sehen, gelten in China als besondere Leckerei; außerdem wird mancher Seegurkenart eine aphrodisierende Wirkung nachgesagt.

Aus dem ersten Boot sind zwei Chinesen gestiegen – das müssen die Chefs der tongaischen Fischer sein. Nun erklärt sich auch, warum Nina und ich zu Beginn der Inselzeit mitten im Busch zwei orangefarbene Tonnen mit chinesischen Schriftzeichen an den Rändern gefunden haben, verborgen unter einer Plastikplane. Die waren also schon mal da!

Die wichtigste Frage, die ich an den Fischer habe, stelle ich zum Schluss: »Wie lange bleibt ihr?«

Es ist ja nicht so, dass wir Menschen nicht mögen, und das ist auch nicht der Grund, warum wir auf einer einsamen Insel leben. Aber vierzig Männer, direkt neben unserer Hütte stationiert, mit Blick bis fast in unser Schlafzimmer, machen uns dann doch besorgt. Nach den Monaten auf Tongatapu wissen wir, was viele Männer in der Südsee abends gern machen – sie trinken Alkohol, reichlich. Nina ist die einzige Frau hier – kein guter Gedanke. Und plötzlich wird mir klar: Wenn diese Leute dauerhaft bleiben und unsere Nachbarn werden, wird unsere Inselzeit mit sofortiger Wirkung beendet sein. Mir bricht der Schweiß aus, dabei schwitzt man hier ohnehin von morgens bis abends. Nun rinnen mir kalte Ströme den Rücken hinab.

Der freundliche Tongaer scheint meine Nervosität nicht zu bemerken. Er meint, sie seien bis zum Wochenende wieder weg, also in wenigen Tagen, und mir fällt erst mal eine Last vom Herzen.

»Okay«, sage ich. »Viel Erfolg beim Seegurken sammeln.«

Nina ist nicht begeistert, ich auch nicht – aber das werden wir schon überstehen. Dass sogenannte Fishcamps hier stattfinden, wussten wir von Anfang an, als wir bei unserer Ankunft auf die vielen Feuerstellen, Holzgestelle zum Trocknen von Fisch und haufenweise Müll – Dosen, Flaschen und Batterien – gestoßen sind.

»Wir brauchen einen Vorhang«, ruft Nina aus dem Schlafzimmer, als ich zurück bin.

»Von mir aus. Dann nageln wir ein Stück Stoff über das Fenster«, schlage ich vor. Trotzdem schlafen wir unruhig. Vor Befürchtungen aller Art drücken wir kein Auge zu. Am frühen Morgen werden wir von einem lauten »Hello« aufgeschreckt.

»Nee, oder?« Unwillig zieht sich Nina die Decke über den Kopf.

Wir taten gut mit dem Vorhang, denn der Pfad, den wir von unserer Hütte bis auf die andere Seite der Insel geschlagen haben, führt dummerweise genau durch das Lager der Fischer und vor unserem Schlafzimmer vorbei zum Eingang auf der anderen Seite. Sunday bellt wie verrückt.

»Warte«, rufe ich und ziehe mir hektisch Badehose und T-Shirt an. Als ich nach draußen gehe, wedelt einer unserer neuen Nachbarn mit leeren Wasserflaschen und einem leeren Speiseölkanister in der Luft herum.

»Wasser bitte«, sagt er. Überrumpelt führe ich ihn nach hinten zum Wassertank und fülle ihm Flaschen und Kanister ab. Eine Stunde später, als wir zum Frühstück zur Küche aufbrechen wollen, kommt der Nächste an und fragt: »Kann ich einen Hammer haben?« Also gut, dann eben auch einen Hammer.

»Wieso braucht der einen Hammer?«, frage ich Nina. Sie zuckt mit den Achseln, und in uns wächst die Sorge, dass die Leute vielleicht doch länger bleiben als bis zum Wochenende.

Es geht munter so weiter. Nach dem Frühstück sehe ich den ersten Besucher hinten am Wassertank, der erneut Flaschen und einen Eimer auffüllen will. Vor allem in der Trockenzeit, die vor wenigen Wochen begonnen hat, wird das Wasser knapp, und ich habe schon befürchtet, dass sich die Männer selbst bedienen werden. Jetzt weiß ich, warum der Wassertank zu Beginn unserer Zeit auf der Insel weniger als halb voll war – die Männer kommen bestimmt auch deshalb auf diese Insel, weil es einen Vorrat gibt.

»So langsam werde ich wütend«, sage ich zu Nina. »Die können doch nicht alles einfach benutzen.«

Jamie hatte seine Haltung gegenüber unangekündigten Camps vor unserem Aufbruch auf die Insel bereits klargemacht. Er will keine haben und blickt auf eine Reihe von bösen Überraschungen zurück: leere Wassertanks, abgebrochene Wasserhähne, Zerstörungen an Haus und Veranda, Diebstahl der beiden Kajaks, die sie einst hatten – und vieles mehr. Allein durch unsere Präsenz auf der Insel erhoffte er sich eine Verbesserung.

Als wieder einer mit leeren Flaschen und einem leeren Eimer kommt, reagiere ich pampig: »Wenn ihr Wasser wollt, könnt ihr euch nicht einfach so bedienen. Ihr müsst mich vorher fragen.«

Der Tongaer trottet zerknirscht ab.

In den nächsten Tagen lassen Nina und ich die gewohnten Inseltouren aus und bleiben stattdessen in der Nähe des Hauses, um beobachten zu können, wie alles weitergeht. Sunday muss fortan an die Leine, wir haben Angst um ihn.

Das Unvermeidliche geschieht wenig später, als die zwei Chinesen den Pfad zur Hütte entlangkommen und dort auf mich allein treffen. Der eine, der Chef, ist hager, kleingewachsen und für den Aufenthalt auf einer kleinen Südseeinsel auffallend geschäftsmäßig gekleidet. Er trägt eine schwarze, lange Hose und ein graues, kurzärmliges Hemd. Der andere ist groß und stark gebaut, hat eine Glatze und im Gegensatz zu seinem Chef ein rundes, freundliches Gesicht. Er soll übersetzen.

»Die Tonnen da hinten, neben dem Wassertank, das sind unsere«, übersetzt er nach einer kurzen Vorstellung und deutet auf unsere Regenüberlaufbecken. Klasse Einstieg.

»Ihr könnt die Tonnen gleich mitnehmen«, antworte ich.

»Nein, nein, die darfst du behalten«, lässt der Chef den anderen übersetzen. Offensichtlich meint er, er habe eine gute Verhandlungsgrundlage geschaffen und nun stehe ihm alles offen.

»Um unser Camp zu versorgen, benötigen wir Wasser«, erklärt der Übersetzer. Sie würden selbstverständlich dafür bezahlen. Dass wir das Wasser verkaufen könnten, hatten wir bislang gar nicht in Erwägung gezogen. Andererseits ist das sowieso keine Option; Geld interessiert uns nicht.

Weil mir viel daran gelegen ist, das Gespräch mit den Chinesen zu einem guten Ende zu führen, stelle ich zunächst eine Gegenfrage: »Wie lange bleibt ihr denn?«

»Bis Ende September«, sagt der Übersetzer.

Dreieinhalb Monate. Es kostet mich meine ganze Selbstbeherrschung, um nicht die Fassung zu verlieren. Das wäre definitiv das Ende, und mir graut davor, Nina von diesem Gespräch zu erzählen.

»Könnt ihr nicht auf eine der Nachbarinseln gehen? Warum ausgerechnet hierher? Die Wassertanks gehören euch doch nicht«, werfe ich in meiner Verzweiflung ein, obwohl ich die Antwort kenne: Sie hatten nicht damit gerechnet, dass wir – zwei Palangis – auf der Insel sind, und wollten das Wasser ungefragt benutzen, genauso das Gelände.

Der Chef lässt übersetzen: »Wir wollen nicht auf eine andere Insel. Wir bleiben bis Ende September, und daran lässt sich nichts ändern.«

Ich treffe eine wichtige Entscheidung für die nächsten Tage und beschließe, klare Worte zu wählen. Ich antworte: »Das Wasser aus unseren Tanks steht nicht zur Verfügung, kauft euch selbst welche. Ein Arbeitgeber muss für seine Angestellten sorgen.« Den Chinesen ist die Verärgerung im Gesicht abzulesen, und ich bin noch nicht einmal fertig. »Und wie wär's, wenn ihr erst mal noch das Wasser bezahlt, das ihr letztes Jahr genutzt habt?«, frage ich zu ihrer Verblüffung.

Die Antwort kommt hektisch und nervös: »Wir waren letztes Jahr gar nicht hier.«

»Und warum sind das dann eure Tonnen an meinem Wassertank?«

Sie ignorieren meinen Einwand und verlangen, dass ich den Eigentümer des Hauses frage, ob sie Wasser abkaufen können. »Das tue ich gern, aber ich weiß schon jetzt: Die Antwort wird Nein lauten.«

»Wir finden auch eine andere Lösung«, lässt mich der Übersetzer die Reaktion seines Chefs wissen, dem die Worte in seiner Wut wie Lavabrocken aus dem Mund schießen.

»Okay«, sage ich. Ende der Unterhaltung.

Obwohl ich stolz darauf bin, mich vor diesen Geschäfts-
männern behauptet zu haben, wenngleich mir, gelinde gesagt,
der Arsch auf Grundeis geht, fühle ich mich zerschlagen. Wie
schnell das Paradies in sich zusammengefallen ist; als hätten wir
in einen Apfel vom verbotenen Baum gebissen und müssten nun
dafür büßen. Dabei sind wir unschuldig.

Nina ist in der Küche und setzt Wasser für einen Schwarztee
auf, als ich von diesem Aufeinandertreffen zurückkomme.

»Wir müssen reden«, sage ich, wie in einem schlechten Film,
von denen wir schon lange keine mehr gesehen haben. Sie nickt
und folgt mir schweigend nach draußen. Sicher ahnt sie, was
jetzt kommt. Wir setzen uns auf die Steine vor der Feuerstelle,
und ich gebe das Gespräch Wort für Wort wieder. Zum Schluss
füge ich an, was ich mir auch sparen könnte: »Das heißt, wenn
sich das alles nicht noch irgendwie ändern lässt, müssen wir
gehen.«

Nina stehen Tränen in den Augen, und auch ich spüre,
obwohl ich das so nüchtern analysiert habe, Verzweiflung in mir
aufkeimen. Ich nehme Nina in den Arm. Wir zittern beide.

»Lass uns klar denken und überlegen, was wir tun können,
um uns nichts vorzuwerfen«, sage ich und erschrecke darüber,
wie belegt meine Stimme klingt.

»Wir sollten so schnell wie möglich die Insel verlassen und
am besten mit einem Boot, in dem wir das meiste, das wir haben,
mitnehmen können.« Nina drückt sich an mich und schluchzt.
»Das ist so ungerecht!«

Vor dreißig Jahren hat sich noch niemand für Seegurken
interessiert. Da gab es höchstens Perlentaucher und die lange
nicht überall. Wir jedoch haben das Pech, ausgerechnet in einer

Zeit auf einer einsamen Insel zu sein, in der hinter der Seegurkenfischerei enorme wirtschaftliche Interessen stecken. Der chinesische Markt ist riesig, und die Fischer grasen jede Lagune ab, bis die letzte Seegurke aus dem Meer geholt ist.

Unsere Panik vor den neuen Nachbarn mag übertrieben wirken, aber vierzig Männer auf einer kleinen Insel wie dieser sind einfach zu viel. Zumal wenn sie abends Alkohol trinken, wie wir an dem Müllberg und den leeren Rum- und Bierflaschen ablesen können, die sie letztes Jahr hinterlassen haben. Und irgendwann folgt dann, trotz der vielen Arbeit, die das Seegurkensammeln bereitet, die Langeweile oder die Unzufriedenheit. Vielleicht sogar schneller, als wir denken. Dann fehlt nur noch Neugier, austesten, einen Schritt weitergehen.

Ich habe die schlimmsten Befürchtungen. Ich habe Angst um Nina. Auch wenn ich versuche, es mir nicht anmerken zu lassen. In meinem Kopf male ich mir jegliche Szenarien aus. Ich weiß genau, dass ich keine Chance hätte, meine Frau zu beschützen.

Bleiben die Männer hier, müssen wir weg. So einfach ist das. Die Gefahren und die Einschränkungen, die wir hinnehmen müssten, sind zu groß. Nina kann ja nicht mal mehr allein an den Strand oder auf den Pfaden spazieren gehen, ohne dass wir in Sorge wären. Wir werden unter ständiger Beobachtung sein, weil wir für die Leute interessant sind. Wir werden nicht mehr in Badekleidung herumlaufen können, weil das in tongaischen Augen quasi nackt ist. Wir werden nicht mehr am Wassertank duschen können, weil immer jemand aus dem Dschungel kommen könnte, und wir müssen überhaupt jeden Moment mit neugierigen Blicken rechnen. Ich trage Nina bereits Eimer mit Wasser ins Haus, damit sie sich drinnen waschen kann. Das ist kein Inselleben mehr. Wir fühlen uns gefangen auf unserer Trauminsel, in unserem eigenen kleinen Mikrokosmos am absoluten Ende der Welt.

In zweisamer Traurigkeit setzen wir uns an das Stückchen Strand, das wir noch für uns haben. »Und wir können uns nicht mal richtig von der Insel verabschieden«, sagt Nina und weint weitere Tränen in Sundays Fell.

Während der nächsten Tage kümmern wir uns vor allem um folgende Dinge: Wir informieren Jamie über die Entwicklung, treffen Vorbereitungen, um das Haus in sicherem Zustand zu hinterlassen, fangen an, das zu packen, was auf jeden Fall mitmuss, und sortieren aus, was auf der Insel bleiben kann.

Jamie ist in Aufruhr. »Haltet noch ein bisschen durch«, sagt er am Satellitentelefon. Er hat noch Hoffnung, dass sich das Camp auflöst, weil die Chinesen vielleicht gar keine Lizenz zum Seegurkensammeln haben. »Ich werde ein paar Anrufe machen«, sagt er.

»Okay, ich melde mich auf jeden Fall in den nächsten Tagen noch mal«, verspreche ich ihm.

Nina fällt ein, dass wir in den zwei Monaten in Nuku'alofa auf Marty, einen Entwicklungshelfer aus Australien gestoßen sind, dessen Aufgabe es ist, in entlegenen Lagunen den Seegurkenbestand zu erfassen und sich gegen die Überfischung von Seegurken einzusetzen. Wenn sich einer auskennt, dann er. Über weitere Satellitengespräche, was teuer wird, aber das ist uns egal, finden wir seine Handynummer heraus und schicken ihm eine SMS.

Ist das legal, was hier passiert?, fragen wir.

Wenige Minuten später kommt Martys Antwort: Es sei auf jeden Fall illegal, wenn Scuba-Equipment verwendet werde, professionelle Tauchausrüstung. Obwohl wir keine Ahnung haben, ob die Fischer über solche Geräte verfügen, schöpfen wir ein Fünkchen Hoffnung.

Ich atme tief durch und gehe hinüber ins Camp, um auszurichten, was ich angekündigt hatte. Die beiden Chinesen sitzen am Feuer, neben ihnen stehen ein Kessel Chinatee und eine Flasche Whiskey. Sie sitzen auf umgedrehten Eimern, ich setze mich neben sie auf den Boden. Im Hintergrund sehe ich bereits einige Holzdächer, unter welchen Gepäck liegt und Schlafplätze eingerichtet werden. Aus dem Dschungel höre ich die Kettensäge, einer der Tongaer hämmert am nächsten Holzdach.

Meine Laune bessert sich nicht, als mir der Chef eine Tasse Whiskey einschenkt. Es ist Mittag, wohlgemerkt, die Sonne steht am höchsten Punkt. Die beiden stoßen mit mir an, ich nippe kurz an der Tasse und lächle zum bösen Spiel.

Im Topf auf dem Feuer kocht Hühnchen; der Duft steigt in meine Nase und will mir gefallen, und die beiden versuchen, mich zu einem Schlegel zu überreden. Auch Chinatee und Zigaretten bieten sie mir an. Ich lehne alles ab.

Stolz erklären sie mir, dass sie mit dem Transportboot immer Alkohol jeder Art auf die Insel mitbringen, Rum, Whiskey, Bier, und wenn ich wolle, könne ich jederzeit zu ihnen kommen und mit ihnen trinken.

»Hast du schon mal ein tongaisches Mädchen probiert?«, fragt mich der Chinesenchef. Ich ignoriere die Frage, er wiederholt sie.

»Nein«, antworte ich mürrisch. »Ich bin verheiratet.«

Dann erzählen sie mir von China und wie lange sie schon hier sind, extra für das Seegurkengeschäft. Da platzt der Frust über das Ende unserer Inselzeit aus mir heraus. »Ich habe mit dem Eigentümer gesprochen«, sage ich.

»Und was teilt er mit?«, fragt der Übersetzer.

»Kein Wasser.«

»Schade. Aber wir finden auch eine andere Lösung«, wiederholt er, was er mich ja bereits wissen ließ. Ich verabschiede mich.

»Fühlt ihr euch nie allein auf der Insel?«, ruft mir der Übersetzer nach.

»Nein«, antworte ich.

»Ist euch nie nach Gesellschaft?«

»Nein.« Ich stapfe davon. »Absolut nicht.«

Das Problem an unserer Einsamkeit ist, dass wir die Insel nicht einfach verlassen können. Nicht auf die Schnelle.

»Notfalls rufen wir die *Calamia* an«, schlägt Nina vor. »Die helfen uns bestimmt.«

»Oder sie kennen andere Segler, die uns abholen könnten«, sage ich.

Nachts lege ich die Machete griffbereit neben das Bett. Wenn wir Sunday nicht hätten, würden wir keine Minute schlafen. Aber auf ihn ist Verlass. Ist er angespannt, geht er beim leisesten Geräusch an die Decke, und seit der Ankunft der Seegurkenfischer ist er das reinste Nervenbündel.

Am Morgen hören wir die ersten Bootsmotoren. Die Fischer starten an den Außenriffen, verteilen sich um beide Inseln in der Lagune und auch um die angrenzenden beiden Inseln. Es vergeht keine Stunde, in der nicht mindestens ein Boot an uns vorbeifährt. Am Abend bringen sie die Tonnen fort, um die gesammelten Seegurken auf große Schiffe zu verladen, die die Ware nach Nuku'alofa bringen. Dort werden die Seegurken in Container verladen und in großen Frachtschiffen auf die Reise nach China geschickt. Wir stehen am Anfang dieser langen Reise und dürfen alles schön mit anschauen.

Wir meiden Kontakt, sind immer zu dritt beisammen, die Tage vergehen langsam. Vier Tage nach Ankunft der Männer begeben wir uns über die Ostseite der Insel auf einen Rundgang, einen halben nur, denn kurz vor dem Camp stoppen wir und drehen um.

Der Strand ist nicht mehr, was er war. Überall sind Feuerstellen, überall liegen Fetzen von Klopapier, die Hinterlassenschaften sind kaum mit Sand überdeckt. Bisher lag immer der Duft von Salz in der Luft, heute stinkt es nach Kacke.

Wenige Stunden zuvor hatte ich mich aufgerafft, den Chinesen einen verzweifelten, letzten Vorschlag zu machen. Ich blieb höflich und bot ihnen an, unter einer Bedingung Wasser zu bekommen: Wenn sie alle zusammen auf die drei Meilen entfernte Nachbarinsel zögen. Jeden Tag dürfe ein Boot vorbeikommen und so viel Wasser laden, wie sie im Camp brauchen.

»Das ist keine Option«, antwortete mir der Übersetzer knapp. Einen Versuch war es wert. Bleibt uns also nur noch, die *Calamia* zu verständigen und um Hilfe zu bitten.

Als wir vom Inselrundgang zurück sind, registriere ich Verwunderliches. Im Camp ist Bewegung, die Männer verladen Balken und Wellblech. Nicht von den Booten auf die Insel, sondern umgekehrt. Ich fasse es nicht.

»Was hat das zu bedeuten?«, fragt Nina.

Bauen die das Camp ab? Keiner von uns traut sich, diese Möglichkeit auszusprechen. Aber ich sehe Nina die Hoffnung an.

Die Männer lassen sich Zeit, erst eine halbe Stunde später geht es weiter. Reisetaschen werden auf andere Boote verladen, die Boote mit Balken und Wellblech starten bereits. Der Generator wird verladen, die Neonröhren, die sie dabeihaben.

Wir bleiben in Deckung und beobachten das Treiben ratlos. Schließlich besteigen die übrigen Männer die beiden letzten Boote, ganz zum Schluss die beiden Chinesen, der Chef in seiner Geschäftskleidung, den Kopf gesenkt. Sie fahren weg.

Nina steht neben mir, in unserem Schlupfwinkel unter einem schattigen Baum am Strand, wo uns keiner sehen kann, weil Äste eine Art Gitter vor uns bilden und große Blätter uns verbergen.

»Sie gehen, Nina, sie gehen tatsächlich!«, freue ich mich. Nina nickt. Wir setzen uns auf die Steine an der Feuerstelle und tragen zum ersten Mal seit den letzten Tagen wieder ein Lächeln auf den Lippen.

»Ich kann es noch nicht glauben«, sagt Nina. »Warten wir erst mal ab.«

»Ich gehe rüber und schaue, was noch da ist«, sage ich. »Dann wissen wir, was Sache ist.«

Als ich von unserem Pfad wenige Meter vor dem Camp auf den Strand abbiege, sehe ich einen Tongaer auf mich zukommen. Groß und kräftig ist er, Statur wie ein Ringer. Semisi heißt er.

»Wir verlassen die Insel«, lässt er mich wissen. »Wir möchten uns dafür entschuldigen, dass wir euch gestört haben.«

Was bitte ist davon zu halten, frage ich mich. Plötzliche Sinneswandel sind mir nie geheuer.

»Das ist sehr nett von euch«, antworte ich. »Danke schön.« Verkneifen kann ich mir aber nicht: »Und wann wirst du abgeholt?«

»Wir sind noch zu dritt hier«, erwidert Semisi. »In den nächsten Tagen kommt ein Boot für uns.«

»Wenn ihr Wasser braucht, kommt rüber zum Haus, ich fülle euch Flaschen ab«, sage ich versöhnt und verabschiede mich fürs Erste.

Wenig später erscheint Semisi tatsächlich mit sechs leeren Flaschen unterm Arm. Ich mache ihm Kaffee nach tongaischer Art – wenig Kaffeepulver, viel Milchpulver, noch mehr Zucker – und frage ihn aus. Er sei Mechaniker, erzählt er, und er habe die Aufgabe, die technischen Geräte in Ordnung zu halten, Bootsmotoren also, Generator, Kettensäge. »Dafür bekomme ich viel Geld«, sagt er. »Viel mehr, als ich bei einem anderen Job bekäme.«

Es ist kurz vor Mitternacht, als Nina und ich im Schlafzimmer ein unsicheres »Hello« aus dem Garten hören.

»Warte«, rufe ich, werfe mir etwas Kleidung über und gehe zur Tür. Semisi steht draußen, sichtlich in Angst.

»Können wir bitte unsere Maschine verstecken?«, fragt er. »Da draußen sind Fischer.« Semisi zeigt auf ein weit entferntes und schwaches Licht in der Dunkelheit. »Die wollen die Maschine klauen.«

»Was? Was für eine Maschine?«, frage ich, noch schlaftrunken.

»Die, die wir fürs Scuba-Tauchen brauchen«, erklärt Semisi. Und vor lauter Aufregung verplappert er sich: »Wir glauben, das ist die Navy. Die sind vielleicht unterwegs hierher.« Erneut zeigt er auf das Licht.

Das Wörtchen Scuba verrät mir sofort, was läuft – Marty hatte uns ja den Tipp gegeben. Professionelle Tauchausrüstung für das Seegurkensammeln zu verwenden, ist illegal. Wenn die Navy die Geräte entdeckt, wird sie sie beschlagnahmen. War das der Auslöser für den schnellen Aufbruch der Chinesen?

Dann hat sich der Spieß aber umgedreht, denke ich erfreut. Doch was soll ich tun? Ich zögere, bevor ich auf Semisis Bitte eingehe, und beratschlage mich mit Nina. Die kann echt hart sein.

»Sorry, nein«, gebe ich ihre Meinung verkürzt an Semisi weiter.

»Oh«, sagt er und duckt sich wie ein geprügelter Hund. »Tut mir leid, dass ich euch so spät geweckt habe.« Dann schleicht er von dannen.

Wir setzen uns ans Fenster, um das mysteriöse Licht am Horizont zu beobachten. Fünf Minuten, zehn Minuten, halbe Stunde, Stunde, es kommt nicht näher. Vielleicht ist es doch nicht die Navy, sondern bloß ein Fischer?

Man kann sich also tatsächlich die Insel aussuchen, die von der Zivilisation am weitesten entfernt liegt, und trotzdem in einen Krimi geraten, dessen Titel ich bereits vor mir sehe: *Die Seegurkenmafia.*

Uns ist mulmig zumute. Es ist zwei Uhr nachts, und wir haben niemanden, mit dem wir uns austauschen, den wir um Rat fragen können. Was, wenn es nicht die Navy ist und die Chinesen zurückkommen? Wütend, dass wir ihnen nicht helfen wollten? Ich hole das Satellitentelefon und rufe Marty an. Er klingt, als hätte ich ihn geweckt.

»Die verwenden Scuba«, sage ich. »Hörst du? S-c-u-b-a. Die verwenden Scuba.« Verbindung abgebrochen.

Ich konzentriere mich wieder auf das Licht am Horizont. Kommen die, oder kommen die nicht? Nichts tut sich, die Zeit steht still. Nina und ich kuscheln uns aufs Sofa und nicken ein.

Am frühen Morgen, vor Sonnenaufgang, reißt mich das Geräusch eines Bootsmotors aus dem Schlaf.

Die Navy!

Keine Navy. Stattdessen Semisi, der in Richtung der nächsten bewohnten Insel aufbricht.

»Wir sind allein«, juble ich und drücke Nina an mich.

Doch die Freude hält nur wenige Stunden an. Am Mittag kommt Semisi zurück. Ich passe ihn beim Anlegen ab und stelle ihn zur Rede. Er habe die Maschinen versteckt, erzählt er. »Das war viel Aufwand.« Er wolle sich noch mal entschuldigen, uns aufgeweckt zu haben.

»Schon okay«, sage ich.

Erst am folgenden Tag macht er wahr, was er angekündigt hatte, und steuert sein Boot endgültig aus der Lagune. Er ist der Letzte, der verschwindet.

Als er mit dem Horizont verschmolzen ist, gehen wir rüber zum Camp. Die Seegurkensammler haben ein Bild der Verwüstung hinterlassen. Überall liegt Müll verstreut. Leere Ölflaschen, deren Inhalt zum Mixen mit Benzin für die Bootsmotoren gebraucht wurde. Milchtüten, Dosen, Batterien, Unterhosen. Dazwischen verteilt Dutzende leere Flaschen Bier und Tonga-Rum. Um das Areal herum liegen einige Stämme von Kokosnusspalmen, die die Fischer mit der Kettensäge gefällt haben, um auf besonders leichte Weise Trinkkokosnüsse zu ernten – dabei wachsen ein paar Meter weiter überall Trinknüsse in Pflückhöhe.

Von den Holzkonstruktionen sind ein paar Astgabeln übrig. Die Holzbalken, die die Fischer zum Campaufbau mitgebracht haben, sind allesamt wieder weg. Besonders auffällig ist eine Fläche aus zementierten Backsteinen, auf der vermutlich »die Maschine« betrieben wurde.

Wir verspüren überhaupt keine Lust, etwas aufzuräumen, obwohl es ein Schandfleck ist. Zumal wir nicht sicher sind, ob nicht vielleicht doch noch einer der Fischer oder mehrere zurückkommen, und so beschließen wir, diesen Ort zur ungewöhnlichen Inselsehenswürdigkeit zu erklären. Ein Mahnmal sozusagen.

»Und hier war das illegale Seegurkencamp stationiert«, höre ich mich vor zukünftigen Besuchern referieren.

Viel bedeutender ist für uns jedoch, dass wir wieder allein sind auf der Insel. Nur wir beide und Sunday. Als wir von unserer Campbesichtigung zurückkommen, kuscheln wir uns in die Hängematte.

»Ich kann es immer noch nicht glauben«, flüstere ich Nina zu.

»Ich hatte richtig Angst«, sagt sie, und ich küsse sie auf die Stirn.

»Jetzt ist es vorbei.«

»Ich traue dem Frieden noch nicht ganz.«

Mir geht es ähnlich, und die Unsicherheit wird uns noch einige Tage begleiten. Wir sehnen uns nur noch nach Ruhe. In dem ganzen Jahr auf der Insel ist uns nie so bewusst gewesen wie in diesen Stunden, was wir an ihr haben.

In den Tagen darauf blättert Nina durch die *InStyle*, ihre Lieblings-Modezeitschrift, wie schon so oft, und ich lese einen Roman über Kalligraphie, den ich daheim nie anrühren würde, der aber der einzige unserer Romane ist, den ich noch nicht gelesen habe.

Und da ist es. Ein tiefes Brummen liegt in der Luft. Ich höre es erst gar nicht, als hätte ich nach all dem Stress meine Ohren zugeklappt.

Nina blickt auf und sagt fassungslos: »Die Navy.«

Außerhalb des Riffs liegt ein großes, graues Militärschiff mit der Aufschrift *P201*. Es brummt noch immer, der Kapitän hat sich entschieden, den Motor laufen zu lassen anstatt zu ankern.

»Ach du scheiße«, rufe ich.

Die Navy vor der Lagune. Ich sehe Soldaten mit Maschinengewehren auf dem Deck. Ein krasser Anblick inmitten des türkisblauen Wassers, der Korallen und Palmen.

Ein motorisiertes Schlauchboot wird von der *P201* ins Wasser gelassen. Es rast auf uns zu und hopst über das glatte Wasser wie ein flacher, runder Stein. Fünf Männer sitzen drin. Wir brechen zum Campgelände auf, denn dorthin wird das Boot fahren. Sunday muss mal wieder im Haus bleiben, sonst wird er noch versehentlich erschossen.

Die Männer sind hochkonzentriert, wir halten Sicherheitsabstand. Je näher sie kommen, desto deutlicher sind ihre Gesichtsausdrücke zu erkennen, sie blicken grimmig. Sie legen am Stück Strand an, an dem Nina noch vor einer Woche eine schöne Kaurimuschel gefunden hat. Nacheinander springen sie über den Bug. Sie tragen sandfarbene Militäruniformen, dazu Boots, und jeder von ihnen hat eine Uzi umhängen. Realität in einem surrealen Paralleluniversum.

Die Marinesoldaten verteilen sich sofort auf dem Gebiet, auf dem die Überreste des verlassenen Camps nicht zu übersehen sind. Sie schauen sich alles genau an, einer schenkt den zementierten Backsteinen sein Interesse, ein anderer trägt mit Zaun bezogene Holzrahmen auf das Schlauchboot – wofür auch immer die im Camp verwendet werden sollten – und stapelt etwa zehn von ihnen übereinander.

Als ich mich an den Rand des Campgeländes vorwage, löst sich ein Soldat aus der Gruppe, offensichtlich der Chef des Trupps, und hält auf mich zu. Hinter der verspiegelten Sonnenbrille kann ich seine Augen nicht erkennen, ein Schwall Aftershave weht mir ins Gesicht.

»Sind Sie derjenige, der das Camp gemeldet hat?«, fragt er in schroffem Militärton.

Hat Marty etwa die Navy verständigt? »Ja«, erwidere ich – was habe ich schon zu verlieren?

»Ich möchte Ihnen ein paar Fragen stellen«, sagt er. Außerdem möchte er mir seine Handynummer und die des Leutnants aufschreiben, der auf der *P201* die Stellung hält, damit ich ihnen alles »sofort« mitteile, was irgendwie verdächtig erscheint.

Es sind Routinefragen, es geht um die reinen Fakten. Wann sind die Leute gekommen, wie viele, wie viele Boote, wann haben sie das Camp verlassen? Während er meine Antworten protokolliert, filmt ein Soldat die Szene, um das Interview zu dokumentieren.

Der Sonnenbrillen-Hollywood-Soldat, von dem ich wirklich schwer beeindruckt bin, weil ich mir einen tongaischen Navy-Unteroffizier genau so vorgestellt hätte – groß gebaut, selbstbewusst, die schwarzen Haare auf zwei Millimeter zurückgeschoren und trotzdem noch Gel darin – bedankt sich für meine Meldung.

»Das Camp war illegal«, sagt er. »Es wäre ein großer Coup für uns gewesen, vierzig Leute auf einmal zu erwischen.« Er erwähnt nichts von illegaler Tauchausrüstung, sondern sagt, dass das Problem vor allem darin bestehe, dass die Fischer alle Arten und alle Größen von Seegurken mitnehmen und der Bestand deshalb rasant zurückgeht. Werden Seegurken maßlos abgeerntet, bedroht das nicht nur die Natur, sondern auch das Geschäft für die nächsten Jahre und das regelmäßige Einkommen vieler.

Und wenn das Geschäft bedroht ist, handelt der Staat, denke ich mir meinen Teil. Naturschutz interessiert faktisch keinen, wie bei uns daheim auch.

»Sind die Leute im Camp gewarnt worden?«, frage ich den Offizier.

»Ja, ich nehme es an«, sagt er. »Wo sind die drei letzten hin?«

»Dorthin.« Ich zeige mit dem Finger auf den grauen Schatten am Horizont, die Silhouette von »Finau Island«. Vermutlich haben die drei Unterschlupf im Dorf gesucht. Der Offizier bedankt sich erneut und hüpft ins Schlauchboot, wo die anderen bereits warten. Bevor es aus der Lagune düst, stoppt es, und die Soldaten winken uns zu. Wir winken zurück und grinsen. Wenige Minuten später nimmt die *P201* Kurs auf Finaus Insel. Eine Abgaswolke steigt hinter ihr auf, und Nina und ich setzen uns an den Strand, um die Weiterfahrt des Militärschiffs so lange es geht zu verfolgen.

»Spinne ich oder war das eben echt?«, fragt Nina zitternd.

»Du meinst die Uzis?«, frage ich und kichere überdreht.

22

Alltag

Die Navy muss in den Dörfern auf den umliegenden Inseln einen bleibenden Eindruck hinterlassen haben. Das einzige Boot, das wir in den Wochen nach dem Campabzug zu sehen bekommen, ist das von Finau.

Als er das erste Mal vorbeischaut, wirkt er verunsichert. Vermutlich ist ihm bewusst geworden, dass wir enttäuscht sind, immerhin hätte er uns vor den Seegurkenfischern warnen können oder ihnen gleich sagen, dass die Insel mit den Wasservorräten in dieser Saison keine Option ist. Die Fischer müssen ihn als Dorfchef der nächsten bewohnten Insel sicher um Erlaubnis fragen oder wenigstens informieren. Ich habe mir jedoch vorgenommen, ihn nicht darauf anzusprechen und der eingeschnappte und wildgewordene Palangi zu sein, den er vielleicht erwartet.

Ein weiterer Dorfbewohner sitzt mit ihm im Boot und übernimmt den Motor, als Finau kurz aussteigt und mir zwei Wassermelonen in die Hand drückt. Er blickt zu Boden, vermeidet Augenkontakt und lacht auch nicht wie sonst immer.

»Malo«, sage ich.

Finau nickt und erwidert: »Ich fahre wieder zurück.«

Das ist unser Gespräch. Auch die nächsten Male wird der Wortwechsel knapper ausfallen als vor dem Seegurkencamp.

Die Woche darauf kommt Finau wieder, ankert das Boot nicht einmal, sondern wirft mir lediglich zwei Snapper zu, ins seichte Wasser neben mich, wo ich sie heraushole, indem ich sie an den Kiemen packe. Noch immer blickt er mich nicht an.

Eine Woche später taucht er erneut auf, als die Dämmerung einbricht. Er wirft mir zwei Straßenkehrer zu, wie ich sie auch immer wieder fange, schaut mir zum ersten Mal wieder in die Augen und lächelt wenigstens etwas.

Mir beginnt, sein schlechtes Gewissen leidzutun. Finaus Versöhnungsfahrten – oder wie auch immer man es nennen mag – lassen mich mit einem unwohlen Gefühl zurück.

»Ich weiß nicht, was ich machen soll«, sage ich zu Nina. »Der kann mir doch nicht bis in alle Ewigkeit Fische vorbeibringen.«

»Das renkt sich schon ein«, meint sie. »Und ein bisschen leiden kann er schon. Dafür, dass er das Camp nicht verhindert hat.«

Finau bleibt unser treuer Gelegenheitsbesucher. Noch einen Monat nach dem Seegurkencamp bringt er Fisch. Mal ein Bündel Doktorfische und kleine Snapper, die er mit Schnüren durch die Mäuler zusammengebunden hat, mal Papageifische und Langusten. Doch spätestens als er mich bei einem seiner Besuche mit einem von einer viel zu dicken Schicht Sonnencreme überzogenen Gesicht und noch dazu mit dem lustigen Strohhut am Strand sieht, ist wieder alles in Ordnung. Er schmunzelt.

»Saipe?«, frage ich, Tongaisch für okay.

»Saipe«, sagt er.

Die Wochen nach dem Abzug des Seegurkencamps verbringen wir in Glückseligkeit. Aufs Neue haben wir bemerkt, wie kostbar jeder Moment auf der Insel ist, und dass die Zeit auf ihr für uns begrenzt und viel zu früh vorüber sein wird. Auch Sundays Laune ist wieder gut. Er nagt fröhlich an Treibholz herum und jagt Kokosnüssen hinterher. Wir saugen jeden Eindruck in uns auf und fallen mit Hingabe in unsere alten Abläufe zurück.

Ein paar Tage lang haben wir größten Spaß daran, unsere Pfade zu beschildern. Falls mal Leute vorbeischauen und wir zu Inselführungen aufbrechen, denke ich allen Ernstes, bis ich mich frage: Wer soll eigentlich vorbeikommen?

»Irgendwie werden wir verschroben, findest du nicht?«, frage ich Nina.

»Ist doch schön, wenn die Pfade beschildert sind. Selbst wenn's nur für uns ist«, antwortet sie und lacht. Sie widmet sich ihrer neuen Aufgabe mit künstlerischer Hingabe. Im Schuppen stoßen wir auf einen verrosteten Topf mit gelber Farbe in einer merkwürdigen Konsistenz und einen verklebten Pinsel. Wir sammeln hölzernes Strandgut, und Nina bemalt es.

Noch bevor die Farbe richtig trocken ist, platzieren wir die Kunstwerke auf unseren Pfaden, wo sich nicht mal mehr ein Inselkrebs verlaufen kann. Der Panoramaweg heißt konsequenterweise »Beachtrail«. Der mittlerweile noch erweiterte Pfad durch den Dschungel ist der »Bushtrail«. Dann gibt es noch einen »Bananatrail«. Und selbst den exotischen Palmenfarn schildern wir aus, damit niemand achtlos daran vorbeigeht. Sunday ist begeistert – allerdings mehr über die vielen Gassigänge als über die touristische Aufwertung unserer Insel.

Abends besteht Nina auf den Spaziergang zur Strandspitze, von der aus wir den Sonnenuntergang am besten sehen können. Die Sonne geht zu dieser Jahreszeit, im Südseewinter, knapp links neben Finaus Insel unter, und an klaren Tagen leuchtet der Himmel in einem faszinierenden Rot.

Auf den »grünen Blitz«, von dem die *Calamia*-Segler gesprochen haben, warten wir vergeblich. Es handelt sich um ein äußerst seltenes Naturphänomen, das bei Sonnenuntergang als grüner Schein am oberen Rand der Sonne zu sehen ist.

So sitzen wir unter der Abendsonne am Strand, oft mit einer Tasse Schwarztee in der Hand, auf dem immer gleichen, halb im Sand eingegrabenen Stamm einer Palme, die dem Zyklon zum Opfer gefallen ist. Manchmal bleiben wir dort bis zur Dunkelheit und machen ein Lagerfeuer. Manchmal schauen wir nur wortlos den Flughunden zu, wie sie aus unserem Inseldschungel aufsteigen und im roten Abendlicht von einer zur nächsten Insel fliegen.

An Vollmondtagen sehen wir die untergehende Sonne und den aufgehenden Vollmond zur gleichen Zeit. Einmal steht der Mond direkt neben den Kronen von den drei vordersten Strandpalmen am rosa Himmel.

»Was für eine Kitschwelt«, kommentiere ich die Szene.

»Du bist so unromantisch«, lautet Ninas Antwort.

»Ich bin sogar sehr romantisch«, sage ich. »Von mir aus braucht gar niemand mehr auf die Insel zu kommen, du reichst mir ganz aus.«

»Jetzt geht das wieder los.« Sie kennt meinen Sermon bereits.

»Ich kann die Menschheit nicht mehr leiden. So viel Zerstörung überall«, sage ich. »Ich schließe mich ja mit ein. Aber hier zerstöre ich immerhin weniger als anderswo.«

»Wenn wir wieder in der Zivilisation sind, darfst du solche Sachen aber nicht ständig sagen«, bittet mich Nina. »Das verstehen die Leute nicht.«

»Es ist aber wirklich so, ich kann Menschen im Allgemeinen immer weniger leiden.«

»Hoffnungslos«, meint Nina – Unterhaltung beendet.

Obwohl ich im alten Leben ein total geselliger Typ war, merke ich, wie ich in der Einsamkeit abdrifte. Das Seegurkencamp hat mir den Rest gegeben. Die ganze Zeit bin ich mit meinen Gedanken allein. Okay, zu zweit. Aber man kann sich auch zu zweit in etwas hineinsteigern. Und Nina ist nach dem Seegurkencamp auch nicht mehr wie vorher. Oft denke ich: Am besten ist, wir sind und bleiben allein. Und das meine ich ernst.

Meine größte Sorge ist, dass so etwas wieder passiert, ein zweites Seegurkencamp. Denn eine Wiederholung dessen würde uns das Inselleben ein für alle Mal vermiesen. Und wohin dann mit uns?

Der Garten bietet Ablenkung. Tomaten, Paprika und Auberginen haben unter der Vernachlässigung gelitten, genauso Salat und Chinakohl. Wie den unerwünschten Besuchern haben wir ihnen das Wasser vor lauter Aufregung tagelang verweigert, dafür gießen wir jetzt verlässlich, keine Pflanze muss mehr leiden, und alle bekommen gute Erde nachgeschüttet. Die Kürbisse kamen mit der Trockenheit klar, sie wuchern fleißig weiter. Bald erstrahlt der Garten in neuer Pracht.

An den beiden größten Bananenstauden, die vor dem Hühnergehege meterhoch wachsen, bilden sich Früchte, und wir beobachten die Entwicklung jeden Morgen. Das werden die dicksten Bananen, die wir auf der Insel jemals ernten – danke Malcolm!

Gern würden wir Plastikfolie um unsere Königsbananen binden, wie wir das bei den letzten Bananen auch gemacht haben, aber sie hängen zu hoch, und wir müssen warten, bis sich die Früchte weiter nach unten senken. Hoffentlich geht das gut!

»Ich habe riesigen Bananenhunger«, sagt Nina.

»Dann nimm dich in Acht vor dem Purpurhuhn«, entgegne ich. Tatsächlich hat es wieder zugeschlagen. An einer Staude hat es die Schnur um die Folie aufgepickt und das Klebeband abgerissen, mit dem wir die Folienränder verbunden haben. Kluges Tierchen! Die Hälfte der Bananen ist weggefressen. Genervt erneuern wir die Folie, diesmal mit mehr Schnur, die wir doppelt verknoten.

»Das muss jetzt genug sein«, sage ich schließlich mit Blick auf unseren knapper werdenden Schnurvorrat.

»Wir sind einfach machtlos gegen diesen Vogel«, jammert Nina.

»Dann lass ihn uns braten«, nutze ich den schwachen Moment meiner Veggie-Frau aus, um doch noch in den Genuss meines Südseebroilers zu kommen.

»Vergiss es«, zischt Nina. »Lieber verzichte ich auf Bananen.«

»Ist nicht dein Ernst?«

Nina hält sich nicht mit einer Antwort auf, sondern begutachtet Bananenstämme, die auf dem Boden liegen und die in Kürze Früchte getragen hätten. Das Purpurhuhn hat auf sie eingehämmert wie ein Specht. Weil Nina so maßlos enttäuscht aussieht, verkneife ich mir den Hinweis, dass sie sich das mit dem Hähnchenschenkel jederzeit anders überlegen dürfe.

Wenigstens eine Staude in der Inselmitte, gleich bei den Brotfruchtbäumen, ist vom Purpurhuhn verschont geblieben. Dort fahren wir die bisher ertragreichste Ernte ein. Wir ziehen die Früchte an der lila Megaknospe, die von der Staude hängt wie ein Bommel von der Bommelmütze, langsam nach unten. Nina schlägt den dicken Stiel ab, als ich die Früchte sicher in den Händen halte, und hackt danach die ganze Pflanze um. Sie stirbt nach der Ernte sowieso ab. Ich lade mir den Packen Bananen auf den Rücken und schleppe ihn zum Haus.

»Du siehst aus wie eine Großmutter«, lässt Nina mich wissen und meint meine vor Anstrengung gebückte Haltung. Das ist wohl ihre Veggie-Rache für mein Hühnerangebot.

Fast eine Woche lang essen wir zu jedem Frühstück und jedem Mittagessen gebackene Bananenscheiben mit Honig, den wir extra für diesen Fall aufgehoben haben. Das Paradies im Paradies!

Das Einzige, worüber Nina und ich uns immer wieder beklagen, ist, dass wir nie Schildkröten zu Gesicht bekommen, obwohl wir bei Nachtspaziergängen nie vergessen, den Blick überallhin schweifen zu lassen. Irgendwo könnten wir sie doch endlich mal entdecken, die breiten Spuren einer Schildkröte auf dem Sand.

Lange dachten wir, die Population in der Lagune sei gleich Null, denn viele Insulaner schlachten Schildkröten auf grausame Art und Weise. Sie schneiden, je nachdem, wie viel sie essen wollen, die Flossen ab – und lassen die Tiere weiterleben. So ist das restliche Fleisch noch am nächsten Tag frisch.

In Tonga ist die Jagd auf Schildkröten zwischen März und August sogar erlaubt. Ein gesetzliches Verbot, das es früher durchaus gab, wurde wieder aufgehoben, und auf den Fischmärkten finden sich kleinere und größere Exemplare. Besonders um die Weihnachtszeit herum, wenn sie Eier legen, sind sie begehrt.

In Fidschi habe ich selbst mal mit ansehen müssen, wie Einheimische einer Schildkröte gewaltsam die Eier entnahmen. Die Schildkröte lebte noch. Wenn sie ihr wenigstens vorher den Kopf abgehackt hätten. Im Nachhinein werfe ich mir vor, nicht eingegriffen zu haben und zur Polizei gegangen zu sein. Andererseits: Es schert sich doch eh keiner um irgendwelche Verbote das Schlachten von Tieren betreffend, vermutlich nicht einmal die Polizei.

Als ich Anfang August wieder mal bei Ebbe am Nordstrand fische, schwimmt ein dunkler Schatten gegen die Strömung heran. Erst denke ich, es ist ein Riffhai, und ziehe instinktiv die Angelleine zurück. Dann sehe ich einen Kopf aus dem Meer schauen.

»Endlich«, flüstere ich mir selbst zu. Eine Meeresschildkröte beim Paddeln im seichten Wasser. Hoffentlich entdecken Speerfischer sie nicht – denn es ist genau die Zeit, in der die Jagd auf Schildkröten legal ist.

»Komm mal her, schnell«, brülle ich zu Nina. Die sitzt oben am Strand und liest einfach weiter. »Komm her«, schreie ich wieder, sie sieht kurz auf – und liest weiter. »Schildkrööööte«. Und, oh Wunder, plötzlich kann sie rennen.

»Ich dachte, du hättest nur einen Fisch gefangen«, sagt sie, als sie neben mir steht.

Die Schildkröte, deren Panzer mindestens einen halben Meter lang ist, paddelt noch immer im seichten Wasser umher, mit gemächlichen Flossenzügen, streckt ein paarmal ihren Kopf aus dem Wasser und schaut uns in die Augen. Wir erkennen ihren weißen, reptilienartigen Hals, dann schwimmt sie ihres Weges, über die Korallenbänke in den Riffkanal.

Dass Schildkröten so nah an den Strand herankommen, scheint selten zu sein. Es bleibt unsere einzige Begegnung.

»Ich bin trotzdem irgendwie beruhigt«, sagt Nina ein paar Abende später. »Immerhin gibt es noch eine.«

23

Grillhähnchen

Bisweilen nervt mich die wachsende Zutraulichkeit der Hühner. Ich kann die Stalltür kaum einen Spalt aufmachen, schon drücken sie sich durch. Nicht um abzuhauen, sondern um noch näher am Futter zu sein. Manche flattern in die Höhe, um gegen die Futterdosen zu picken. Wenn ich unvorsichtig bin, trete ich fast auf eines drauf, weil sie jegliche Scheu vor mir verloren haben.

Deshalb ist mir sofort klar, dass etwas nicht stimmt, als ich ihnen mal wieder das Futter bringe und sich nur sechs Hühner gegen die Tür drücken. Wo ist das siebte? Sitzt es noch im Haus und legt ein Ei, während mir die anderen mit ihren Krallen auf die Füße treten? Kann ich mir nicht vorstellen. Fressen ist ihnen wichtiger als Fressen für uns zu machen.

Ich bahne mir den Weg ins Gehege, schütte wie gewohnt das Futter in die Rinne, wechsle das Wasser und wage einen Blick ins Hühnerhaus. Tatsächlich finde ich das siebte Huhn darin. Doch es legt kein Ei, es macht auch kein Nickerchen. Es ist tot. Erschrocken gehe ich zu Nina und teile ihr die Nachricht mit.

»Wieso stirbt einfach ein Huhn?«, fragt sie, und ich zucke mit den Schultern.

»Keine Ahnung. Sunday kann es nicht gewesen sein, er war wie immer die ganze Nacht bei uns.«

»Der würde unsere Hühner auch gar nicht anrühren, selbst wenn er könnte!« Ich höre den Tadel in Ninas Stimme; doch ich würde für unseren auf Fischdiät gesetzten Hund nicht so einfach die Hand ins Feuer legen. Aber er war's wirklich nicht. Und so können wir uns den Hühnertod nicht erklären. Hühner müssen auch mal sterben, logisch, aber warum jetzt und warum dieses eine?

Wir gehen zum Stall, ich packe das tote Huhn an den Krallen und trage es heraus, wo wir es untersuchen. Die Augen sind geschlossen, nirgends Auffälligkeiten, keine Wunden, keine Anzeichen von Fremdeinwirkung. Sind unsere Hühner vielleicht krank? Oder hat das eine einen Zug bekommen, vom kalten Wind in der letzten Nacht? Im Stall müssten sie doch optimal geschützt sein.

Eigentlich geht es nur um ein Huhn, doch unser Inselparadies ist schwer erschüttert. Wir haben keine Nachrichten, keinen Fernseher, keine Zeitungen, der Hühnertod ist unsere einzige und damit größte Schlagzeile. Die Umstände, unter denen es zu Tode gekommen ist, beschäftigen uns Tage. Noch dazu handelt es sich um »Punkhuhn«, das einzige unserer Hühner mit einem Namen. Es ist (war) das aufmüpfigste unter den Hühnern und folgte uns auf Schritt und Tritt. An der Brust trug es eine kahle Stelle, die Federn dort fehlten von Anfang an und bildeten sich auch nicht nach. Punkhuhn also, der Frisur wegen.

Für Nina ist die Woche gelaufen, im Ernst, sie ist in Trauer. Sie zieht sich sogar vom Zuschauen der Hühner beim Fressen von Essensresten zurück, was für uns täglich zu einem festen Programmpunkt geworden ist. Normalerweise verfolgen wir das große Picken auf den Stufen vor dem Haus sitzend und nennen es unser Hühnerkino. Tagelang verzichtet Nina nun darauf. Sie glaubt an Mord. Dass Punkhuhn von einem der anderen im Schlaf quasi erpickt worden ist.

»Wenn du den Mörder findest, darfst du ihn schlachten«, erlaubt sie mir tatsächlich, und ich kann mein Glück kaum fassen. Sofort zeige ich auf das Fetteste der anderen Hühner und entscheide: »Das war es, ich habe Beweise.«

Nina lacht nicht mit.

Obwohl wir Punkhuhns Todesursache nicht zweifelsfrei klären können, will ich es zum Grillhähnchen machen.

»Ich hätte so Lust auf Hähnchenfleisch«, sage ich zu Nina. »Das verstehst du doch, oder?« Immerhin kann keiner abstreiten, dass das Huhn tot ist, und wenn ich es aufäße, könnte es immerhin noch einen letzten, sehr leckeren Zweck erfüllen. »Sein Tod wäre dann nicht so sinnlos.«

»Ist mir egal«, antwortet Nina traurig. Pflichtschuldig nehme ich sie in den Arm, halte sie fest und streichle ihr den Rücken. Stundenlang. In Gedanken bereits am Lagerfeuer mit einer fetttriefenden Keule in der Hand. Herrlich!

So komme ich dazu, zum ersten Mal in meinem Leben ein Huhn auszunehmen. Ich lege es auf den Stein neben der Feuerstelle, auf dem ich sonst Fische ausnehme. Nachdem ich ihm mit der Machete den Kopf abgehackt habe, schneide ich den Kadaver von der Brust nach unten auf.

»Ist das eklig«, rufe ich Nina zu, die sich in der Küche versteckt hat. »Bleib besser drinnen.«

Unter den Innereien finden sich auch ein halb fertiges Ei und zwei Dotterbällchen, was mich in Erstaunen versetzt und vom ekelhaften Geruch ablenkt. Sunday schaut fassungslos drein.

»Hier«, sage ich zu ihm und biete ihm die Innereien an.
»Hau rein.«

Er schnuppert und dreht dann seine Schnauze weg. Ich
glaube, ihm ist klar geworden, zu was sein Herrchen fähig ist,
und fürchtet, als Nächstes dran zu sein. Ich genieße das. Er soll
ruhig mal merken, wer der Chef ist (wenn ich schon Nina um
Erlaubnis fragen muss, ein totes Huhn zu essen!).

Ich wasche den Körper unter Wasser aus, lege ihn auf einen
Teller und entzünde das Feuer, um im Topf Wasser zu kochen. Die
Federn lassen sich leichter rupfen, wenn das Huhn mit heißem
Wasser begossen wird. Voller Vorfreude mache ich mich ans Werk.

Nina schaut zwischendurch vorbei und ist so angewidert,
dass sie noch zwei Wochen danach kein Spiegelei essen will und
später nur, wenn der Dotter fest durchgebraten ist.

»Hab dich gewarnt«, sage ich jedes Mal, wenn sie nur noch
mit halbem Spaß an ihrem Ei herumstochert.

Aus dem Schuppen hole ich die alte, aber nicht rostige Spitze
eines kaputten Fischspeers und spieße das Huhn auf. Ich setze
es auf zwei Astgabeln, die ich links und rechts neben der Feuerstelle platziert habe, lasse mich daneben auf einen Felsen nieder
und beträufle das Huhn mit Öl, dessen Fleisch vom heißen Wasser schon zart weiß geworden ist.

In den folgenden zwei Stunden sitze ich in einem Zustand
vollkommenen Seelenfriedens da und drehe den Spieß, während
Nina um die Insel spazieren geht und Kaurimuscheln sammelt.
Sunday bleibt ausnahmsweise bei mir und verzichtet auf einen
Rundgang um die Insel. Er hat sich wieder eingekriegt und plötzlich einen sehnsüchtigen Blick in den Augen. Seine Schnauze ist
in dauernder Bewegung.

»Na, was willst du, mein lieber Freund?«, frage ich. »Komm mal her.« Er kommt angewedelt und schleckt mir übers Gesicht. »Okay, überredet, bekommst was ab«, verspreche ich.

Die Schenkel von Punkhuhn tragen ordentlich Fleisch und schmecken ausgezeichnet. Ich finde, es könnte auf der Insel öfter Grillhähnchen geben, und denke über das nächste Opfer im Hühnerstall nach.

»Was meinst du?«, frage ich Sunday und er winselt. »Okay, hast ja recht. Die Eierproduktion hat Vorrang.«

Auch ein Hund kann vernünftig sein.

24

Wale

»Hast du das gesehen?«, fragt Nina, als wir mit unseren Teetassen am Strand sitzen und auf den Sonnenuntergang warten.

»Was?«, frage ich erschrocken zurück. »Ein Boot?« Segler wären ja noch in Ordnung, denke ich, nur auf Seegurkenfischer kann ich verzichten. Es führt noch immer zu schlechter Laune, wenn wir irgendwo in der Ferne ein Fischerboot vermuten. Um zu überprüfen, ob unsere Paranoia angebracht ist, rennen wir bei Horizontsichtungen stets an den Strand und warten so lange, bis wir sicher sein können, dass es sich bei dem erblickten Punkt um kein Boot handelt. Und seit Wochen handelt es sich nie um ein Boot.

Auch jetzt wieder, kein Boot, denn Nina sagt: »Nee, da draußen, am Riff.«

»Was denn dann?«

»Ich glaube, das war ein Wal.«

»Nie im Leben!«

Die Walsaison in Tonga hat bereits im Juni begonnen. Doch gesehen haben wir bislang keinen. Wir dachten immer, die Wale schwämmen viel zu weit draußen, um sie von der Insel aus zu bemerken. Und genau das ist auch jetzt das Problem, denn der Ort des Geschehens ist viel zu weit weg von uns, als dass wir etwas erkennen könnten. Wir verpassen den Sonnenuntergang und schauen die ganze Zeit auf diesen einen Punkt, an dem Nina den Wal vermutet. Aber da ist nichts.

»Sind es vielleicht Delfine?«, frage ich. »So wie wir sie gesehen haben, als Jamie das erste Mal da war. Kurz nach dem Zyklon. Weißt du noch?«

»Stimmt«, sagt Nina. »Aber Delfine sind nie im Leben so auffällig. Da ist etwas Großes gesprungen, echt.«

»Oh Mann. Ich will das auch sehen.«

Wir wissen, dass in Tonga vor allem Buckelwale leben, die tatsächlich leidenschaftlich in die Höhe springen und kunstvolle Drehungen vollführen – deshalb ist Ninas Vermutung nicht völlig von der Hand zu weisen.

Wir starren aufs Meer, bis es stockdunkel geworden ist und man nichts mehr erkennen kann, selbst wenn ein Wal direkt vor uns in der Brandung stranden würde. Nichts. Vermutlich war es doch nur Einbildung, ein Flirren in der Luft, eine Schaumkrone, ein Seevogel mit Beute. Allenfalls doch ein Delfin.

Tage später stehe ich am Sandausläufer an der Südspitze und fische, als ich außerhalb der Lagune ein lautes Prusten höre. Ich drehe mich um und sehe noch die Fontäne; ein Wölkchen aus Wassertropfen, dessen Partikel auf die Meeresoberfläche rieseln. Ich blicke den Strand hinauf zu Ninas Lieblingspalme, doch statt wie sonst im Schatten zu sitzen und ein Buch zu lesen, hat sie sich ausgerechnet jetzt zu einem Spaziergang auf unseren Inselpfad aufgemacht. Ich brülle mir die Seele aus dem Leib, sodass Sunday verschreckt aufspringt und jaulend davonrennt. »Wo steckst du? Gerade jetzt! Komm, schnell, da ist ein Wal!«

Keine Antwort. Selbst schuld.

»Sunday, komm wenigstens du zurück, du bist mein Zeuge«, rufe ich unserem Hund hinterher, der sich unter Ninas Palme in Sicherheit gebracht hat. Er bellt mich trotzig an. Ich glaube, ihm ist das Riff zu weit weg, um dort irgendetwas zu sehen, weshalb er mein Geschrei vermutlich völlig bescheuert findet.

»Dann eben nicht«, murre ich und schaue Familie Wal allein beim Paddeln zu, keine zweihundert Meter entfernt vom Strand. So wie es aussieht, sind es mindestens drei Exemplare, Gattung Buckelwal. Vielleicht ist sogar ein Junges dabei, die warmen Gewässer in Tonga sind ideal für ihre Aufzucht.

Ich sehe die Walrücken aus dem Wasser gleiten und wieder abtauchen. Sie bewegen sich auf einer Stelle, direkt vor dem Riff-eingang. Das Wasser ist dort relativ flach, es leuchtet türkisblau wie innerhalb des Riffs. Eine große Fläche Sand erstreckt sich darunter.

Plötzlich steht Nina neben mir. Ich zucke zusammen, habe ihr Kommen vor lauter Beobachtung gar nicht bemerkt.

»Warum schreist du so?«, fragt sie.

»Deshalb«, antworte ich und zeige aufs Riff.

»Ist das schön!« Nina ist hingerissen.

Immer wieder sehen wir die Fontänen der atmenden Wale und kurz auch deren Rücken. Sunday kapiert noch immer nichts; wenigstens hat er sich zurück an den Strand gewagt und hockt neben uns.

»Hey Hund, schau doch mal«, sage ich zu ihm. Er winselt, das ist aber auch alles.

Die Wale scheinen ein nettes Fleckchen für ihr Picknick gefunden zu haben und wirken sehr entspannt. Als hätten sie einfach Lust auf ein kleines Bad in der Lagune, der sie jedoch lieber fernbleiben, seicht wie sie an den meisten Stellen ist. Würden die Wale hier einbiegen, blieben sie im Riffkanal stecken. Und zum Umdrehen wäre es zu eng. Die Wale wissen das, denke ich. Sie zeigen kein weiteres Interesse am Laguneninnern, sondern verharren vor der Riffkante.

»Guck mal, da ist eine Fontäne, schau mal da, da kommt ein riesiger Rücken aus dem Wasser.« Stundenlang kriegen wir uns nicht ein und plappern uns gegenseitig die Ohren voll. Später stehen wir in der abendlichen Sonne, die unsere Rücken wärmt und die Palmen warm anstrahlt, und fühlen uns bestätigt darin, wie wir uns gegenüber den Leuten vom Seegurkencamp verhalten haben.

»Wenn die noch da wären, wären die Wale nie hierhergekommen«, bin ich überzeugt.

Boote wären herumgedüst, im 15-Minuten-Takt. Die Fischer hätten den gesamten Vormittag und Nachmittag Seegurken in Tonnen gesammelt, ständig neue Tonnen vom Strand geholt und volle Tonnen zwischengelagert. Abends hätten sie sich aufgemacht, um die geernteten Seegurken zum großen Schiff wegzukarren, und wären dann hierher zurückgekehrt.

»Die arme Natur, die das auf den anderen Inseln ertragen muss«, sage ich. Aber es wäre unfair, nur Tongaer oder chinesische Seegurkenhändler als diejenigen zu nennen, die dem Ökosystem Südsee Schaden zufügen. In Tonga gibt es während der Walsaison mehrere Dutzend sogenannter »whalewatcher« – Walbeobachter. Meist sind es Palangis, die von überall aus der Welt kommen. Sobald sie von Walen erfahren, die in ihrer Nähe oder auch einige Kilometer weiter draußen an den Inseln vorbeischwimmen, starten sie ihre Boote und preschen mit ihrer

Kundschaft los. Alle wollen möglichst nah ran, und jeder will der beste Walbeobachter sein. Wie es den Walen geht, auf die sie es so unbedingt abgesehen haben, kümmert die meisten Whalewatcher nicht. Sie ignorieren, welche Auswirkungen es auf Wale haben kann, wenn sie im offenen Meer zu Zootieren werden und so viele Boote um sie herumfahren, dass sie keinen Fluchtweg mehr haben. Die Walbabys geraten in Stress, trinken nicht genug bei der Mutter. Sie werden schwach und zur leichten Beute für Tigerhaie.

Es soll in Tonga sogar den Fall gegeben haben, dass Touristen samt dem Tourguide neben Walen mit Kalb ins Wasser gesprungen sind, um mit ihnen zu schwimmen; ein Erlebnis, das sich die Besucher einiges kosten lassen, weil es so unvergesslich bleibt. Am nächsten Tag wurde das Baby tot an einem Strand gefunden. So viel zum Thema bleibender Eindruck.

Tongas nördliche Inselgruppe Vava'u ist bekannt für die vielen Buckelwale, die sich bis November in den warmen Gewässern aufhalten, doch zuletzt wurden weniger gesichtet als sonst. Einige Wale schwimmen nicht mehr bis hinauf in den Norden, sondern verweilen stattdessen bei uns in der Ha'apei-Gruppe.

Die Walbeobachter sprechen von Folgen des Klimawandels, und manch einer macht sich auf nach Süden, um dort den Walen nachzujagen. Genauso gut könnte man auf die Idee kommen, dass die Wale einfach keine Lust mehr hatten auf den Stress im Norden.

»Meinst du, die sehen uns am Strand stehen?«, frage ich Nina.

»Deshalb sind sie doch so nah rangekommen«, sagt sie und lacht. »Das sind Peoplewatcher.«

Die Wale schwimmen weiter gemütlich vor sich hin, gleich neben dem Riff, als einer von ihnen aus dem Wasser springt. Mir kommt es vor wie in Zeitlupe, der Kopf arbeitet sich Stück für Stück nach oben, dann folgt der weiße Bauch, und als Dreiviertel des Körpers in die Luft ragen, dreht sich der Wal nach hinten weg, zieht die Fluke mit, kracht mit Macht ins Meer zurück und hinterlässt einen Platscher, mit dem er locker die Arschbomben-WM gewonnen hätte.

Während der kommenden Tage und Wochen werden die Wale unsere stetigen Begleiter. Wir suchen nach Fontänen außerhalb des Riffs und werden oft für unsere Ausschau belohnt. Sie sind unglaublich verspielt und winken uns mit all ihren Flossen zu. Einmal hören wir sogar ein Männchen singen, ein tiefes Tuten dringt zu uns an den Strand. Ich röhre zurück und lache, und Nina greift nach meiner Hand.

»Weißt du was?«, flüstert sie mir ins Ohr. »Ich bin so glücklich.«

25

Petroglyphen

Noch immer besuchen uns fast täglich Buckelwale, und wir genießen unsere Inselidylle wie eh und je – bis zu jenem Vormittag, an dem wir eine SMS aufs Satellitentelefon bekommen. Das verheißt nichts Gutes. Der mürrische Franz ist der Absender. Er leitet einen Text vom tongaischen Kommunikationsdienst TCC weiter.

TSUNAMI WARNING for all Tonga is in effect. Tsunami is expected to hit our shores around 9:15 AM today. Please move to higher ground immediately. MALO

Wir haben drei nach neun.

»Wo ist die Leiter?«, fragt Nina in völliger Aufregung. »Wo ist die Leiter, verdammt?«

Mir fällt es ein. »Im Garten«, rufe ich ihr zu. Wir hatten sie gebraucht, um einen Plastiksack um Bananen zu binden, und da habe ich sie liegen lassen. Ich renne hinüber, packe die Leiter und renne zurück. Nina brüllt nach Sunday. Er hört ihre Panik im Ton und kommt unter der Hütte hervorgeschossen. Ich lehne die Leiter an den Wassertank, lasse Nina hinaufklettern und reiche ihr unser Notfallset nach oben, bevor ich mit Sunday unter dem Arm nachklettere. Wir haben die Notfallausrüstung ins Hartschalengehäuse des Solarkoffers gepackt, für den wir keine andere Verwendung mehr haben, seitdem die Batterie kaputt ist. Vom Wassertank steigen wir hinüber auf das Wellblechdach, kriechen auf allen Vieren bis zum First. Dort sitzen wir nun, unseren Blick gebannt auf das Meer gerichtet.

»Schöne Aussicht«, sage ich.

»Also, ich sehe keine Welle«, meint Nina. Die Lagune liegt funkelnd da wie ein geschliffener Aquamarin, dahinter das Riff, an dem sanfte Wogen anschlagen.

»Wo soll da der Tsunami sein?«, frage ich.

»Das ist total absurd«, pflichtet Nina mir bei. »Ich klettere aber trotzdem erst vom Dach, wenn es Entwarnung gibt.«

Es ist schrecklich heiß auf dem Wellblechdach. Sunday sitzt hechelnd neben uns. Er schaut auf die Lagune und denkt sich sehr wahrscheinlich, dass wir nicht mehr alle Tassen im Schrank haben.

»Hätten wir bloß die Sonnenbrillen mitgenommen«, sagt Nina.

»Oder wenigstens die Sonnenhüte«, ergänze ich. »Soll ich sie holen gehen?«

»Auf keinen Fall.«

»Ach komm schon. Schau dir doch mal dieses Meer an, da passiert die paar Sekunden schon nichts.«

»Sei nicht unvernünftig«, beharrt Nina. »Wenn du die Welle erst mal siehst, schaffst du es nie rechtzeitig aufs Dach zurück.«

Wie spontan entsteht eine Tsunamiwelle? Spielt sie bei einer so abgelegenen winzigen Insel überhaupt eine Rolle oder betrifft sie vor allem große Landmassen? Bis zu welcher Wellenhöhe können wir uns auf dieser niedrigen Insel schützen? Wäre der

Baum hinter dem Garten doch der bessere Platz? Verläuft die Welle bei weiterem Eindringen in die Insel sozusagen im Sand?

Mir fallen plötzlich jede Menge Fragen ein, jetzt, da wir Betroffene sind. Vorher hätte mich das nie interessiert. Jetzt würde ich vor allem gern wissen, von welcher Seite die Welle anrollen wird. Von Osten, weil dort der Tongagraben liegt, der fast elftausend Meter tief ist?

»Schau dir das an, da oben in der Palme sitzt Swimmy«, sagt Nina. Swimmy, unser Eisvogel.

»Der hat keine Probleme, wenn die Welle kommt. Der fliegt einfach davon«, erwidere ich. »Wahrscheinlich wundert er sich, was wir da auf dem Dach machen.«

Wenigstens funktioniert unsere Solarmodul-Autobatterie-Konstruktion noch, die wir nach dem Defekt des Solarkoffers zusammengebastelt haben. Ich hätte nie gedacht, dass unsere Laienlösung so lange hält. Ohne sie wäre unser Satellitentelefon nutzlos, und wir würden vorn am Strand rumlaufen oder in der Lagune schwimmen – und von der drohenden Gefahr nichts wissen.

Wir schreiben eine SMS an Franz und fragen, ob in Tongatapu alles in Ordnung ist. Seit einer halben Stunde sitzen wir auf dem Dach, fühlen uns wie das Grillhähnchen vor zwei Wochen. Das Wellblech heizt unsere Hintern auf und reflektiert die Sonne so sehr, dass uns der Schweiß am ganzen Körper herunterläuft und auf das Dach tropft. Die Flasche Wasser im Notfallkoffer haben wir leergetrunken, der Durst bleibt – und wir sitzen in Sichtweite des Wassertanks, toll.

Am Horizont sehe ich einen flachen, grauen Strich. Keine Welle oder so, nein, eine Insel.

»Guck mal, da hinten«, sage ich zu Nina.

»Wow, die Insel haben wir ja noch nie von uns aus gesehen«, antwortet sie. Wir ahnen, um welche es sich handeln könnte. Laut Karte liegt sie mindestens 25 Meilen von uns entfernt. Das Dach bietet einen hervorragenden Rundumblick, auch die Lagune sieht von hier oben noch besser aus als sonst.

»Wir bräuchten einen Aussichtsturm«, sage ich. »Oder eine Dachterrasse.«

»Dann hätten wir auch Schatten, wenn die nächste Tsunamiwarnung kommt«, meint Nina allmählich genervt.

Endlich antwortet Franz. Alles in Ordnung: *Tsunamiwarnung soeben aufgehoben.* Wir steigen vom Dach zurück auf den Wassertank und springen zu Boden. Sunday knurrt kurz, als ich ihn packe. Vermutlich fühlt er sich verarscht.

Wir gehen zum Wasserhahn am Tank und spülen uns den Schweiß aus dem Gesicht. Dann holen wir die Trinkflaschen, die wir am Tag zuvor mit abgekochtem Wasser gefüllt haben.

Fortan steht die Leiter immer direkt an der Hütte. Wie wir später erst erfahren, hatte ein Seebeben mit der Stärke 7,8 die Tsunamiwarnung ausgelöst. Es entstand etwa neunhundert Kilometer entfernt von Tonga, tief im Südwesten, Richtung Neuseeland.

Wenige Wochen später meldet sich Franz erneut. Diesmal ruft er an. »Keine Angst. Es gibt keine Tsunamiwarnung«, begrüßt er mich.

»Na, da sind wir aber froh«, erwidere ich. »Kommst du uns etwa besuchen?«

»Ich würde sehr gern, wenn ich könnte. Wirklich«, sagt er. »Aber ich habe eine andere Info für euch. Ein Archäologe aus

Neuseeland hat mich auf eure Insel angesprochen – ihr habt Petroglyphen vor der Tür.«

»Was bitte?«

»Petroglyphen.«

»Was ist das?«

»Historische Steinritzungen.«

»Wie meinst du das?«

»Vor Hunderten von Jahren haben Menschen auf eurer Insel Symbole in Felsen geritzt.«

Irgendwie kann ich das kaum glauben. Auch Nina, die ihr Ohr ans Telefon presst, um dem Gespräch zu folgen, schaut ungläubig.

»Und wie kommt der Archäologe da drauf?«, frage ich.

»Es soll Aufzeichnungen geben vom Anfang des letzten Jahrhunderts.«

»Weißt du, wo auf der Insel wir die Steinritzungen finden können?«

»Das ist genau das, worum euch der Archäologe bitten möchte. Dass ihr nach ihnen sucht. Was meinst du?«

»Warte mal, ich schau mal in meinen Kalender«, sage ich und lege eine Kunstpause ein. »Sieht gut aus, wir haben Zeit. Mensch, klar machen wir das.«

Das nenne ich mal einen Auftrag. Das Allerletzte, womit ich hier gerechnet hätte. Wir werden zu Schatzsuchern. Es geht zwar nicht um Gold, aber irgendwie doch um etwas Besonderes mit einem historischen Wert. Nach wissenschaftlicher Schätzung sollen die Symbole zwischen fünfhundert und tausend Jahre alt sein.

»Wie sehen die Zeichen aus? Irgendeine Idee?«

»Das ist nicht ganz klar«, meint Franz. »Eine Sonne soll dabei sein, ein Auge mit zwei abstehenden Händen, Kreise, vielleicht auch eine Schildkröte.«

»Sobald wir was entdecken, melden wir uns«, verspreche ich und lege auf.

Nina blickt verwundert. »Macht der Witze?«, fragt sie.

»Vor allem, wer soll die Symbole gefunden und Aufzeichnungen darüber angelegt haben?«, frage ich zurück.

»Vielleicht jemand, der damals auf der Kopraplantage mitgearbeitet hat.«

Der Archäologe geht offenbar davon aus, dass die Symbole in einem Zusammenhang mit fast identischen Symbolen stehen, die in Hawaii gefunden wurden. Eine Verbindung von Tonga nach Hawaii: Südsee-Siedlungsgeschichte, spannend.

Franz berichtete außerdem, dass der Forscher erst letztes Jahr auf unserer Insel war – im Zuge einer Forschungstour zu abgelegenen Inseln, auf denen Petroglyphen vermutet werden. Nach wenigen Tagen zog er ohne brauchbares Ergebnis von dannen.

»Hätten wir das bloß schon kurz nach dem Zyklon gewusst«, meint Nina. »Da waren ganz viele Felsen freigespült, die jetzt wieder mit Sand bedeckt sind.«

»Ja, aber es sind trotzdem noch ein paar neue da, die vorher versteckt lagen«, sage ich. »Wir müssen halt den Spaten mitnehmen auf die Schatzsuche.«

So machen wir's dann auch. Die archäologische Empfehlung lautet, die niedrige Ebbe bei Sonnenaufgang zu nutzen. Wenn das Licht seitlich fällt, sind die Petroglyphen besser zu sehen. Oder bei Nacht mit Taschenlampe.

»Jetzt bräuchten wir Internet«, sage ich.

»Ich würde so gern googeln«, stimmt Nina zu. Nach Antworten auf Fragen wie: Wieso sollen ausgerechnet hier solche Zeichen sein? Welche Bedeutung haben sie? Was genau hat es mit dem Zusammenhang mit Symbolen aus Hawaii auf sich?

Nun gut, erst mal suchen. Ich nehme tatsächlich den Spaten mit, Nina greift sich einen Besen. Im Schneckentempo gehen wir um die Insel und achten auf jeden Zentimeter Sand, den es auf den Felsen verschoben hat. Mal hilft uns die Flut, mal deckt sie interessante Flächen zu.

»Toll. Und wie unterscheiden wir natürliche Ritzen oder Löcher in den Felsen von Spuren aus Menschenhand?«, fragt Nina nach Stunden des Auf-sandige-Steine-Starrens– berechtigterweise.

»Keine Ahnung«, antworte ich. »Ich gehe mal davon aus, dass wir die Zeichnungen als solche erkennen, wenn wir welche finden.«

»Du meinst – falls.«

Bei Dunkelheit probieren wir es wie empfohlen mit der Taschenlampe. Wir können allerdings kaum etwas erkennen und wissen ja nicht einmal genau, wonach wir eigentlich suchen.

»So finden wir nie etwas«, meint Nina. Also schicken wir unseren segelnden Bekannten auf der *Calamia* per Satellitentelefon eine SMS und bitten sie um Unterstützung. Sie wollten eh noch mal vorbeischauen, abhängig von der Wetterlage, warum also nicht für eine archäologische Expedition? Außerdem könnten sie uns die Skizzen der Forscher auf einem USB-Stick mitbringen.

Den Strand mit dem Spaten umzugraben, ist anstrengend. Deshalb setzen wir nach wenigen Tagen auf die Hilfe der

Gezeiten und überlassen den Rest dem Zufall. Und siehe da – auf unserem Weg durch die Inselmitte entdecken wir schließlich tatsächlich Seltsames.

»Das gibt es nicht«, sage ich fassungslos, als Nina mit der Machete auf den Boden zeigt. Wir stehen mitten im Dschungel auf einem unserer Pfade. Ich bin einfach darübergelaufen, ohne etwas zu bemerken, aber Nina hat es gesehen: Zwei unnatürliche Steinreihen stoßen im rechten Winkel aufeinander. Sie stecken tief in der Erde und stehen nur minimal heraus.

»Ich hole eine zweite Machete«, sage ich, »dann kratzen wir die Erde um die Steine weg.« Als sie freiliegen, vermuten wir, ein sehr altes Grabmal vor uns zu haben. Sie weisen Ähnlichkeiten mit anderen auf, die wir gefunden haben und die noch gut sichtbar sind.

Wir werden entdeckungslustig und suchen die nähere Umgebung nach weiteren Merkwürdigkeiten ab. Ein paar Meter entfernt finden wir einen Stein mit einem tiefen und kreisrunden Loch.

»Sieht aus, als wäre er zum Stampfen von Kavawurzeln benutzt worden«, meint Nina. Ich schleppe ihn bis zur Hütte und stelle ihn neben der Tür ab. Ein Inselsouvenir, das wir am Ende unserer Zeit hierlassen werden müssen – so ein Stein ist einfach zu schwer, um ihn neben all dem anderen Zeug, das uns nach Deutschland begleiten soll, auch noch mitnehmen zu können.

Wir gehen zurück zu den Steinreihen, diesmal ausgerüstet mit Spaten und Besen. Vorsichtig graben wir Erde zur Seite. Unsere erste archäologische Grabungsstätte.

»Wenn wir Glück haben, sind das die Siedlungsreste der ersten Menschen, die hier gelebt haben«, sagt Nina.

»So abwegig ist das gar nicht«, finde ich. »Wir stehen hier ja fast in der Inselmitte. Ist doch klug, wenn man hier siedelt. Vorn am Strand zu bauen, das ist dumm.«

Siedlungsreste, die auf einer Insel weit nördlich von uns gefunden wurden, sollen immerhin mehr als dreitausend Jahre alt sein. Damit könnten sie von Menschen stammen, die als Allererste in der Südsee lebten – keine Idee von uns, sondern eine von Forschern.

»Wir machen viele Fotos aus allen Perspektiven und lassen die an Franz weitergeben«, schlage ich vor.

Vom Forschungsfieber gepackt suchen Nina und ich tagelang weiter, unsere Nasen beinahe ebenso dicht am Boden wie Sundays Schnauze, der uns irritiert aus dem Augenwinkel beobachtet. Eventuell plagt ihn die Angst, dass wir werden könnten wie er, und wer sollte dann noch den Fisch für ihn angeln? Auch unser Garten sieht schon ganz traurig aus, weil wir ihn vernachlässigen.

Eines sonnigen Samstags nimmt ein Katamaran Kurs auf unsere Insel. Wir sehen ihn von Weitem, und obwohl wir nicht genau wissen, wer da kommt, tippen wir auf die *Calamia* – immerhin haben wir sie eingeladen.

»Oh Mann, bei dem Wind hätte ich gar keinen Bock aufs Segeln«, sagt Nina mit Blick auf das überraschend raue Meer. Ihr wird beim bloßen Gedanken ans Segeln schlecht.

Es vergeht eine Stunde, ehe wir den Schriftzug an der Seite des Schiffs erkennen. Die *Calamia* holt das Segel ein, stellt auf Motor um und fährt zielstrebig durch die Eingangspassage in die

Lagune. Obwohl wir unsere Besucher ja diesmal schon kennen, sind wir aufgeregt wie beim ersten Mal.

»Hier«, ruft Nina und wirft mir meine beste Hose entgegen, als wir im Haus nach den einzig vorzeigbaren Klamotten suchen, die wir noch besitzen. Das Problem besteht nicht darin, dass unsere Kleidung dreckig wäre – wir waschen sie jede Woche –, aber die meisten Kleidungsstücke, sowohl Hosen, T-Shirts als auch Unterwäsche, tragen von der harten Inselarbeit Risse davon, die nicht mehr zu flicken sind. Außerdem blöd: Die meisten Hosen sind uns zu weit. Durch unsere Ernährung, die manchmal einseitig ist, unterm Strich jedoch sehr gesund, haben wir einige Kilos verloren. Bei mir ist es noch etwas krasser als bei Nina. Daheim laufen uns die Versuchungen ständig über den Weg, und es ist ähnlich wie mit dem Fernseher: Habe ich keinen, glotze ich nicht.

Mir bleibt bildhaft in Erinnerung, wie Nina einmal abends nach dem Duschen auf den Stufen vor dem Haus saß, das Gesicht in die Hände gelegt, mürrisch dreinblickend, und sagte: »Ich will jetzt sofort etwas Ungesundes zu essen haben.«

Wenn wir in die Zivilisation zurückkehren, werden wir uns also erst mal neu einkleiden – und ein paar Süßigkeiten futtern. Selbst Schuhe fehlen uns; die paar Flipflops, die wir dabeihatten, sind hinüber, und genauso fallen die festen Schuhe auseinander, die wir für die Gartenarbeit verwenden.

Auf der *Calamia* tut sich noch nichts, also gehen wir zur Küche und setzen Kaffeewasser auf. Kurze Zeit später stehen Mary, Meredith und Andrew vor uns – Malcom ist nach Australien zurückgekehrt.

»Schaut mal, was wir für euch dabeihaben«, sagt Mary und winkt mit drei Tafeln Schokolade.

»Klasse, ihr seid so lieb«, freut sich Nina und fällt Mary um den Hals.

»Ihr glaubt gar nicht, was ihr alles verpasst habt in der Zwischenzeit«, sage ich. »Was in drei Monaten alles passieren kann.«

»Habt ihr euch etwa gestritten?«, fragt Andrew grinsend.

»Ja«, antworte ich. »Aber auch wieder versöhnt. Geht hier ganz gut. Und dann war da noch was.« Wir erzählen von dem Ärger mit dem Seegurkencamp und zeigen unseren Gästen, was die Fischer hinterlassen haben. Den Müll räumen wir nicht weg, bis wir wissen, ob sie in dieser Saison nicht noch mal anrücken.

»Da habt ihr aber Glück gehabt, dass die Navy kam«, meint Andrew.

»Ja, hätte schlimm ausgehen können«, erwidere ich. »Wir hatten echt Schiss.«

»Verstehe ich. So viele Männer, und Nina die einzige Frau auf der Insel«, sagt Meredith. »Ich wäre vor Angst gestorben.«

Wir führen die drei zu den Bananeninseln, in denen Malcom das letzte Mal gewütet und die kleinen, nachwachsenden Bananen mit dem Grabstock abgeschlagen hat.

»Schaut euch das an«, sage ich. »Das müsst ihr Malcolm unbedingt erzählen.« Wir zeigen auf die beiden Riesenstauden, an denen die Früchte mittlerweile zwar noch grün, aber schon voll ausgebildet sind. Sie stehen nur noch, damit die *Calamia*-Segler sie bewundern können. Später am Tag ernten wir die Bananen und lassen sie auf der Fensterbank nachreifen. »Sonst schlägt wieder das Purpurhuhn zu«, erkläre ich.

Meredith hat einen USB-Stick dabei, auf dem Informationen über die Petroglyphen gespeichert sind, und wir schauen sie uns auf dem Laptop an. Ein Foto zeigt Steinritzungen, die auf einer Insel namens Foa entdeckt wurden, und wir bekommen eine Vorstellung davon, wie breit und tief die Ritzen sind und wie groß die gesuchten Symbole. Auf einer eingescannten Skizze sehen wir, welche Figuren Anfang des Jahrhunderts hier entdeckt worden sein sollen. Darunter jene Sonne, von der Franz gesprochen hat, das Auge mit abstehenden Händen, ein einfach gezeichneter Mensch mit Händen und Fingern.

Zusammen mit unseren Besuchern wollen wir uns gleich auf die Suche nach den Symbolen machen, denn das interessiert die Segler genauso wie uns. Stolz führen wir sie über die Pfade, an Ninas kunstvollen Beschilderungen vorbei.

»Ist ein richtiger Park geworden«, lobt Mary.

Wir erreichen die Stelle, an der wir gemeinsam das angespülte Floß begutachtet haben. Es liegen nur noch ein paar Bambusstäbe herum, denn die Seegurkenfischer haben die Netze, Plastikstäbe und das Solarmodul in der Mitte abgeschnitten und mitgenommen. Andrew hat wie versprochen im Internet recherchiert und herausgefunden, welchem Zweck es sehr wahrscheinlich diente.

»Mit Tsunamiforschung hatte das nichts zu tun«, behauptet er. »Es sollte Thunfischschwärme anziehen. Das Solargerät leitet den Standort an industrielle Hochseefischer weiter.«

»Gut, dass wir das Ding nicht zurück ins Wasser gezogen haben!«, sage ich erleichtert.

Wir erreichen unseren beliebtesten Aussichtspunkt. Eine Schneise, die der Zyklon hinterlassen hat. Von ihr aus lässt sich der Ozean im Osten überblicken, an dessen Horizont kein Land zu sehen ist.

»Könnt ihr die Cookinseln erahnen?«, frage ich und teste damit das Allgemeinwissen der Segler.

Andrew lacht. »Die Cooks sind wohl ein bisschen zu weit weg, um sie sehen zu können.«

Ich bin enttäuscht, weil ihnen mein Kunstwerk entgeht. Nina grinst.

»Ich glaube, Cook war schon mal hier«, sage ich und zeige auf einen kleinen Stein vor mir, auf dem Petroglyphen eingeritzt sind. Recht aktuelle Petroglyphen.

I was here – James Cook, steht darauf gemeißelt. Die Segler lachen. Höflich. Na super, denke ich mir. So viel Mühe umsonst – ich saß hier ein paar Stunden lang mit Hammer und Meißel. Ich schaue Mary und Meredith an und werde das Gefühl nicht los, dass sie mich für verrückt halten.

Trotzdem essen wir wie beim ersten Besuch der *Calamia* gemeinsam an Land zu Abend. Nina und ich kochen Kürbissuppe und Curryreis mit Ananasstücken. Die Segler bringen Skipjack-Thunfisch mit. Danach sitzen wir am offenen Feuer, und die Damen des Katamarans schwärmen von unserer Gemütlichkeit.

»Wer hätte gedacht, dass wir ein Lagerfeuer machen«, sagt Mary und kichert fröhlich.

»Echt? Schon so lange nicht mehr vor einem Feuer gesessen?«, frage ich ungläubig. »Wieso nicht?«

»Na ja, ist nicht so üblich bei uns auf dem Katamaran«, antwortet sie.

Mir wird bewusst, wie wenig normal unser Leben hier auf andere Menschen wirkt. Für uns ist offenes Feuer das

Gewöhnlichste auf der Welt. Wir sitzen ja jeden Abend so da und legen Holz nach, hören dem Knistern zu, legen uns zum Schlafen in den Sand, schauen uns an Neumondnächten den Sternenhimmel an.

Die *Calamia* würde gern länger bleiben, denn Andrew und ich hatten eigentlich viel vor. Wir wollten mit dem Beiboot auf die Nachbarinseln fahren, um Früchte zu suchen, oder in der Lagune vom Boot aus ein paar Stunden angeln, während außerhalb des Riffs Buckelwale springen; eine Walfamilie ist neugierig herangeschwommen, nachdem die *Calamia* geankert hatte. Aber die hübschen Pläne verwerfen wir.

»Hey, Nina und Adrian«, ruft Andrew am nächsten Morgen schon von Weitem, als er uns beim Frühstück im Freien besucht. »Der Vulkan auf Tofua ist aktiv.«

»Wie, aktiv?«, fragt Nina verdutzt.

»Na ja, manchmal spuckt er eben noch. Selten, aber kommt vor.«

Tonga liegt mit seinen vielen Vulkanen inmitten des Pazifischen Feuerrings. Am Tongagraben fällt das Meer ins Bodenlose ab. Und was unter dem Wasser geschieht, ganz tief unten, ist kaum vorstellbar: Immer wieder entstehen neue Unterwasservulkane, während andere von starken Beben förmlich zerrissen werden. Wenn es einen Teufel gibt, dann lebt er dort unten – und obendrüber liegen die Südseeinseln wie im Bilderbuch.

Von den Vulkanen wussten wir, bevor wir uns für Tonga entschieden haben. Nur ehrlich gesagt hatten wir es für ausgeschlossen gehalten, dass sie uns in irgendeiner Weise betreffen könnten.

»Droht uns was?«, frage ich Andrew.

»Nein. Aber das Wetter verschlechtert sich. Und es wird eine große Rauchschwade geben«, sagt er.

»Wie – Rauchschwade?«

»Die werdet ihr sehen können, aber ihr seid hier weit genug weg. Wir segeln jedoch besser weiter, sorry.«

»Oh nein, das ist so schade«, bedauert Nina.

»Ich weiß. Aber ich verspreche euch: Wenn ihr nächsten Mai noch da seid, dann kommen wir wieder.«

»Ja, bitte«, antwortet Nina. Denn auch wenn wir schon Ende des Jahres die Insel verlassen werden, weil unser Jahr dann vorbei ist, heißt das ja nichts. Wir sind schließlich in Tonga, und in Tonga weiß man nie genau, was folgt.

Wir verabschieden uns am Strand; die Segler sind bereits in Aufbruchsstimmung. Lange winken wir ihnen nach.

Wie Andrew versprochen hat, bildet sich am Nachmittag am Himmel eine riesige, graue Wolke von Tofua ausgehend – das ist jene Vulkaninsel, auf der Sione für ein paar Jahre gelebt hat.

An seltenen Tagen sehen wir von unserem Strand aus die Silhouetten von Tofua und Kao. Kao ist der große, nicht rauchende Bruder, über dessen Anblick wir immer wieder sprechen, weil uns die Silhouette an einen richten Alpenberg erinnert, und das im Südpazifik.

Heute sehen wir die Umrisse nicht. Die riesige Wolke schiebt eine weitere, dichte Wolkenrolle vor sich her, wie sie manchmal bei herbeiziehenden Gewittern zu beobachten ist. Der graue Schleier legt sich sehr langsam und über mehrere Stunden hinweg komplett über uns; der Tag wird dunkel und die Luft kühlt ab.

»Es könnten uns ja wenigstens Lavabrocken entgegenfliegen«, sage ich zu Nina, etwas enttäuscht von dem wenig spektakulären Schauspiel. Von allen Naturkatastrophen sehne ich einen Vulkanausbruch am ehesten herbei. »Oder es könnte der Himmel krachen. Rote Blitze in dunklen Wolken.« Nichts dergleichen.

»Mach keine dummen Witze«, mahnt Nina. »Das ist immer schlecht. Wir haben hier doch schon jede Menge durchgemacht.«

Keine Lavabrocken also. Uns ist jedoch aufgefallen, dass am Strand gelegentlich winzige Lavasteinchen angespült werden. Es gibt sie in Schwarz, Grau oder auch mal Braun. Sie sind für uns die stetige Erinnerung daran, was sich in der Tiefe abspielt, denn sie stammen von aktiven Unterwasservulkanen.

Diese Bimsbrocken verteilen sich über Tausende von Kilometern, schwimmen jahrelang auf der Wasseroberfläche und finden auch dann keine Ruhe, wenn sie einmal angespült wurden. Sie sind so leicht, dass ein starker Wind sie herumwehen kann, zurück ins Wasser, wo sie erneut eine Reise antreten.

Anfangs haben wir die Lava gern gesammelt, mit der Zeit sind es jedoch zu viele Stücke geworden; jetzt lassen wir sie einfach am Strand liegen.

Der Himmel bleibt noch einige Tage lang verhangen, die Wolkendecke über uns verzieht sich sehr langsam. Wir nehmen es gelassen. Ob Zyklon oder Tsunamiwarnungen – wir haben uns mit der Natur arrangiert, ohne allerdings abgebrüht oder verwildert zu sein. Schicksalsergeben, würde ich es nennen. Ich mag den Gedanken, dass eine höhere Macht über mich und mein Leben entscheidet. Nina sieht das ein bisschen anders.

26

Déjà-vu

Immer seltener denken wir an die Seegurkensammler und lange glauben wir, sie seien ein für alle Mal passé. Dreieinhalb Monate nach Abzug des Camps werden wir eines Besseren belehrt.

An einem Samstagnachmittag sehe ich eines dieser lang gezogenen Boote um die Lagune schippern, schwer beladen, mit mehreren Männern an Bord und orangefarbenen Tonnen.

»Fuck«, fluche ich und rufe Nina.

»Das darf doch nicht wahr sein«, schimpft sie. »Was machen wir jetzt?«

»Ruhe bewahren.« Ich ziehe sie an mich, um sie zu beruhigen – aber in Wahrheit bin ich genauso wütend und verunsichert.

Die Fischer legen tatsächlich an unserer Insel an und machen es sich dort gemütlich, wo früher das Camp war. Na toll. Meine einzige Hoffnung ist, dass sie nicht übernachten werden, weil heute Samstag ist und der Sonntag in Tonga heilig. Er wird im Dorf verbracht. Vielleicht verziehen sich die Typen also bald wieder.

Wir beziehen Stellung vor der Küche, um aus der Distanz zu beobachten, wie sich alles entwickelt. Ein zweites Boot taucht am Horizont auf, erneut ein lang gezogenes, erneut schwer beladen mit Tonnen und Männern.

»Was läuft hier? Bin ich im falschen Film?«

»Ich könnte kotzen«, flucht nun Nina. Das Boot steuert auf unsere Lagune zu und den Anlegeplatz an. »Sollen wir gleich die Navy anrufen oder bis Montag warten?«

»Warten.«

Nach einer Stunde höre ich Stimmen auf dem Pfad zur Küche, wo wir uns zur Beruhigung einen Tee gekocht haben. Ich stehe auf und gehe den Männern entgegen. Nina bleibt in der Hütte – sie hat keine Lust, auch nur in die Nähe der Fischer zu kommen.

Der erste der Männer, ein Dicker mit langen Haaren, auf dessen rechten Oberarm ein Spinnennetz tätowiert ist, stellt sich mir vor, während sich die anderen, fünf große breitschultrige Typen, sogleich grußlos neben mich auf den Boden fallen lassen, um das Gespräch zu verfolgen. Der Dicke ist etwa 35 Jahre alt, wirkt nett und schüchtern. Er macht eine einladende Geste, und auch wir beide setzen uns.

»Aus welchem Land kommst du?«, will er wissen.

»Deutschland«, sage ich.

»Kenne ich nicht.«

»Liegt in Europa, ein langer Weg bis hierher.«

»Oh, Europa«, sagt er. »Das kenne ich.«

Einer der anderen mischt sich ein, einer mit Flaumbart über der Oberlippe. Er trägt einen Pullover von Converse und ist ein bisschen jünger als der Dicke.

»Ich bin Isaac«, stellt er sich vor. »Wie viele Leute seid ihr hier?«

»Meine Frau und ich.«

»Wie lange bleibt ihr?«

»Bis nächstes Jahr.«

Isaac schaut ungläubig. Nina und ich haben ausgemacht, grundsätzlich zu sagen, dass wir bis nächstes Jahr auf der Insel bleiben werden, auch wenn es nicht stimmt. So fühlen wir uns sicherer.

»Hast du Alkohol?«, fragt Isaac, und ich fühle mich an Salesi von der Fähre erinnert und an die Chinesen vom Camp. Diese ewige Bettelei nach Hochprozentigem macht mich plötzlich wütend. Haben die nichts anders, was sie glücklich macht?

»Nein«, knurre ich. »Wir trinken nicht.«

Isaac lässt nicht locker. »Bitte, mir ist so kalt da drin.« Er legt seine linke Hand auf die Brust. Pathetisch ist er also auch noch.

»Wir haben keinen Alkohol«, wiederhole ich und will am liebsten gehen. Aber nicht, ohne vorher auch ein paar Fragen zu stellen. »Woher kommt ihr eigentlich?«

»Tongatapu«, sagt Isaac.

»Wollt ihr Seegurken sammeln?«

»Io.«

»Wohin bringt ihr sie?«

»Die kommen nach Tongatapu.«

»Wie lange bleibt ihr hier?«

»Bis Dezember.«

»Wo? Hier auf der Insel?«

»Bei Finau auf der Insel.«

Warum hocken dann schon wieder zwanzig Männer auf unserem Strand? Noch dazu an einem Samstagabend?

Die anderen Männer, die bei uns sitzen, reden auf Tongaisch mit Isaac. »Ich soll dich fragen, ob du nicht doch Alkohol hast«, sagt er anschließend zu mir. Ich verneine. »Magst du Fisch?«, fragt er.

»Ich angle oft, ja«, entgegne ich, um der Schlinge zu entgehen, die er mir um den Kopf legen will.

»Magst du Lobster? Wir geben dir Lobster, wenn du uns Alkohol gibst«, schlägt er vor.

Ich möchte mal wissen, wieso die Männer so vehement davon überzeugt sind, dass ich Alkohol habe. Gut, unter meinem Bett liegt eine halb volle Flasche Rum, aber die ist doch gut versteckt!

»Wenn ich Lobster will, fange ich ihn mir selbst«, sage ich genervt (obwohl ich beim Schnorcheln noch nie einen aus seiner Höhle gezogen habe, weil sie mir zu stachlig sind). »Ich gehe.« Ich nicke Isaac und dem Dicken zu, sie nicken zurück, und weg bin ich. In der Küche erzähle ich Nina von dem Gespräch, und sie regt sich über die Frage nach Alkohol auf.

»Wieso bleiben die nicht einfach auf der Hauptinsel?«, schimpft sie. »Da können sie von mir aus saufen, so viel sie wollen! Wenn die hier wieder ein Camp errichten, habe ich echt keine Lust mehr auf die Insel.« Sie knallt einen Topf ins Regal, pfeffert gespültes Besteck auf die Ablage.

Um uns abzulenken, entzünden wir ein Feuer und trinken Schwarztee. Als wir später zu unserer Hütte zurückgehen, erklärt sich auf einmal von selbst, warum die Männer so nachdrücklich um Alkohol baten. Wir haben die Fenster offen stehen lassen, und durch das Moskitogitter kann man in einer Ecke des Wohnzimmers einen Karton Kingfisher-Bier erspähen. Er stammt noch vom Anfang unserer Inselzeit, ist allerdings schon lange nicht mehr mit Bier gefüllt, sondern mit unseren letzten Nudeln.

»Sag mal, hast du das Moskitogitter falsch herum ins Fenster eingesetzt?«, fragt Nina mich.

»Wofür hältst du mich?«

»Dann waren es die Fischer.« Anscheinend haben sie sich einen Rundgang durch die Hütte gegönnt.

»Diese Penner«, schimpfe ich. Nina ist sprachlos.

Wir stürmen hinein und sehen uns um. Zum Glück fehlt nichts. Den Abend verbringen wir in der Angst, es könnte alles wieder von vorn losgehen. Doch wir haben einen letzten Funken Hoffnung, weil Isaac ja sagte, dass sie auf Finaus Insel wohnen würden.

»Vielleicht sind sie wirklich nur heute oder übers Wochenende hier«, versuche ich, uns die Situation schönzureden. Nina zuckt nur mit den Schultern. Sie hat keine Lust auf Hoffnungen, die vielleicht enttäuscht werden.

Nach Einbruch der Dunkelheit hören wir Bootsmotoren und rennen nach draußen. Beide Boote fahren langsam aus der Lagune hinaus, das eine steuert nach links, das andere nach rechts. Wir atmen auf, obwohl wir uns nicht sicher sind, dass es dabei bleibt. Warum fährt eines der Boote in den Süden unserer Inselgruppe? Mir fällt dafür nur eine Erklärung ein, die ich Nina jedoch verschweige: Dort wurde ein neues Camp eingerichtet, damit die unbewohnte Inselgruppe trotz unseres Widerstands befischt werden kann.

Mit Taschenlampen gehen wir hinüber in unser ehemaliges Seegurkencamp, um uns zu vergewissern, dass die Männer kein neues Lager in unserer direkten Nachbarschaft errichtet haben. Wir finden die Reste eines Feuers, daneben Corned-Beef-Dosen, Chicken-Luncheon-Dosen und die aufgebrochene, dicke Schale einer weißen Riesenmuschel. Eine Muschel dieser Art aus der Lagune zu nehmen und ihr Fleisch zu essen, ist verboten. Hat sie erst einmal diese Größe erreicht, ist sie Jahrzehnte alt – und im gesamten Südpazifik gibt es nur noch wenige von ihnen. Es ist wie mit den Seegurken, den Schildkröten, im Norden den Walen: Der Mensch konsumiert und dezimiert, bis nur noch ein Bruchteil der Vielfalt übrig geblieben ist.

»Interessiert hier natürlich keinen«, sagt Nina. »Kriegt ja auch keiner mit.«

»Ach, selbst wenn. In Deutschland würde man wahrscheinlich sagen, das sei halt Tradition«, behaupte ich in meiner Wut. »Menschen! Machen alles kaputt. Und immer schön andere Kaputtmacher in Schutz nehmen.« Inzwischen bin ich fortgeschrittener Misanthrop. Und wenn es so weitergeht, steigt auch Nina in den Club ein.

Auf dem Rückweg zur Hütte finden wir mehrere tote Vögel – darunter einen großen seltenen Tölpel, dessen Kopf mit langem hellblauen Schnabel vom restlichen Körper abgetrennt am Strand liegt. Mir stehen Tränen in den Augen.

»Das ist nicht Albert, oder?«, fragt Nina erschrocken.

»Ich hasse die Menschheit«, sage ich.

»Vielleicht ist es ein Tölpel von einer Nachbarinsel, vielleicht haben sie ihn schon tot mit hierhergebracht.« Netter Versuch. Nina scheint sich selbst nicht ganz zu glauben.

Keine Ahnung, ob es sich bei dem Vogelkadaver um Albert handelt, aber ich nehme es stark an. Albert, unser Lieblingstölpel, den wir so gern in der Abenddämmerung beim Segeln über der Lagune beobachtet haben. Und selbst wenn er es nicht ist – was soll dieses sinnlose Abschlachten unschuldiger Tiere? Nicht mal zum Essen wurden die Vögel getötet, sondern aus purer, ja, was eigentlich? Mordlust? Langeweile? Neugier? Die

Männer haben Glück, dass sie sich außerhalb meiner Reichweite befinden.

In der Nacht zieht ein heftiger Sturm über uns hinweg. Überall stürzen Palmwedel und Äste zu Boden, hohe Wellen spülen Sand auf die freien Flächen vor Hütte und Küche, ähnlich wie damals beim Zyklon. Natürlich weniger dramatisch. Aber vielleicht wussten die Fischer davon und entschieden sich deshalb, die Insel gleich wieder zu verlassen. Obwohl uns die Sorge nicht loslässt, sehen wir sie nicht wieder. Auch Albert, unseren Lieblingstölpel, nicht. Er fehlt uns.

Ein paar Tage später liegt ein perverser Fischgestank in der Luft. Wir bemerken es, als wir vom Pfad an den Strand gehen. Eine leichte Brise weht vom offenen Meer in die Lagune hinein und bringt den Gestank mit sich.

Immer wieder finden wir Fischkadaver am Strand, die Seevögeln aus dem Schnabel gefallen sind, aber die riechen nie so extrem. Auch Sunday hält seine Schnauze verwundert in den Wind und schnüffelt.

»Was ist das nur?«, frage ich.

»Es kommt definitiv vom Meer«, sagt Nina.

Wir schauen aufs Wasser und suchen nach etwas, das uns eine Erklärung bieten könnte, und noch bevor unsere Blicke aus der Lagune schweifen, bleiben sie an einem großen, weißen Haufen hängen.

»Schau dir das an. Was zur Hölle ist das?«, frage ich Nina. Das Ding ragt mindestens einen halben Meter aus dem Meer und bewegt sich nicht vom Fleck, obwohl Wellen ans Riff schlagen und eine Strömung geht. Was auch immer es ist, es hat sich an Korallen verfangen, die dort bei Ebbe nur wenig unter der Wasseroberfläche liegen. Wir holen das Fernglas, um das Ding besser sehen zu können. Nina schaut zuerst und erkennt eine schwabbelige Masse mit grauen Fetzen an der Seite.

»Ein Wal«, vermutet sie.

»Tot?«

»Ja, was sonst?«

So, wie die Strömung momentan fließt, treibt der Kadaver entweder im Norden an der Insel vorbei, oder es spült ihn direkt an dem Teil des Strandes an, an dem wir gerade stehen.

»Hoffentlich bleibt der weg von der Insel«, sagt Nina.

Ich dagegen entwickle eine sonderbare Art von Neugier. »Wieso? Wäre doch interessant, ihn mal aus der Nähe zu sehen«, sage ich. »Eine einmalige Chance.«

»Was glaubst du, wie der stinkt, wenn der erst mal in der Sonne liegt?«

Trotzdem, denke ich. Was für eine Walart ist das? Was ist noch übrig von ihm? Gibt es Anzeichen für seine Todesursache? Nach Gärtner, Hühnermordinspektor und Archäologe werde ich nun also Gerichtsmediziner – wer hätte gedacht, dass die Insel derart viele Jobmöglichkeiten bietet?

»Ich glaube, es ist besser, wenn wir erst mal nicht ins Wasser gehen«, sagt Nina.

»Da kannst du sicher sein«, pflichte ich ihr bei. »Ich hab kein Interesse daran, einen Tigerhai kennenzulernen.«

Als später am Tag die Flut kommt, verlieren wir die Schwabbelmasse aus den Augen. Zunächst erkennen wir noch kleine Stücke, die zwischen den Wellen immer wieder auftauchen, später sehen wir gar nichts mehr, es wird dunkel.

»Wenn wir Glück haben, wird der Wal weggetrieben«, hofft Nina.

»Du meinst, wenn wir Pech haben?«

Am nächsten Morgen machen wir uns in aller Frühe auf den Weg zum Strand. Die Flut zieht sich zurück. Und siehe da: Der Kadaver hat sich von den Korallen gelöst. Wir blicken über die Lagune und sehen nirgends etwas aus dem Wasser ragen.

»Na also. Alles wieder beim Alten«, sage ich zu Nina, und sie atmet erleichtert auf.

Wir gehen am Strand entlang bis zur Küche, sehen und riechen aber nichts. Wir verlängern unseren Spaziergang und schlendern weiter Richtung Strandspitze im Norden. Und plötzlich stinkt es wieder. Gar nicht so schlimm, sodass wir schon glauben, der Kadaver habe sich anderswo in der Lagune verfangen. Doch als wir um einen Baumstamm herumgehen, liegt er in seiner ganzen Pracht vor uns. Sunday ist nicht mehr zu halten und rennt los.

»Sofort hierher«, ruft Nina in heller Aufregung und so laut, dass unser Hund erstaunlicherweise sofort hört. Während Nina Sunday am Nacken packt, halte ich mir vor Schreck die Hand vor den Mund. Es ist ein Wal, definitiv, jedenfalls die Reste von einem. Die Haut und darunterliegendes Fleisch fehlen, wir blicken auf eine weiße, dicke Speckschicht.

»Wie ein riesiger Klumpen Silikon«, staune ich. Wir schätzen den Wal auf ungefähr fünf Meter Länge, eineinhalb Meter Breite und etwa genauso hoch. Die hintere Form des Specks erinnert an eine Fluke, und im großen vorderen Teil müssen die Innereien verborgen sein.

»Für einen Buckelwal ist das Ding zu klein«, sage ich.

»Ich glaube, es ist ein Walbaby«, meint Nina schockiert.

Wir entdecken riesige Bissspuren, vermutlich wirklich von Tigerhaien, was kein Wunder wäre bei der Masse an Fleisch. Tigerhaie riechen blutige Nahrung aus Kilometern Entfernung.

Nina hebt einen Stock auf und piekst gegen die Speckschicht. »Sehr fest«, sagt sie. Ich probiere es auch; sie hat recht. Wir hätten vermutet, der Kadaver müsse weich sein wie ein Marshmallow.

»Vielleicht stinkt er deshalb noch so wenig«, meint Nina. »Die Innereien sind noch nicht der Sonne ausgesetzt.«

Ich blicke ständig auf das Meer, aus Angst, wir könnten die Flosse eines Tigerhais übersehen, die auf uns zugeschwommen kommt. Selbst wenn wir nicht im Wasser stehen, sondern knapp daneben – wir haben schon gesehen, wie selbst Riffhaie bei der Jagd bis an den Strand und auch mal eben kurz aus dem Wasser kommen. Normalerweise halten sich Tigerhaie tagsüber aus Lagunen fern, aber angesichts solcher Beute würde ich nichts garantieren.

»Warum ist das Walbaby wohl gestorben?«, frage ich in die Runde, doch weder Nina noch Sunday, den sie mit deutlichen Worten auf einen Posten in einigen Metern Abstand verbannt hat, haben eine Idee. Wir sehen kein Skelett, nicht mal einzelne Knochen.

»Wo ist das Gerippe?« Ratlos wandere ich ein ums andere Mal um den Kadaver herum. »Kann doch nicht sein, dass es fehlt.«

»Meinst du, das hat irgendwas mit den zwei Buckelwalen zu tun, die wir in den letzten Tagen vor der Lagune gesehen haben?«, fragt Nina. »Wenn Wale trauern, sind sie bestimmt länger im selben Gebiet. Und zu Spielchen waren sie auch nicht aufgelegt.«

Nur alle paar Minuten konnten wir ihre Atemfontänen sehen. Keiner sprang, keiner gab einen Laut von sich. Sie dümpelten trübsinnig vor sich hin. Vielleicht waren die beiden Buckelwale die Eltern des Walbabys, die nach dem Tod ihres Nachwuchses noch eine Weile blieben, um zu trauern.

Ich habe eine Vermutung, allerdings bin ich mit Vermutungen schnell geworden, seitdem wir auf der Insel sind; das weiß ich selbst. Ist wieder die Misanthropen-Sache. Tigerhaie wären jedoch zu einfach. Ich finde es viel plausibler, dass Menschen mit dem Tod des Walbabys zu tun haben.

»Die Fischer vielleicht«, sage ich und werfe Nina einen grimmigen Blick zu.

»Bisschen weit hergeholt«, entgegnet sie.

Wir spekulieren noch eine Weile, finden aber keine Erklärung, die uns beiden glaubhaft erscheint. Also widmen wir uns dem nächsten Problem: Wir haben keine Ahnung, was wir mit dem Kadaver tun sollen. Er hängt an einem großen Felsen fest, weshalb wir ihn unmöglich zurück ins Wasser schieben können, selbst bei Flut nicht – der Kadaver wiegt sicher eine Tonne. Noch ist der Gestank irgendwie auszuhalten, nur hinter der Fluke riecht es ekelhaft, weil der Wind in diese Richtung weht. Aber was ist, wenn der Wind dreht?

»Dann können wir unser Frühstück vergessen«, sagt Nina. »Bei dem Gestank!«

Wir sitzen zum Frühstück normalerweise auf den Steinen neben der Feuerstelle. Der Kadaver liegt nur ein paar Meter entfernt davon.

»Was soll ich machen?«, frage ich. »Jedenfalls muss Sunday an die Leine. Sonst macht er noch da dran rum oder frisst sogar was davon.«

Nina schaut Sunday an und stimmt zu.

Walkadaver werden ja immer wieder an Stränden angespült. Meistens versucht man, den Kadaver zurück ins Meer zu bekommen, was in der Regel scheitert. Denn selbst wenn ein Bagger anrückt, das Wasser spült die toten Wale oft zurück an den Strand. Auch vergraben können wir ihn nicht. Erstens müsste ich ein riesiges Loch buddeln, und zweitens müssten wir ihn auch in ein Loch erst noch hineinkriegen.

»Mir ist jetzt schon schlecht, wenn ich mir vorstelle, wie das erst morgen stinkt«, sagt Nina.

»Ich könnte ihn mit der Machete zerkleinern«, schlage ich vor und meine das in diesem Moment sogar ernst. »Mit Machete, Säge und Messer?« Selbst wenn es furchtbar wird und ich danach etliche Male duschen und mich von Kopf bis zum letzten Zehennagel abschrubben muss, um den Geruch wieder loszuwerden – etwas anderes fällt mir nicht ein.

»Schlechte Idee«, meint Nina. Sie befürchtet, dass der Kadaver auf dem Sand liegt wie ein gefülltes Kaubonbon und dass die Füllung herausspritzt, sobald ich mit dem Werkzeug durch die Hülle stoße.

Bei Ninas anschaulicher Erläuterung kommt mir das Frühstück wieder hoch, und ich verwerfe meinen Vorschlag.

»Wenn wir ein kleines Boot hätten, könnten wir einen großen Angelhaken und eine dicke Schnur nehmen und versuchen, den Wal bei Flut ins Wasser zu ziehen«, überlege ich weiter.

»Wenn!«, sagt Nina. »Wir haben aber kein Boot.«

Schließlich entscheiden wir uns zu warten.

Am nächsten Tag stinkt der Kadaver bereits extrem. Die Sonne heizt ihn auf. Wir frühstücken weit weg – der leiseste Geruch nach totem Wal würde mir den Magen umdrehen. Wenn der Wind von Norden weht und die Ebbe kommt, ist es am allerschlimmsten.

So geht es Tag für Tag. Nach einer Woche wird es unerträglich. Der Walspeck hat sich seit seiner Ankunft kaum verändert, und es wird eine Ewigkeit dauern, bis er sich zersetzt hat.

Genervt vom Gestank nehme ich eines Mittags den größten Angelhaken, den ich finden kann, knote ihn an ein langes Seil und ramme ihn in den vorderen Teil des Kadavers.

»Das bringt doch nichts«, sagt Nina mir voraus.

»Probieren kann ich es ja«, erwidere ich und atme ein paarmal tief durch den Mund ein und aus, um einen aufsteigenden Brechreiz zu unterdrücken.

Es ist Ebbe, und ich gehe ein paar Meter zurück, um am Seil zu ziehen. Es tut sich nichts. Der Schwabbelhaufen ist viel zu schwer, um sich auch nur einen Millimeter bewegen zu lassen.

Ich warte, bis die Flut kommt, und starte einen neuen Versuch. Wieder vergeblich, obwohl ich den Eindruck habe, den Wal wenige Zentimeter weit gezogen zu haben.

»Da hat sich nichts bewegt«, behauptet Nina, die mich aus sicherer Entfernung und mit einem Taschentuch vor der Nase beobachtet.

Ich bekomme den Wal einfach nicht über den Felsen, hinter dem er liegt, und das ist der einzige Weg ins tiefere Wasser. Ich könnte auch weiter rauswaten und von dort aus ziehen, aber davor habe ich noch immer Angst. Zu oft *Der Weiße Hai* geschaut. Das Wasser ist trüb, und die Bissspuren der Haie sind noch deutlich zu erkennen. Da ist es mir lieber, das Teil stinkt vor sich hin!

Frustriert breche ich ab. Wenn der Wind von Süden kommt oder die Flut auf dem Höchststand ist, ist es auszuhalten. So nutzen wir diese Stunden und Tage, um uns wieder länger an der Feuerstelle und in der Küche aufzuhalten, wo wir es so gemütlich finden.

Nach zwei Wochen auf der Insel zeigt der Kadaver endlich die ersten Anzeichen der Zersetzung. Überall stehen eklige Hautfetzen ab, Speckstücke schwappen unter dem Körper heraus, und wir beobachten Krebse daran.

Wir setzen auf den Neumond; dann wird die Flut höher, und der Sandstrand verändert sich. An einem der folgenden Morgen denke ich, das Meer habe den Kadaver fortgespült, weil ich ihn nicht gleich am gewohnten Platz sehe. Pustekuchen: Stattdessen hat es ihn noch näher an die Küche getrieben, noch immer liegt er hinter Felsen. Wir überlegen schon, die Küche woanders einzurichten, doch am nächsten Tag liegt der Kadaver einige Meter auf der anderen Seite in Richtung Strandspitze.

»Wenigstens hat er sich von den Felsen gelöst«, freue ich mich.

»Dafür hängt er jetzt an einem Stamm.«

»Aber da hängt er nicht fest, und die Flut wird noch höher.«

So kommt es – die Flut spült den Kadaver immer weiter weg von unserer Küche, dummerweise jedoch an einen unserer schönsten Strandabschnitte. Man kann nicht alles haben, und wir sind trotzdem erleichtert. Endlich können wir wieder die Feuerstelle benutzen, ohne dass uns schon beim Kochen der Appetit vergeht.

Ab und zu schauen wir nach dem Kadaver, und er liegt stets in gewohnter Konsistenz, schwabblig, vor uns im Sand. Sunday muss deshalb immer wieder an die Leine, was er uns übel nimmt, indem er uns stundenlang anjault und nach den Spaziergängen halbe Tage lang ignoriert. Doch selbst schuld – er ist einfach resistent gegen unsere Ermahnungen, sich fernzuhalten.

Eines Tages ist der tote Wal verschwunden.

»Wo ist er hin?«, fragt Nina aufgeregt, als wir am Strand stehen.

»Vielleicht hat ihn die Flut in der Nacht mit sich genommen«, spekuliere ich. Um sicherzugehen, dass er nirgendwo sonst liegt, laufen wir einmal um die Insel herum. Tut er nicht.

»Wenn wir Glück haben, ist er aus der Lagune getrieben worden«, sagt Nina. »Wenn wir Pech haben, ist er in der Lagune auf den Grund abgesunken.«

»Das werden wir wohl so schnell nicht rauskriegen«, erwidere ich. »Ich habe keine Lust, nach ihm zu schnorcheln, um nachzusehen. Du?«

Nina schüttelt den Kopf, und ich bin froh, dass ich sie nicht davon abhalten muss, ebendies zu tun. Anscheinend hat auch sie *Den weißen Hai* gesehen. Dabei ist das sonst gar nicht ihr Filmgeschmack.

Ab und zu riecht es am Strand noch ein wenig nach totem Wal, das liegt aber nur an Speckfetzen des Kadavers, die noch an dem Stamm am Strand hängen. Das Gröbste ist überstanden. Den Kadaver sehen wir nie wieder.

27

Wehmut

Uhrzeiten sind uns vor einer Ewigkeit gleichgültig geworden, und ich kann mir auch nicht vorstellen, dass sich das noch mal ändern wird. Was uns wichtig ist, sind Sonne und Mond. Wir unterteilen die Zeit nach Stand der Sonne in morgens, mittags, abends. Auch zu wissen, welchen Tag wir haben, ist für uns bedeutungslos. Wir achten auf den Mond, ob er zunehmend ist oder abnehmend, und ersehen daran, wie lange es bis zum nächsten Vollmond dauert. Auf den warten wir seit jeher sehnsüchtig.

Wir lieben Full-Moon-Privatpartys und schlendern, wie wir es seit Monaten machen, jedes Mal mitten in der Nacht um die Insel. Dabei kommen wir uns vor, als wären wir Hauptdarsteller in einem Schwarz-Weiß-Film – so hell erleuchtet ist der Strand. Ich erkläre Nina den Sternenhimmel und zeige ihr die verschiedenen Bilder, den Großen Wagen zum Beispiel.

Wenn wir wissen wollen, nach welchem Datum der Rest der Welt gerade lebt, können wir das Display des Satellitentelefons befragen, das uns nach wie vor auf Minute und Tag genau anzeigt, wie schnell unser Leben auf der Insel verrinnt. Der einzige Nachteil an dem Gerät.

Anfang Oktober werde ich wehmütig, als ich wieder mal daraufschaue. Uns verbleiben nur ein paar Wochen in der Einsamkeit.

»Bist du froh, dass wir bald die Insel verlassen?«, frage ich Nina beim Tee am Lagerfeuer.

»Nee, du etwa? Schau dir mal diesen Himmel an«, sagt sie und zeigt auf die Sonne, die gleich unter dem Horizont verschwindet. Wir küssen uns, so wie Nina sich das in romantischen Momenten wie diesen vorstellt. Das habe ich gelernt in den letzten Monaten. »Aber weißt du, ich freue mich auch auf manches. Freunde wiederzusehen, keine Seegurkenfischer mehr ertragen zu müssen. Solche Dinge«, sagt sie, als wir uns voneinander lösen.

»Geht mir genauso.«

»Außerdem drehen wir uns hier im Kreis«, kichert sie, und ich lasse mich anstecken.

In der nächsten Zeit verbringen wir ganz besonders viele Stunden auf unseren Inselpfaden und machen jetzt fast jeden Tag bei Sonnenuntergang ein Lagerfeuer. Grillen Stockbrot und Fisch.

Sunday genießt das. Zum Lagerfeuer hält er zwar einen respektvollen Abstand, aber er liebt es, wenn ich Brennholz aufsammle und ihm Stöckchen werfe. Obwohl er das Stöckchen nie zurückbringt, sondern im Rennen zerbeißt oder es wie wild um sich wirft.

Das Kochgas ist uns ausgegangen, weshalb wir auch vor der Küche nur noch am Feuer sitzen. Wir haben den Rost auf den Backsteinen perfektioniert, indem wir ein weiteres Stück Metallzaun darüber gezogen haben. So passt ein zweiter Topf hin, und wir können gleichzeitig Reis kochen, eine Soße und nebenbei unser geschätztes Teewasser auf dem Solarkocher. Wenn wir den Tee auf offenem Feuer zubereiten, schmeckt er leicht rauchig – nichts für uns.

Wir lagern Brennholz in einer Ecke der Küche und decken die Feuerstelle mit einer Plane ab, damit wir auch am nächsten Tag ein Feuer machen können, selbst wenn es nachts regnet.

Unser Visum für Tonga läuft Ende des Jahres aus. Den Reisepass würde ich am liebsten ins Feuer werfen. Warum nicht eine Welt ohne Visa? Wieso müssen wir um Erlaubnis bitten, um an einem Platz leben zu dürfen, der uns gefällt? Von mir aus soll jeder wohnen, wo er mag. Was soll das Geschrei über Einwanderungszahlen? Ich finde, jeder, der will, darf nach Deutschland kommen. Ausnahmslos. Wieso nicht?

»Wir müssen zwei Wochen vorher runter«, meint Nina mit Blick auf die Stempel.

»Ja«, sage ich. »Die Frage ist bloß: Wie?«

Über unsere Abreise haben wir uns noch keine Gedanken gemacht. Warum etwas planen, das man gar nicht herbeisehnt?

Die Kirchenfähre *Alo'ofa* fährt zurzeit nicht, wie wir von Sione erfahren. Sie hat ein Leck. Kann passieren bei den Rostbeulen in Tonga. Nur weiß leider niemand, ob sie je wieder geflickt wird.

»Vielleicht Segler?«, hofft Nina. Viele von ihnen starten im November zur Rückreise nach Neuseeland.

»Das wäre aber großer Zufall«, werfe ich ein. »Seit der *Calamia* kam keiner vorbei.«

Die realistischste Variante wäre, Sione zu fragen, ob er einen Bekannten von einer anderen Insel bitten kann, uns abzuholen.

Lange haben wir überlegt, ob wir wieder ins Immigration Office gehen und eine Verlängerung unseres Visums beantragen sollen. Aber wir entscheiden uns dagegen. Zu sehr vermissen wir inzwischen unsere Familien und Freunde, die sich einfach nicht davon überzeugen lassen, für längere Zeit zu uns zu kommen. Eigentlich war uns von Anfang an klar, dass unsere Inselzeit begrenzt sein würde.

»Außerdem«, gesteht mir Nina – wie immer abends am Lagerfeuer –, »würde ich so gern ein Kind bekommen.«

»Gute Idee«, antworte ich und ziehe sie eng an mich, um sie zu küssen. So ist das. Also gehen wir, wenn es am schönsten ist – und werden die Insel genau so in Erinnerung behalten.

Was mich bereits vor der Abreise nervt, ist die Vorstellung, wie innerhalb kürzester Zeit alles wieder überwuchert sein wird.

»Unsere schönen Pfade«, seufze ich beim Rundgang. Höchstens an unseren Beschilderungen wird noch zu sehen sein, dass jemand hier lebte. Aber auch sie werden bald herabfallen und verrotten.

Beim Anblick unseres Gartens packt mich noch größere Traurigkeit. Tomaten, Paprika und Auberginen werden eingehen, sobald Schlingpflanzen sie überwuchern. Der Rest ist vermutlich vertrocknet, noch bevor wir im Flugzeug sitzen. Wir pflücken Unmengen Salat und graben Tarowurzeln und Süßkartoffeln aus. Die meisten Wurzeln lassen wir jedoch für die nächsten Inselbewohner stehen, wer auch immer sie sein mögen.

»Das wäre die perfekte Lösung«, träume ich vor mich hin. »Wenn wir andere Leute kennen würden, die Lust hätten, mit uns im Wechsel auf die Insel aufzupassen. Keine Ahnung, halbes Jahr, halbes Jahr – oder so.«

»Weiß nicht, scheitert vielleicht an der Realität«, sagt Nina. »Die meisten stellen sich ein Hängemattenleben vor. Und wenn sie länger als drei Wochen hier wären, würden sie mit dem nächsten Fischer wieder abhauen.«

»Ich glaube, es gibt mehr Leute, als du denkst, die so ticken wie wir«, erwidere ich, ohne wirklich jemanden benennen zu können. Es will mir einfach nicht in den Kopf, dass es niemanden da draußen geben soll, der nicht auch zu schätzen weiß, was wir so lieben.

Das Purpurhuhn hat wieder zugeschlagen, es war ja abzusehen. Wir blicken auf die Folgen eines Attentats an mehreren kleinen und einer größeren Staude. Die Staude mit den fast reifen Früchten hat es verschont. Herzlichen Dank, dass du uns etwas übrig lässt, du doofes Huhn (eigentlich klug, Ansichtssache)!

Eine Woche später ernten wir die Bananen und backen sie fleißig. Diesmal über offenem Feuer statt auf der Herdplatte, schmeckt genauso gut.

Papayas haben wir so viele, dass wir uns Frühstücksmarmelade machen. Wir schneiden die Früchte in kleine Würfel, geben Zucker dazu und kochen alles in einem Topf auf dem Solarkocher ein. Getrost können wir von uns behaupten, in die Liga der Papaya-Profis aufgestiegen zu sein. Wir verpassen kaum noch eine Ernte und kommen jedem Tier zuvor, weil ich wirklich jede einzelne Frucht, und wir haben geschätzte zweihundert Früchte auf der Insel, persönlich kenne. So kommt es, dass ich eines Morgens bestürzt nach Nina suche.

»Nina, eine der fast reifen Papayas ist spurlos vom Stamm verschwunden«, informiere ich sie, als ich sie bei den Regentanks finde.

»Ja?« Sie legt gerade eine frische Schicht Sonnencreme auf, nachdem sie anscheinend geduscht hat, und klingt vage interessiert.

»Flughunde können es nicht gewesen sein«, sage ich. »Die höhlen die Früchte nur aus und lassen die Schale am Stamm.«

»Komisch.« Seelenruhig massiert sich Nina weiße Schlieren in den Oberarm ein, während ich mich bemühe, einen gemeinen wie mysteriösen Diebstahl aufzuklären.

»Das gibt es einfach nicht«, beharre ich. »Steht Sunday neuerdings auf Papaya?«

Nina schüttelt den Kopf. »Der kommt doch gar nicht an die Früchte dran.« Auch wieder wahr.

»Aber irgendwo muss die Papaya doch abgeblieben sein«, sage ich, »so eine Frucht verschwindet doch nicht einfach. Ob sich einer der Fischer hier versteckt?«

»Langsam wirst du wirklich paranoid.« Nina kichert.

Ich finde das weniger lustig; solche Rätsel machen mich rasend, und die Vorstellung, heimliche Besucher auf der Insel zu haben, lässt mich schaudern.

»Armer Adrian!« Nina legt ihre Sonnenmilchhände auf meine Wangen und gibt mir einen Kuss. »Damit du nicht weiter grübeln musst: Ich habe die Papaya gestern gepflückt und vergessen, es dir zu sagen.« Sie amüsiert sich köstlich über meine Neurose, isst aber fleißig jede Frucht mit. Hmpf.

Der Limettenbaum, den wir im Garten entdeckt und gepflegt haben, ist auf eine Größe von zweieinhalb Metern gewachsen und deutlich verzweigter als anfangs. Er trägt noch immer keine Früchte. Jeden Tag gehe ich traurig an ihm vorbei und beobachte sein plötzlich rasantes Wachstum. Überall bilden sich neue Blätter aus.

»Ich würde ihn so gern mitnehmen«, sagt Nina.

»Es ist so gemein, dass wir das alles nicht selbst ernten kön-nen«, grummle ich vor mich hin.

»Warte mal ab«, tröstet mich Nina. »Wenn wir jemals wie-derkommen, wachsen große Grapefruitbäume, und die Limet-ten werden auch reif sein.«

In den Wochen nach dem Zyklon haben wir kleine Kokos-nüsse an vielen Stellen oberhalb der Strände und teilweise auf den Stränden angepflanzt, um der Natur auf die Beine zu helfen. Sie sind gut angewachsen. Wenn sie diesen Sommer von jedem Unbill verschont bleiben, haben sie Chancen, richtig groß zu werden.

Auch die Vogelwelt hat sich erholt, die Seevögel beginnen wieder zu nisten. Die dauerhaften Schäden durch den Sturm sind jedoch nicht zu übersehen. Noch immer, fast ein Jahr später, kra-chen Bäume auf den Strand. Große Wurzeln in Strandnähe wer-den mit jeder Neumond- oder Vollmondflut weiter unterspült. Vom Nordstrand, wie wir ihn vor einem Jahr kennengelernt haben, sind mehr als drei Meter weggebrochen. Der nächste Zyklon dieser Art trifft die Insel mit noch größerer Wucht. Und das ist das einzig Gute an unserem Weggang von der Insel – wir werden diesen Sturm nicht erleben.

Bei der Suche nach den Petroglyphen sind wir nur teilweise fündig geworden, und wir sind uns nicht einmal sicher, ob es sich bei den Ritzungen tatsächlich um von Menschen angefer-tigte Zeichen handelt. Auf einem Felsen auf der Ostseite haben wir ein X entdeckt, ähnlich geschwungen wie auf der Skizze, die uns die *Calamia* hinterlassen hat. Wenige Meter weiter entde-cken wir zwei Kreise und etwas, das einem Auge ähnelt. Und an der Südostspitze ist auf einem Felsen eine schwache Rundung zu sehen, die eine Sonne darstellen könnte. Um ehrlich zu sein: Man braucht viel Phantasie. Wir haben trockenen Sand über die Zeichen rieseln lassen und Fotos gemacht, um sie später weiterzugeben. Vielmehr würde uns allerdings interessieren, was der neuseeländische Forscher zu den Steinreihen in der Inselmitte sagt, und ob es sich tatsächlich um Siedlungsreste von vor der Koprazeit handeln könnte.

Dass schon seit langer Zeit Menschen auf die Insel kommen, beweist auch ein für uns unglaublicher Fund auf der Ostseite. Nina ruft mich aufgeregt zu sich, als wir einmal mehr um die Insel spazieren. Die Flut hat einen großen Felsen freigespült, in dem gut erkennbar das Wappen einer tongaischen Adelsfamilie eingemeißelt ist, darüber eine Krone. Wir beschließen, in Nuku'alofa Nachforschungen über das Wappen anzustellen, wobei sich natürlich die Frage stellt, wer überhaupt wissen könnte, wie und warum es einst seinen Platz auf dieser einsamen Insel bekam.

»Sehr seltsam«, befindet Nina.

»So langsam glaube ich wieder daran, dass wir noch eine Amphore finden, die mit Goldmünzen gefüllt ist«, sage ich – seit Langem mein heimlicher Wunsch.

Bei einem meiner letzten Fischzüge im späten Oktober geht mir ein Tintenfisch an den Haken. Ich denke zuerst, es ist ein Pantherbutt, eine Art Südseescholle, die gelegentlich beißt, aber die Bewegung im Wasser ist anders. Der Tintenfisch schlingt sich mit seinen Tentakeln um den Krebs, den ich als Köder verwende, und hängt am Haken fest.

Einen Moment denke ich an leckere Tintenfischringe, dann entscheide ich, ihn freizulassen. Um den Haken zu lösen, muss ich den Tintenfisch anfassen. Mir ist das unheimlich, denn er hat eine große Show abgezogen, bevor ich ihn an Land zog, und wie eine Schneemaschine den Kunstschnee Wasser aus den Öffnungen an seinem Kopf geblasen. Dazu wechselte er die Farben auf seinem Körper derartig, dass es aussah, als hätten sich Dornen auf seiner glitschigen Haut gebildet. Und sicherlich hätte er noch mehr Tricks auf Lager, wenn er nicht schon an Land wäre.

»Du kannst ihn bestimmt anfassen«, sagt Nina. »Der kann dir nichts tun.«

»Also gut.«

Die Saugnäpfe an seinen Tentakeln kleben sofort an mir fest – der Saugnapf an einer Autoparkscheibe ist eine Lachnummer dagegen.

»Ui«, staune ich.

Der Tintenfisch ist groß, ausgestreckt fast einen Meter lang. Ich sehe den Haken, pule ihn aus dem glitschigen Fleisch heraus und bringe das Tier zurück zum Wasser. Jetzt will er gar nicht mehr loslassen, und ich muss jeden Tentakel einzeln lösen, bevor er erkennt, dass er in die Freiheit entlassen wird. Langsam schwimmt er davon.

Gehen eigentlich auch wir in die Freiheit, wenn wir die Insel verlassen? Oder wandern wir eher in einen Knast?

Manchmal frage ich mich, was wir mitnehmen werden. Wir haben hier so viel Zeit für alles und keine Verpflichtungen. Kann man Gelassenheit mitnehmen? Ich würde es gern. Dann denke ich, dass es nur bei einem Vorsatz bleiben wird. Der Alltag holt uns schnell wieder ein. Wissen wir aus Erfahrung.

Wenigstens spüre ich seit kurzer Zeit ein Loch in einem Backenzahn. Ich bin fast glücklich damit, mir einreden zu können, dass wir auch deshalb gehen müssen, weil wir eine gute medizinische Versorgung brauchen. Zahnschmerzen auf der Insel – furchtbar!

28

Abschied

Seit Wochen warten wir auf die nächsten Segler. Es herrschen beste Bedingungen. Der Wind ist weder zu stark noch zu schwach, das Meer ruhig. Bei Inselspaziergängen blicken wir gespannt auf den Horizont, obwohl es nichts zu sehen gibt.

Die Schönheit der Insel ist uns jeden Tag bewusst – genauso wie die Tatsache, dass unser unbeschwertes Leben irgendwann abrupt zu Ende sein wird. Aber es kommt niemand. Schicksal, mal wieder. Wenn niemand kommt, bleiben wir einfach.

»Die werden das schon akzeptieren, wenn wir eines Tages am Flughafen stehen«, sage ich zu Nina.

»Du meinst, wenn wir sagen: ›Sorry, unser Visum ist abgelaufen, aber wir konnten leider nicht früher hier sein‹?«, fragt sie.

»Ja. Wir sind hier in Tonga. Der Flughafen ist kleiner als eine Polizeidienststelle auf dem Dorf – die werden sicher keinen Aufstand machen.«

Gerade an einem rauen Tag, als ich an der Südspitze angle und Nina am Strand sitzt und den Augenblick genießt, geschieht es dann. Während ich am Felspool die Leine auswerfe, ruft sie: »Ein Segelboot. Da!« Sie springt auf und zeigt aufgeregt in Richtung unserer Nachbarinsel im Süden. Ich falle vor Schreck fast ins Wasser.

»Ich glaube es nicht – ein Katamaran«, sage ich. »Die *Calamia*?«

»Nee, die sieht doch ganz anders aus.«

Das Schiff fährt an unserem Außenriff entlang und steuert die Nachbarinsel an. Wir winken aufgeregt, aber aus dieser Entfernung nimmt uns niemand wahr. Höchstens als kleinen schwarzen Punkt am Strand. Und Sundays Gebell geht im Rauschen der Wellen unter.

»Die legen bestimmt morgen bei uns an, oder?«, frage ich.

»Wieso sollten sie? Die kommen aus dem Norden und sind bereits an uns vorbeigefahren, die fahren bestimmt weiter nach Tongatapu.«

Zuerst ärgern wir uns, später finden wir es beide amüsant. Wir warten und warten auf Segler. Dann kommen sie sogar – nur eben nicht zu uns. Die Insel treibt ihren Spaß mit uns.

»Sie weiß halt, was das Beste für uns ist«, sage ich.

Der Katamaran liegt jetzt vor der Nachbarinsel. Er hat bereits sein Segel eingeholt und geankert. Wir überlegen, ob es doch noch eine Möglichkeit gibt, uns bemerkbar zu machen.

»Sollen wir ein großes Strandfeuer entzünden?«, fragt Nina.

»So wie Tom Hanks in *Cast Away*? Die meinen nachher noch, wir haben einen Notfall.« Ich winke ab. »Zu viel Aufregung.«

»Dann lass uns einfach weitermachen, als hätten wir sie gar nicht gesehen.«

So sei es. Wir grillen die Fische, die ich gefangen habe, Nina isst gebackene Banane. Später gehen wir zurück zur Hütte. Am nächsten Morgen stehen wir wieder am Strand und blicken hinüber. Der Katamaran ist verschwunden.

»Toll«, sage ich.

»Hättest ja hinschwimmen können«, meint Nina.

»Wir wollten uns doch nicht ärgern, oder?«

Sind wir jetzt glücklich oder traurig? Ich weiß es nicht. Eine Mischung aus beidem. Es ist Ende Oktober, und in vier Wochen läuft unser Visum ab. Wir müssen uns etwas anderes einfallen lassen.

Wenn Finau vorbeischauen würde, könnte ich versuchen, ihm unsere Pläne zu erklären. Und er könnte das Seegurkencamp ein für alle Mal wiedergutmachen und uns mitnehmen. Nur: Wann kommt er das nächste Mal? Bis dahin vergeht vielleicht noch ein Zyklon.

»Ruf Sione an«, greift Nina unsere frühere Idee wieder auf. »Ich wette mit dir, dass er jemanden auftreibt, der uns abholt.«

»Meinst du?«, frage ich.

»Klar. Sione kann alles.« Nina hat recht. Also schnappe ich mir das Satellitentelefon. Sione geht gleich ran, wie immer.

»Hey, Sione. Wie geht's dir?«

»Gut, ich wohne immer noch auf meinem Boot, weißt du noch?«

»Klar weiß ich das. Und bald kommen wir dich besuchen. Also, zumindest falls du eine Lösung dafür findest, wie wir von der Insel runterkommen.«

»Kein Problem«, behauptet Sione und bittet mich, am nächsten Tag noch mal anzurufen.

»Siehst du.« Nina grinst mich triumphierend an, »ich hab's dir ja gesagt.«

»Na ja, noch sind wir nicht weg. Worte spucken kann jeder«, entgegne ich.

Am nächsten Abend melde ich mich wieder.

»Es ist so«, sagt Sione, »ein kleines Kirchenboot, etwa halb so groß wie meine alte *Alo'ofa*, macht sich nächste Woche auf den Weg. Es hält auch auf Finaus Insel – voraussichtlich am Donnerstag. Von dort aus fährt es dann zurück nach Nuku'alofa.«

»Dann müssten wir also nur noch jemanden finden, der uns von hier abholt und zu Finau bringt«, sage ich.

»Ja. Ich denke, das bekommen wir hin. Packt einfach eure Sachen, damit ihr startklar seid.«

»Okay, machen wir. Bis bald hoffentlich.«

Plötzlich haben wir nur noch wenige Tage Zeit und geraten in Aufregung. Der Countdown läuft. Wir legen eine Liste an, was wir noch alles tun wollen. Dazu gehören neben ausgedehnten Strandspaziergängen auch Arbeiten an Haus und Küche – alles soll sturmsicher sein.

Unser Gepäck umfasst unsere beiden großen Rucksäcke und einen kleinen. Außerdem nehmen wir die sechs Hühner mit – in Säcken verschnürt, wie wir sie bekommen haben. Sie sollen auf der Hauptinsel ihr Freilandhaltungs-Leben weiterführen – so viel Dankbarkeit für die zahlreichen Eier muss sein, meint Nina.

»Ich könnte auch noch eines schlachten«, unternehme ich einen letzten Versuch, mir einen Abschiedsbraten gönnen zu können. »So hätten wir weniger Gepäck und ersparen dem Huhn obendrein die Strapazen der Schifffahrt.«

»Vergiss es!«

Den Solarkoffer samt Solarmodul werde ich zurückbringen, jedenfalls was von ihm übrig ist. Ich hoffe, Georg ist nicht allzu sauer. Aber uns blieb ja keine andere Wahl, als selbst am Koffer herumzubasteln. Wir sind ein bisschen stolz: Die Autobatterie-Konstruktion erweist uns ihren Dienst bis heute, tadellos.

311

Was wir für Jamie zurück auf der Insel lassen, sind Töpfe, Geschirr und der Solarkocher, der uns die letzten Monate so sehr von Nutzen war und eine der besten Investitionen, die wir vor Abflug in Deutschland getätigt haben. Jamie war begeistert von der Aluschüssel – wo würde der Kocher also besser aufgehoben sein als hier?

Für Finau packen wir eine unserer Plastikkisten mit Dingen, die nützlich sind. So bekommt er meine gesamte Angelausrüstung – ich habe noch mindestens zweihundert Angelhaken übrig –, ein paar Rollen Schnur, Moskitoräucherspiralen, einige Packungen Kerzen, Streichhölzer. Lebensmittel wie Milchpulver, Zucker und Tee.

Die Menge an Müll, die wir in diesem Jahr produziert haben, ist überschaubar. Wir entscheiden uns, alles nach Tongatapu mitzunehmen bis auf Papier und leicht verbrennbaren Plastikmüll, was wir beides regelmäßig selbst vernichten. Leere Dosen schlage ich auf den Steinen an der Feuerstelle mit dem Hammer zusammen; am Ende passen sie in zwei Kartons. Dazu kommen ein Karton voll mit leeren Batterien, die wir auf der Insel gefunden haben, und einer gefüllt mit Glasflaschen.

Das Seegurkenlager haben wir ebenfalls vom Müll befreit, obwohl wir ahnen: Nächstes Jahr wird es wieder genauso aussehen. In einem weiteren Karton sammeln wir Badelatschen und Styroporfetzen, die am Strand angespült wurden. Weil wir die leider nicht auch noch mitnehmen können, stellen wir sie unter eine Überdachung neben dem Schuppen.

»Es wird ernst«, sage ich zu Nina und spüre ein nervöses Kribbeln in den Fingern. Mir fällt es schwer, die Landkarten von der Wand in der Hütte abzuhängen. Sieht so kahl aus.

Wir schrauben die Fenster zu und hängen Stoffbezüge dahinter, damit keiner reinschauen kann. Die Küchenfenster verschließen wir zum Schutz vor Stürmen mit großen Holzplatten. Als wir fertig sind, laufen Nina Tränen über die Wangen. Ich gehe zu ihr und nehme sie in die Arme.

»Ich hasse Abschiede«, sagt sie.

»Ich auch«, sage ich und schlucke einen dicken Kloß im Hals hinunter.

Zur Stunde X müssen wir nur noch die Hühner in die Säcke packen, dann sind wir bereit. Wir haben bereits Löcher in die Säcke geschnitten, damit sie ihre Köpfe hinausstrecken können.

Am letzten Morgen stehen wir so früh auf wie nie zuvor. Wir können nicht anders. Schlafen geht sowieso nicht. Ich lag die halbe Nacht wach. Noch im Halbdunkeln bringe ich das Hühnerfutter zum Stall. Ich nehme die frischen Eier aus dem Haus und schaue den Hühnern beim Futterpicken zu. Es tut mir leid um sie. Sie haben mit uns auf der Insel solch ein schönes Leben geführt und jetzt müssen sie wieder die Bootsstrapazen auf sich nehmen.

»Wie wäre es, wenn wir einen schönen letzten Tag verbringen?«, schlage ich Nina vor, als sie sich neben mich setzt, für die letzte Vorstellung des Hühnerkinos.

»Guter Plan«, pflichtet sie bei. Wir gehen zur Küche, wo wir ausgedehnt frühstücken.

»Die letzten Spiegeleier, die wir von unseren Hühnern bekommen«, sage ich, als ich die Eier in die Pfanne über dem Feuer schlage. »Merk dir gut, wie sie schmecken!«

Nachdem wir das Geschirr ein letztes Mal gespült haben, starten wir zum Inselrundgang. Ich merke, wie es mir wehtut, mich von den Pfaden zu verabschieden, auf denen ich jeden Meter kenne, jede einzelne Palme. So viele Erinnerungen. Ich nehme Nina an der Hand. Sunday tollt fröhlich herum wie eh und je. Obwohl er all unsere Vorbereitungen für die Abreise neugierig beobachtet hat, kann er gar nicht ahnen, was uns bevorsteht. Dass auch er die Insel verlassen muss, zurückkehren nach Deutschland mit seinem Leinenzwang und den Betonwüsten überall.

Wir besuchen die Stelle, von der aus wir zum ersten Mal ein weißes Segel auf uns zukommen sahen – das Segel der *Calamia*. Wir gehen vorbei am Lieblingsbaum der Flughunde, wo wir so oft standen, um sie beim Ausruhen von der Futtersuche und beim Kreisen über der angrenzenden Lichtung zu beobachten. Wir stehen vor der Feuerstelle bei der Fischhütte, wo wir viele Abende verbrachten und über dem Lagerfeuer frisch gefangenen Fisch grillten. Und wir passieren noch mal die Stelle, wo der Pfad zu zahlreichen Papayabäumen abzweigt. An ihnen haben wir jedes Mal die nächste reife Frucht geerntet, wenn unser Vorrat in der Küche zu Ende ging.

Wir gehen langsam, und ich habe selbst heute die Machete dabei, um noch einzelnes Gestrüpp abzuschlagen, das uns in den letzten Wochen in den Weg gewachsen ist.

»Wir verhalten uns so, als würden wir uns nur auf einen kurzen Urlaub vorbereiten«, meint Nina. »Als ob wir bald wieder zurückkehren.« Was für eine schöne Vorstellung! Urlaub in der Zivilisation, leben im Paradies!

Auch die Bananen, die an einigen Stauden heranwachsen, kontrollieren wir nach dem Stand ihrer Reife. Routine. Als würden wir später ernten. Ist wahrscheinlich eine psychologische

Sache – das Vortäuschen einer Rückkehr macht uns das Verlassen der Insel leichter.

Die nächsten Stunden verbringen wir an der nördlichen Strandspitze. Wir setzen uns im Schatten einer Palme in den Sand und lehnen uns an ein Stück Treibholz. Die Teetassen, die wir sonst dabeihaben, stehen heute gespült in der Küche. Wir wollen nichts schmutzig zurücklassen.

Besorgt blicken wir auf den Horizont und suchen ihn nach einem Boot ab. Wir wissen nicht genau, wann wir abgeholt werden.

»Vielleicht am Mittag?«, fragt sich Nina.

»Ja oder noch ein bisschen später. Wir müssen ja sowieso eine Nacht im Dorf bleiben«, erwidere ich – das Boot nach Nuku'alofa wird am Tag darauf sehr früh starten.

Eigentlich wollen wir gar kein Boot sehen. Trotzdem sitzen wir stundenlang an der Strandspitze und schauen zum Horizont. Ich gehe nervös den Strand auf und ab und versuche zwanghaft, mir diese Szenerie einzuprägen, die bald nur noch blasse Erinnerung sein wird. Zum Heulen, denke ich. Immer geht etwas zu Ende.

Als wir gegen Mittag noch immer kein Boot sehen, überrede ich Nina zu einem Inselrundgang. »Noch ein letztes Mal, komm«, fordere ich sie auf und ziehe sie aus dem Sand.

Wir laufen gleich zwei weitere Male um die Insel herum, gehen jeden einzelnen Pfad entlang, bevor wir wieder dort ankommen, wo wir heute schon so lange saßen. Wieder schauen wir auf das Meer. Ich glaube, Sunday merkt uns die Traurigkeit an. Er wirkt jetzt selbst ein wenig depressiv mit seinen heruntergeklappten Ohren.

»Wirst du auch langsam nervös?«, frage ich Nina.

»Ja, ziemlich.«

»Meinst du, dass wir damit klarkommen, von hier weg zu sein?«

»Ich weiß es nicht. Von dem Traum werden wir nie loskommen. Wir wissen vielleicht nicht, wann und wo, aber ich bin mir sicher, dass wir irgendwann wieder auf einer Insel landen werden.«

»Da bin ich mir auch sicher«, sage ich und lache zaghaft.

Das einzig Beruhigende ist, dass die Insel auf uns warten wird – wann immer im Leben wir wieder an einem Punkt anlangen, an dem wir hierher zurückwollen. Das zu wissen, könnte uns den Einstieg daheim erleichtern. Die Insel ist unser Exit.

»Ob wir resozialisiert werden können?«

»Ich schon, du nicht«, analysiert Nina knallhart.

»Warum?«

»Ich kenne dich.«

Es ist früher Abend, als zwei kleine Punkte am Horizont auftauchen.

»Es geht los«, sage ich. Wir stehen hektisch auf und streichen uns den Sand von den Kleidern. Wir laufen schnell zurück zur Hütte und sortieren unser Gepäck, stellen alles nach draußen und bereiten die Säcke für die Hühner vor. Zuletzt verschließen wir die Tür.

Inzwischen sind die beiden Boote besser zu sehen. Es ist Finau, der offensichtlich Speerfischen war und einen Neoprenanzug trägt. Er kommt zusammen mit einem weiteren Dorfbewohner, der das andere Boot steuert – ein etwas größeres. Sunday rennt ihnen entgegen, hält aber wie immer vor dem

Wasser an und beschränkt sich aufs Bellen – Insulaner und bis zuletzt wasserscheu.

»Hi«, begrüßen wir unseren Abholservice.

»Malo«, antwortet Finau.

»Danke, dass ihr gekommen seid.« Ich zeige Finau die Kiste, die ich für ihn gepackt habe.

»Vielen, vielen Dank«, sagt er und schüttelt mir die Hand. »Ich freue mich sehr.«

Wir tragen die Kiste und das Gepäck gemeinsam zum Anlegeplatz und verladen es. Sunday springt als Erstes ins Boot. Ihn hat wohl die Panik erfasst, er könnte allein zurückgelassen werden. Die Hühner decken wir mit einem Stück Gartennetz ab, damit sie bei der rauen Fahrt trocken bleiben.

Es geht alles sehr schnell. Finau will vor Einbruch der Dunkelheit im Dorf zurück sein. Wir sitzen kaum im Boot, da startet er den Motor, der so laut brummt, dass kein Gespräch möglich ist. Über Finaus Schulter hinweg blicken wir auf den Strand, die Palmen, die uns jetzt noch so nah sind und die uns bei der bescheidenen Geschwindigkeit des voll beladenen Bootes noch eine ganze Weile gut erkennbar vor den Augen bleiben.

Wunderschön ist diese Insel vom Riff aus gesehen, wie sie zwischen den anderen unbewohnten Inseln im Archipel liegt. Das haben wir schon so oft festgestellt, wenn wir von der Entfernung aus auf sie blickten. Dieses Mal, zum letzten Mal, ist sie einfach nur perfekt. Es war doch erst gestern, als wir sie bezogen haben.

Ich traue mich nicht, Nina in die Augen zu sehen. Ich fasse nur ihre nasse Hand. Sie ist genauso traurig wie ich, das spüre ich. Vielleicht sollten wir Finau fragen, ob er umdrehen kann und uns zurückbringt. Wir könnten auch aus dem Boot springen und schwimmen. Die Insel zu verlassen, fühlt sich in diesem Moment nur noch an wie ein Fehler. Es ist, als würden wir alles aufgeben, was uns wichtig ist.

Finau fährt vorsichtig mit seinem Boot, immer auf dem Wellenkamm, damit es nicht so sehr rumpelt auf der Metallbank, auf der Nina und ich nebeneinandersitzen. Trotzdem spritzt uns einiges Wasser ins Gesicht, die Wellen werden zunehmend höher. Wir blicken lange zurück auf unser Fleckchen Land, da hinten am Ende der Welt, bis die Palmen nur noch als matter Schleier über dem Horizont im Abendlicht liegen. Dann verschwindet die Insel ganz aus unserem Blick, und wir sehen nur noch Wellen vor uns.

Tausend Dank an …

Ninas Eltern Gaby und Klaus – die uns so unermüdlich in jeder Situation geholfen haben.

Lektorin Friederike Haller – für die tolle Aufwertung des Manuskripts.

Svenja Monert von Eden Books und ihr Team – für die Unterstützung bei der Realisierung des Buchs.

Christian – für seinen journalistischen Rat.

Sione von der Kirchenfähre – für die selbstlose Hilfe in Tonga.

Inselbesitzer Jamie und Matt – die ihren Traum mit uns geteilt haben.

Karin und Herbert – für das gewissenhafte Gegenlesen des Manuskripts.

Jonathan, Henry und Ratu – für den Schlüssel zum Paradies.

Karin und Uwe (Karin's Garden, Taveuni) – für ihre Unterstützung bei unserem ersten Abenteuer in Fidschi.

Tony – für effektive Fischköder.

Jim – für viele nette Gespräche am Strand der einsamen Insel.

Bedanken möchten wir uns auch bei allen anderen Freunden und Bekannten, die wir hier nicht namentlich erwähnt und die uns bei der Umsetzung unseres Inseltraums unterstützt haben.

Impressum

Nina und Adrian Hoffmann
Eine Insel nur für uns
Eine wahre Geschichte von Einsamkeit und Zweisamkeit
ISBN: 978-3-959100-58-8

Eden Books
Ein Verlag der Edel Germany GmbH
Copyright © 2016 Edel Germany GmbH, Neumühlen 17, 22763
Hamburg
www.edenbooks.de | www.facebook.com/EdenBooksBerlin | www.edel.com
3. Auflage 2016

Einige der Personen im Text sind aus Gründen des Persönlichkeits-
schutzes anonymisiert.

Projektkoordination: Svenja Monert
Lektorat: Friederike Haller
Umschlaggestaltung: Judith Haentjes, Johanna Höflich |
www.johannahoeflich.de
Layout und Satz: Datagrafix Inc.| www.datagrafix.com
Druck und Bindung: optimal media GmbH, Glienholzweg 7, 17207
Röbel/Müritz

Das FSC®-zertifizierte Papier *Holmen Book Cream* für dieses Buch
lieferte Holmen Paper, Hallstavik, Schweden.

Alle Rechte vorbehalten. All rights reserved. Das Werk darf – auch
teilweise – nur mit Genehmigung des Verlages wiedergegeben werden.

Printed in Germany

Dieses Buch ist auch als E-Book erhältlich.

Um die kulturelle Vielfalt zu erhalten, gibt es in Deutschland und in
Österreich die gesetzliche Buchpreisbindung. Für Sie, liebe Leserin und
lieber Leser, bedeutet das, dass Ihr verlagsneues Buch jeweils überall
dasselbe kostet, egal, ob Sie Ihre Bücher gern im Internet, in einer großen Buchhandlung oder beim kleinen Buchhändler um die Ecke kaufen.